21世纪日语系列教材

日本企业与经营

主　编　刘劲聪
副主编　洪诗鸿　林彦樱
编　者　王琰　杨晔　宋伍强

企業と会社　　人事労務管理　　経営組織　　生産管理
経営戦略　　国際経営　　経営理念と企業文化

北京大学出版社
PEKING UNIVERSITY PRESS

图书在版编目(CIP)数据

日本企业与经营 / 刘劲聪主编 . —北京：北京大学出版社，2017.8
（21世纪日语系列教材）
ISBN 978-7-301-28634-0

Ⅰ.① 日… Ⅱ.① 刘… Ⅲ.① 日语—高等学校—教材②企业管理—日本 Ⅳ.① H369.39 ② F279.313

中国版本图书馆CIP数据核字（2017）第199342号

书　　　名	日本企业与经营 RIBEN QIYE YU JINGYING
著作责任者	刘劲聪　主编
责任编辑	兰　婷
标准书号	ISBN 978-7-301-28634-0
出版发行	北京大学出版社
地　　　址	北京市海淀区成府路205号　100871
网　　　址	http://www.pup.cn　新浪微博：@北京大学出版社
电子邮箱	编辑部 pupwaiwen@pup.cn　总编室 zpup@pup.cn
电　　　话	邮购部 62752015　发行部 62750672　编辑部 62759634
印　刷　者	北京虎彩文化传播有限公司
经　销　者	新华书店 787毫米×1092毫米　16开本　20.25印张　300千字 2017年8月第1版　2025年6月第4次印刷
定　　　价	52.00元

未经许可，不得以任何方式复制或抄袭本书之部分或全部内容。
版权所有，侵权必究
举报电话：010-62752024　电子邮箱：fd@pup.cn
图书如有印装质量问题，请与出版部联系，电话：010-62756370

はじめに

　長年、多くの大学の日本語学部では対日経済貿易（商務、ビジネス含む）専攻の講義内容やテキストの構成がもっぱら商談、貿易業務関連の専門用語の習得に仕向けるように組み立てられてきた。しかし、学んだ学生にとっては、通訳の即効性はあるものの、さらに突っ込んだ話し合いやビジネスのトータルソリューション提案などは到底難しいのが現状である。現代の貿易の3分の2以上は国境を越えた産業内貿易、つまり部品間の取引を中心としている。世界的な商品のサプライチェーン・バリューチェーンの構成や流れ、また取引先の組織形態、価格決定メカニズムを理解できず、或いは業界の動きがわからないままでは、適切な仲介や商談を進めにくい。卒業後、現代ビジネスの世界に飛び込んでいく学生にとっては、経営学基礎、企業活動の論理、さらに日本企業の特殊性などを総合的に学んでおくことが一層重要になってきた。

　一方、一般的に経済学部、経営管理学部のテキストは英文か、中国訳の欧米流の経営理論が中心となる。日本語の習得を第一課題とする学生にとって、これらの理論は難解ばかりか、必ずしも中国の実態や対日ビジネスに役立つとは限らない。このようなジレンマを解消するため、われわれは日本語学習者向けに経済・経営に関する専門知識を教えるためのテキストの編纂に取り組んできた。執筆においては、経営学基礎のみならず、日本企業の形態、経営特徴など対日ビジネス実践に役立てるような構成を心掛けてきた。

　本テキストは全部で8章構成である。各章ではまず、学習目標・問題提起を明示し、それの答えに沿った形で、基本的な理論紹介と日本企業の事例を交えてわかりやすく解説していくようにしている。なお、企業形態と人事労務論を先に配置しているのは、実際に日本企業に就職後にまず直面する組織や人事制度・待遇問題を先に扱ったほうがいいだろうという思いからである。その後は生産管理、経営戦略、マーケティング、海外戦略論という展開も一般的に企業人として順番に経験する段階を踏まえた書き方である。学習者には将来の仕事やその時々のポジションに関係なく、企業や経済の世界ではどのような分野があり、またそれらの実態や特徴を理

解するのに一助になれれば幸甚である。

　このテキストは2016年度中国広東省高等教育教学研究改革プロジェクト「外国語専攻の教育実践の構築——日本語を例として」（106-XCQ16269）の研究改革成果の一部である。

　最後に、編集の過程において有益な助言・ご尽力をいただいた北京大学出版社の蘭婷様に心から感謝する。

著者一同
2017年4月

目 次

第一章　企業と会社
　　1　企業の種類と形態 …………………………………………………… 1
　　2　株式会社とその仕組み ……………………………………………… 3
　　3　株式の相互持合いと持ち株制度の違い …………………………… 7
　　4　日本企業の業種と業界 ……………………………………………… 9
　　5　日本における大企業と中小企業の区分 …………………………… 11
　　6　日本の産業と企業の歴史：財閥と企業グループ ………………… 13

　　コラム1　スズキ自動車と富士重工業の株式相互持合い ………… 15
　　専門用語解釈 …………………………………………………………… 16
　　練習問題 ………………………………………………………………… 22
　　附　企業与公司 ………………………………………………………… 23

第二章　人事労務管理
　　1　人事労務管理の仕組み ……………………………………………… 32
　　2　日本の労働組合 ……………………………………………………… 36
　　3　終身雇用のメリットとディメリット ……………………………… 39
　　4　年功序列のメリットとディメリット ……………………………… 41
　　5　日本企業の転勤とジョブローテーション ………………………… 44
　　6　OJTとOFF-JTの違い ………………………………………………… 46
　　7　日本企業の給与体系 ………………………………………………… 48
　　8　日本企業の福利厚生 ………………………………………………… 52

　　コラム2　本田の人材戦略 …………………………………………… 56
　　専門用語解釈 …………………………………………………………… 58
　　練習問題 ………………………………………………………………… 63

附　人事管理、労務管理……………………………………………… 64

第三章　経営組織
　　1　企業組織の基本タイプ………………………………………………… 72
　　2　大企業の組織の特徴…………………………………………………… 75
　　3　管理組織と各部門の役割……………………………………………… 78
　　4　稟議制の仕組み………………………………………………………… 80
　　5　トップダウンとボトムアップ………………………………………… 82
　　6　日本企業のチームワーク……………………………………………… 85
　　7　系列と下請け…………………………………………………………… 88

　　コラム3　上を目指すか、現場に戻るか……………………………… 90
　　専門用語解釈……………………………………………………………… 94
　　練習問題…………………………………………………………………… 101
　　附　経营组织……………………………………………………………… 102

第四章　生産管理
　　1　生産管理の基本的なパターン………………………………………… 110
　　2　生産管理の3本柱……………………………………………………… 113
　　3　在庫ゼロは理想か……………………………………………………… 116
　　4　大量生産方式とセル生産方式との違い……………………………… 119
　　5　カンバン方式…………………………………………………………… 122
　　6　日本的品質管理の特徴………………………………………………… 125
　　7　TQCからTQMへ……………………………………………………… 127
　　8　5Sで強化された日本的生産…………………………………………… 129

　　コラム4　トヨタ生産方式の本質……………………………………… 131
　　専門用語解釈……………………………………………………………… 134
　　練習問題…………………………………………………………………… 141
　　附　生产管理……………………………………………………………… 142

第五章　マーケティング
　　1　マーケティングの役割………………………………………………… 152
　　2　戦略的セグメンテーション…………………………………………… 156

3　マーケティング・ミックス……………………………………………… 159
　　4　マーケティング・リサーチ……………………………………………… 162
　　5　ブランド戦略の内容……………………………………………………… 164
　　6　日本企業のマーケティング戦略………………………………………… 166
　　7　日本の流通機構の特徴…………………………………………………… 170
　　8　日本企業のマーケティング活動の歩み………………………………… 173

　コラム5　マーケティングの4Pから考えるジュンク堂のO2O……………… 175
　専門用語解釈…………………………………………………………………… 178
　練習問題………………………………………………………………………… 181
　附　市场营销…………………………………………………………………… 182

第六章　経営戦略

　　1　経営戦略について………………………………………………………… 198
　　2　経営資源…………………………………………………………………… 200
　　3　全社戦略の策定…………………………………………………………… 204
　　4　事業戦略の策定…………………………………………………………… 205
　　5　三つの基本戦略…………………………………………………………… 211
　　6　日本企業の経営戦略の特徴……………………………………………… 214

　コラム6　アサヒビール株式会社の製品戦略………………………………… 218
　専門用語解釈…………………………………………………………………… 220
　練習問題………………………………………………………………………… 225
　附　经营战略…………………………………………………………………… 226

第七章　国際経営

　　1　直接投資と間接投資……………………………………………………… 240
　　2　多国籍企業とは…………………………………………………………… 242
　　3　多国籍企業の経営資源と経営形態……………………………………… 249
　　4　国際マーケティング……………………………………………………… 250
　　5　国際経営と現地化（Localization）……………………………………… 254
　　6　グローバル・サプライチェーン・マネジメント(GSCM)……………… 256
　　7　トランスファー・プライシング（移転価格操作）…………………… 258

　コラム7　キヤノンのグローバル化…………………………………………… 259

専門用語解釈·· 261
　練習問題·· 269
　附　国際経営·· 270

第八章　経営理念と企業文化

　1　会社の所有·· 277
　2　経営理念·· 280
　3　企業文化の形成要因··· 283
　4　企業の社会的責任（CSR）·· 285
　5　日本の企業文化：「家」の文化··· 287
　6　日本的CSR：近江商人の経営理念·· 290
　7　代表的な日本企業の経営理念·· 292

　コラム8　ユニクロの企業理念·· 294
　専門用語解釈·· 296
　練習問題·· 299
　附　経営理念和企業文化··· 300

编者简介··· 314

第一章　企業と会社

学習目的
1. 企業はどのように分類できるのか、どんな種類があるのか？
2. 株式会社とは何か？
3. 日本の標準の産業分類はどのようになっているのか？
4. 株式の相互持合いと持ち株制度はどう違うか？
5. 日本では大企業と中小企業がどのように区分されているのか？
6. 日本の企業グループとは何か？

1　企業の種類と形態

　企業とは社会の経済的主体として，継続的かつ計画的な意図のもとに、生産、販売、サービスを提供する一個の統一された独立の経済的主体（組織）のことである。

　企業にはいろいろな種類があり、大きく公企業と私企業に分けられる。各種の企業はさらに様々な形態をとっている。

表1-1：企業の種類

私営企業	個人企業	個人商店、農家など	
	共同企業 （法人企業）	会社企業	株式会社
			合名会社
			合資会社
			合同会社
		組合企業	農業協同組合　など
公共企業	国営企業		国有林野　など
	地方公営企業		市営バス、水道　など
	特殊法人独立行政法人など		

日本企业与经营

（1）公企業

一般的に公的利益を守るか、市場の失敗を防ぐため、私企業が投資を控える部門に国や地方公共団体が出資して経営するものである。公共の利益を優先して経営しているので、営利を目的としない。そのうち、国営企業、独立行政法人、特殊法人、地方公営企業の4つに分かれる。

国営企業：国有林野事業（日本の国有林を保護育成する事業）がある。

独立行政法人：造幣局の他、国立病院、国立大学、研究機関、博物館などがある。

特殊法人：日本電信電話株式会社（NTT）、日本郵政株式会社、日本たばこ産業株式会社（JT）、株式会社日本政策投資銀行、日本高速道路株式会社、日本中央競馬会、日本放送協会（NHK）がある。

地方公営企業：上下水道、電車・バス、公立病院がある。

ただし、現在の特殊法人は公私合同企業になり、営利行為も認められている。

（2）私企業

私企業は利潤の追求を目的としており、民間の企業や個人が出資して作ったものである。個人で作る個人企業と共同でつくる共同（法人）企業がある。私企業の法人企業の中で、株式会社が一般的である。現代の経済活動を担っているのは株式会社である。

（3）営利組織と非営利組織

営利企業のほかに、なんらかの目的を達成するために存在し営利を目的としない組織が非営利組織である。公企業が非営利組織に属している。非営利組織のなかで、共通する目的のための個人または組織を特に協同組合という。法律に基づく協同組合としては生協、農協などのほか、名称が「協同組合」ではなくても信用金庫、信用組合などの金融機関や商店街振興組合なども協同組合に分類される。また、保険会社の一部も「相互会社」として形式的には保険加入者が出資して相互に扶助しあう非営利組織となっている。

上記のように様々な種類の企業は目的や事業内容に応じて、それぞれの企業の責任、権利や義務を明記した企業形態（法人格）をとって活動をしている。つまり法人となって、経済活動を行っている。法人（juridical person）とは、自然人以外で、法律によって「人」とされているものをいう。「人」とは、法律的には、権利義務の主体たる資格（権利能力）を認められた存在であり、法人企業は、自然人以

外で、権利能力を認められた存在ということになる。
　日本においては、法人は、一般社団・財団法人法や会社法などの法律の規定によって成立する。
　公私企業にかかわらず、特殊法人以外に、企業形態は以下のような5種類の会社法人がある。
　① 合名会社：全員が無限責任社員で構成。社員全員に代表権限がある。
　② 合資会社：有限責任と無限責任で構成。両方が代表権を持つことが可能（2006年から）。
　③ 株式会社：全員有限責任。一株一票の議決権をもつ。最高決定機関は株主総会。
　④ 有限会社：有限責任社員で構成。監査役は義務つけていなかった（2006年まで）。
　⑤ 合同会社：有限責任社員で構成。取締役も、監査役も義務つけていない。財務、法務サービス業に多い。
　ただし、2006年の法律改正で、合名、合資会社の法規制は一本化され、有限会社は株式会社に統合された。

2　株式会社とその仕組み

　現代の経済社会では、企業は経済活動の主体である。さまざまな種類の企業がいろいろな組織形態を持って、活動している。その代表的な組織形態は株式会社である。
　なぜ株式会社が多いのか、その理由は企業の資金調達方法にある。企業が事業を展開するにあたり、資金を調達する方法は主に2つに分けられ、それは以下の通りである。
　① 銀行などの金融機関から借り入れる、これは間接金融とも言う。
　② 株を発行し、投資家から出資を募る、これは直接金融とも言う。
　金融機関からお金を借りるというのは企業のみならず、個人でも車や家のローンやキャッシングという形で融資を受けているが、当然この方法で資金を調達すれば、必ず「返済」する必要があり、しかも利息まで取られる。
　企業は、借金ではなく、「株」というものを出資者に対して発行して、資金を集めることができる。これは「借金」ではないから返済の必要はなく、もちろん利息を払う必要もない。

会社の業績が良ければ多くの企業は「配当」や「株主優待」として株主に還元するが、業績が良くても積極的な事業展開のために「無配当」を続ける企業も存在する。調達した資金を返す必要も利息を払う必要もないというメリットに加え、再び大きな資金調達が必要になった場合でも「増資」という形で新たに株を発行して資金を調達できる。また株式会社という形態をとれば、株主の監督を受けることになることで、社会的信用度も高くなり、取引がスムーズになる。

　株式は株とも呼ばれる。株券は企業が銀行などからお金を借りるのではなく、直接市場から必要なお金を調達する場合に発行される。「株券」は株式を発行する有価証券であり、その所有者を株主と言う。株主になると株主としての権利を得る。株主権としては、①配当請求権（株式を持っていると企業の利益の分け前として配当金を受け取ることができる）。②残余財産分配請求権、③議決権などがある。株式会社は株主の監視の下で企業を運営している。

（1）株式会社の仕組み

株式会社の主な機関は以下の通り：

① 取締役と取締役会

取締役の義務と責任

　取締役は株主から選任され会社経営に対し大きな権限を与えられていることで、その意思決定が会社の将来を左右する立場にある。それゆえ、取締役には他の取締役への監視・定款や株主総会の決定事項に対し忠実に職務を行うなどの義務が求められている。更にこの義務を怠った場合には、その責任を問われる事となる。

取締役の義務：

取締役の競業避止義務（会社の営業と競争関係に立つ取引には取締役会の承認を得る）

取締役の利益相反取引（会社と取引を行う場合には取締役会の承認を得る）

取締役の監視義務（取締役会に上程された事項についての監督・監視義務）

取締役の責任：

違法配当（利益がないのに配当を行った）

利益供与（株主の権利行使に関して財産上の利益を供与した）

取締役への金銭貸付（他の取締役に対して貸し付けた金銭が弁済されない）

利益相反取引（取締役と会社との取引で会社に損害を与えた）

会社の意思決定
　会社の業務についての重要な意思決定は、株主総会・取締役会・代表取締役などの会社の機関で審議され決定される。その中で会社経営に関しては、日常業務の大部分を代表取締役に委ねられ、重要業務執行行為については取締役会決議となる。
　取締役会は商法上3ヶ月に1回以上の開催が必要とされるが、公開会社または公開準備会社となれば、最低でも月1回は開催が必要となる。また、開催後には、議事の進行と結果を記載した取締役会議事録を2通（登記申請用・会社保存用）作成しその保存も求められている。

② 委員会設置会社と監査役
委員会制度概要
　従来、監督機能として監査役が設置され企業統治を行ってきたが、近年株主重視の経営が求められるようになりこの監査役制度に代わり登場したのが、委員会等設置会社である。委員会等設置会社とは、監査役を置かずに社外取締役を中心とした指名委員会・監査委員会・報酬委員会の三つの委員会を設置することで、経営の監督機能と業務執行機能とを分離させ強化した会社である。

各委員会：
指名委員会──株主総会へ提出する取締役候補の人選
監査委員会──取締役・執行役の職務執行の監督・管理
報酬委員会──取締役・執行役の報酬決定
各委員会の構成人数は3人以上でその過半数が社外取締役でなければならない。

監査役制度概要
　監査役は株主から選任され株主に代わって取締役を監督・管理し、経営が健全に行われているかをチェックすることを求められている。そのため監査役には「業務監査権限』と『会計監査権限」が与えられいる。
③ 会計参与・会計監査人
会計参与とは：
　株式会社は、定款で「会計参与」という機関を設置する旨を定めることが出来るようになった。会計参与とは、取締役や執行役と共同して計算書類（決算書）などを作成し、株主総会での説明をする内部機関のことである。
　このような機関を設けているのは、会計に専門家を関与させ、ミスや粉飾決算な

どの不正を防ぐためで、特に中小企業の書類作成をサポートする目的で、会計参与制度が新設された。

会計参与は、誰でもなれるわけではなく、公認会計士（監査法人を含む）又は税理士（税理士法人を含む）に限られている。また、役員らとは別の視点で会計チェックをする必要があるので、会社または子会社の取締役・執行役・監査役・会計監査人などの役員との兼任をすることはできない。

会計監査人：

会計監査人とは、大会社や委員会設置会社の計算書類やその付属明細書などを監査する専門の機関で、設置が強制されている。それ以外の会社については、任意で会計監査人を設置できる。

会計監査人は、公認会計士または監査法人でなければならない。また、公認会計士法の規定により、株式会社の監査をすることができない者は、会計監査人にはなれない。

監査法人が会計監査人に選任された場合は、監査法人は社員の中から会計監査人の職務を行う者を選定し、会社に通知しなければならない。

会計参与同様、会社や子会社の取締役・執行役・監査役・会計監査人などの役員との兼任をすることはできない。

株主は「株主総会」を開き、経営のプロである「取締役」を選任する。選任された「取締役」は「取締役会」を開き取締役の中から「代表取締役」を選任する。「代表取締役」は、会社を代表して経営（業務執行）を行い、重要な意思判断については「取締役会」で決定する。「株主」は通常経営には直接加わらないので、「取締役」の業務執行を監視する機関として「監査役」を選任し経営を監視させる。そしてその運用により会社に利益が出たならば、「配当金」として受け取る。

(2) 株式市場

株式市場とは、株式を買ったり売ったりする仕組みのことである。その1つが「発行市場」といって、新しく発行された株式を会社が投資家へ売る市場のことである。もう1つは「流通市場」といって、既に発行された株式を売買する市場で、投資家同士が売買する市場のことを指す。一般的に、流通市場を株式市場と呼んでいる。

3 株式の相互持合いと持ち株制度の違い

　日本企業経営管理には、株式の相互持合いと持ち株制度二つの重要な概念がある。「株式持合い」とは金融機関や事業会社が互いに相手の株式を所有することである。「持株制度」は持ち株会社と従業員持ち株制度を含めている。持ち株会社とは、その会社自体は具体的な事業活動を行わないで、他の会社の株式を所有する事によって、他の会社の事業活動を自社の管理において、他の会社を実質的に支配することを目的として設立された会社のことをいう。従業員持株制度とは、企業がその従業員に自社株を保有してもらうための制度である。希望者は株式取得代金を給料からの分割払いなどで支払い。無償提供の場合もある。株の相互持合いは日本的経営の一つの特徴でもある。

　（1）株式持合い
〈行われた目的〉
　互いの企業の経営支配権の安定化や取引関係の強化などを目的として株式持合いが行われた。
　持ち合いが形成された要因は三つあるといわれている。
　① 高度経済成長を続けた日本では、企業の設備需要から慢性的な資金不足が生じているものの終戦後のハイパーインフレ（超高率の物価上昇）かつ未熟な資本市場という背景があり、企業側の安定資金の大量調達の需要と銀行側の成長企業を見つけ業容を拡大させたいという需要が合致した結果、メインバンク制が形成されお互いの担保として株式持ち合いが生じたこと。
　② 原材料会社や部品会社、加工会社、販売会社のような間で長期にわたる取引を行う担保として、また総合商社と関係を深め輸出や海外事業の活動を行うために、株式持ち合いが生じたこと。
　③ 1964年に、日本がOECD（経済協力開発機構）に加盟したことで貿易資本の自由化が求められていたが当時の証券不況だったために、外資による乗っ取りを危険視する声が財界で高まっていたので、財閥系や大手銀行系を中心とした企業集団の形成を目的とした株式持ち合いが生じたこと。

〈もたらした結果〉
　① 企業間の株式の相互持合いは、投資が目的ではなく、政策的なもので、株式発行会社に無断で持ち合いを第三者に売却することはありえないので、安定株主対

策の柱となっている。

② 経営権の強化をもたらし、お互いに安定株主になることで、乗っ取りを予防できる。

③ 取引関係にある場合、取引が長期にわたって安定的にできる。株式の持合いが進むと市場で流通する株式量が少なくなり、株価は上昇しやすくなる。これは会社のメリットであると同時に、投機目的で大量に株の売買をする仕手筋の暗躍の場となるデメリットもある。お互いに配当を低いレベルに押さえることができる。これは財務体質の強化にプラスだが、一方で少数の個人株主の利益が損なわれがちとなる。また、お互いに委任状を渡しあい株主総会での議決権を預託するため、経営トップはあたかもオーナーのごとく振舞うことができる。

(2) 持ち株制度

持ち株制度は二種類がある。

① 持ち株会社

持ち株会社とは、他の会社の株式を所有するが、それは投資を目的として所有するのではなく、他の会社の株式を所有する事によって、その会社の事業活動を支配することを目的として設立された会社である。したがって、持ち株会社自体は、具体的な事業活動を行わない。

持ち株会社の種類

持ち株会社には、次の三つの種類がある。

純粋持ち株会社：自らは事業活動を行わず、他社を支配することだけを目的とする会社。

事業持ち株会社：自らも事業活動を営み、かつ、他社を支配する持ち株会社。

金融持ち株会社：銀行、証券会社などの金融機関を支配することを目的とする持ち株会社。

② 従業員持株制度

これは、同じ会社やグループ内で株を社員に持たせ、分配する制度である。

〈行われた目的〉

本制度の目的としては、三つある。一つ目は福利厚生の一環として従業員の資産形成を図ること。二つ目は安定株主を増やすこと。三つ目は従業員のロイヤリティや経営参加意識を高めることである。

〈もたらした結果(効果)〉

従業員の経営参加意識を高め、労使協調路線を進めていく上でも効果がある。

また、会社に貢献した従業員などに、あらかじめ決めた価格で、自社株を購入する権利を認めるストックオプション制度を導入する企業も増えている。

4 日本企業の業種と業界

日本にある主な企業は普通、「業種」や「業界」ごとに分類される。日本証券コード協議会の業種別分類項目及び業種コードの目安によって、それぞれの企業は大分類で19種類、中分類で99種類、小分類で1000以上も分けられる。では、日本企業の業種と業界はどのように分類するのか。そして、代表的な企業にはどんな会社があるのか。

(1)「業種」と「業界」

「業種」とは事業の種類である。事業や営業の種類という意味であり、産業と同じ意味かより細かい分類として使われることが多い。

「業界」とはそれぞれの事業の種類ごとに集まる企業群のことである。なお、一つの企業が複数の業界にまたがっていることは珍しくない。例：花王のトイレタリー製品のイメージが強い(売上高1位、2005年)が、化粧品でも4位。

(2) 業種、業界をどのように分類するのか

業種、業界をどのように分類するのかは、行政の統計上の区分などいろいろあるが、経営学の上ではまず、製造業とサービス業の違いを抑えておく必要がある。この二つは、取り扱う「商品」の種類が根本的に違うので、経営上さまざまな違いが生じてくる。製造業というのは形のあるものを製造し、販売することである。例：自動車メーカーなど。サービス業は人やもの、組織の活動や機能のみを提供する。例：レンタカーなど。

一般的な区分としては、第一次から第三次産業に区分する方法がある。第一次産業は自然界に働きかけて直接に富を取得する産業が分類される。一般的に、農業、林業、漁業、工業が第一産業に該当する。水産加工のように天然資源を元に加工して食品を製造する業種は製造業に分類され、第一次産業には含まれない。第二次産業には、第一次産業が採取・生産した原材料を加工して富を作り出す産業が分類される。「製造業、建築業、電気ガス業がこれに該当する」第三次産業には、第一次

産業にも第二次産業にも分類されない産業が分類される。

　第一次産業―農業、林業、水産業など、狩猟、採集。
　第二次産業―製造業、建設業など、工業生産、加工業。電気・ガス・水道業。
　第三次産業―情報通信業、金融業、運輸業、小売業、サービス業など、非物質的な生産業、配分業。経済発展につれて第一次産業から第二次産業、第三次産業へと産業がシフトしていくことが見られる（クラーク法則）。

　また、企業の活動地域により、企業を地域企業、国内企業、国際（グローバル）企業などに分けられる。例えば、皆の身近にあるコンビニのセブン・イレブンが国際企業である。日本のほかに、中国にもある。

(3)「サービス」は日常どう区分するのか

　「サービス」は日常用語では「おまけ」「奉仕」などの意味に使われるが、企業や組織の経営を考える場合には、人や物、組織の活動や機能を提供することを指す。「飲食サービス」とは、レストランや喫茶店が提供するサービスのことで、食べ物や飲み物がおまけについてくることではない。

　また、スーパーや一般の商店、更にはネット通販などを総称して「小売業という」が、大きくいってこれはサービス業に分類される。物を売っているのではないかと思うかもしれないが、これらの企業は「製造メーカーと消費者の間で物とお金の交換媒介をすると言う活動を提供していると考えられる。

　日本標準産業分類の大分類とは

A	農業	H	情報通信業	N	医療、福祉
B	林業	I	運輸業	O	教育、学習支援業
C	漁業	J	卸売り、小売業	P	複合サービス事業
D	鉱業	K	金融、保険業	Q	サービス業
E	建築業	L	不動産業	R	公務
F	製造業	M	飲食店、宿泊業	S	分類不能の産業
G	電気、ガス、熱供給、水道業				

　日本の産業全体の業種分けとしては、多くの場合、日本標準産業分類の大分類を基準（リファレンス）として、証券コード協議会における業種区分が用いられることが多い。大分類では農業、林業、漁業、鉱業、建築業、製造業、電気、ガス、熱供給、水道業、情報通信業、運輸業、卸売り、小売業、金融、保険業、不動産業、

飲食店、宿泊業、医療、福祉、教育、学習支援業、複合サービス事業、サービス業、公務、分類不能の産業に分けるのである。

5 日本における大企業と中小企業の区分

(1) 中小企業と大企業の定義

中小企業とは経営規模が中程度以下の企業のことである。特に、個人経営に近い小規模なものは、小規模企業者または零細企業とも呼ばれる。

大企業とは中小企業の基準を超える企業である。特に、誰でも企業名を知っているようなものは有名企業とも呼ばれる。また、慣例として大手企業(有名企業のうち各業種のトップを占める数社～十数社)・準大手企業(大手と中堅の中間に位置する企業)・中堅企業(大企業に属する会社のうち、資本金10億円未満の企業)に分類される場合がある。

以上書かれた中小企業と大企業の定義だが、定義の中では企業の具体的な規模の定義と違いを書いていない。実は、中小企業の規模について法的には「中小企業基本法」という法律に定義されている。

(2) 「中小企業基本法」

中小企業基本法（ちゅうしょうきぎょうきほんほう、昭和38年7月20日法律第154号）は、中小企業に関する施策について、その基本理念、基本方針その他の基本となる事項を定めるとともに、国及び地方公共団体の責務等を明らかにすることにより、中小企業に関する施策を総合的に推進し、もっと国民経済の健全な発展及び国民生活の向上を図ることを目的として制・された法律である。1999年に抜本的な改正がなされ、基本理念が往来の救済型から自立支援型へと移行した。

(3) 「中小企業基本法」における中小企業、大企業の違い

①「中小企業基本法」における中小企業の範囲

「中小企業基本法」では、第二条で「中小企業者の範囲」を次のように定義している。

表1−2：中小企業者の範囲

業種区分	中小企業基本法の定義	法人税法における定義
製造業その他	資本金3億円以下又は従業員数300人以下	資本金1億円以下
卸売業	資本金1億円以下又は従業員数100人以下	
小売業	資本金5000万円以下又は従業員数50人以下	
サービス業	資本金5000万円以下又は従業員数100人以下	

（出典：中小企業庁資料）

②「中小企業基本法」における大企業の範囲

大企業の場合は、法律で大企業そのものが定義されているわけではなく、中小企業基本法第二条で定義された中小企業に該当しない企業を大企業とみなすのが一般的である。したがって、「中小企業基本法」に基づいて、大企業と中小企業を区分することができる。

表1−3：大企業の範囲

業種分類	
製造業その他	資本の額又は出資の総額が3億円以上の会社並びに常時使用する従業員の数が300人以上の会社及び個人
卸売業	資本の額又は出資の総額が1億円以上の会社並びに常時使用する従業員の数が100人以上の会社及び個人
サービス業	資本の額又は出資の総額が5000万円以上の会社並びに常時使用する従業員の数が100人以上の会社及び個人
小売業	資本の額又は出資の総額が5000万円以上の会社並びに常時使用する従業員の数が50人以上の会社及び個人

（出典：中小企業庁資料）

③「中小企業基本法」以外の分け方

「中小企業基本法」は企業の規模を表す絶対の物差しというわけではない。上記にあげた中小企業の定義は、中小企業政策における基本的な政策対象の範囲を定めた「原則」であり、法律や制度によって「中小企業」として扱われている範囲が異なることがある。例えば、法人税法における中小企業軽減税率の摘要範囲は、資本1億円以下の企業が対象である。

また、政令により幾つかの業種について定義を追加している。例えば株式会社

日本政策金融公庫法等の中小企業関連立法においては、政令によりゴム製品製造業（一部を除く）は、資本金3億円以下または従業員900人以下、旅館業は、資本金5千万円以下または従業員200人以下、ソフトウエア業・情報処理サービス業は、資本金3億円以下または従業員300人以下を中小企業としている。

6 日本の産業と企業の歴史：財閥と企業グループ

　企業は経済と共に発展し、また経済の変化に大きく影響されるので、経済の発展を離れて日本企業の発展を語るわけにはいかない。

（1）戦前の財閥

　戦前では、持ち株会を使って、業界を跨って三井、三菱、住友、安田の四大財閥のほか、昭和期に出現した重化工業を中心としたコンツェルンを含めて15財閥を形成していた。財閥集団の特徴の一つは、同族経営のピラミッド型コンツェルンである。

　第二次世界大戦終戦後、日本はGHQ（連合軍総司令部）による経済民主化政策が始まり、主要財閥、例えば三井、三菱、住友などがすべて解体してしまった。そのお陰で、企業における所有と支配の分離が形成し、専門経営者が大幅に登場し始めた。しかし、その後の方針の緩和と後退により、財閥の再結集が始まり、所謂戦後企業集団が形成し始めた。この頃の企業集団の特徴は各社横並び、メンバー企業同士の緩やかな連合体である。

（2）戦後の企業グループ

　戦後の日本経済は大きく三つの段階に分けられる。1945-1973年までの経済の復興と高度経済成長期、1973年から1991年までの安定経済成長期、1991年末から現在までの冷戦後の経済変革期である。この三つの段階で日本企業の発展してきた経緯を見ていく。

　まず、1945年から1973年までの経済の復興と高度経済成長期についてまとめる。

　戦後企業集団の成長パターンは銀行が資金を融通し、メーカーがモノを作り、商社が流通させるというパターンで、特に資金調達は重要なので、銀行は企業集団の中核になっていた。以下の表は戦後六大企業集団に関する表である。この表を見ると、この頃銀行が企業集団の中核をなしたということは一目瞭然だろう。

表1-4：企業集団と銀行

六大企業集団	中心
三井グループ	三井銀行
三菱グループ	三菱銀行
住友グループ	住友銀行
芙蓉グループ	富士銀行
第一勧銀グループ	第一勧業銀行
三和グループ	三和銀行

次に、高度経済成長期について見よう。

前期に、日本経済は主に重化学工業を初めとする民間の設備投資に支えられ、投資が投資を呼ぶという形で次々と新たな需要を生み出した。日本企業が積極的にアメリカの経営手法と科学技術を導入した。後期になると、日本企業は設備投資と安い人件費を武器に海外へ輸出するのが多くなった。

1973年秋、世界中でオイルショックが爆発した。日本国内にはあまり石油資源がないので、それまで海外の石油を頼って発展してきた鉄鋼や造船、石油などの重厚産業が大変なショックを受けて、低迷に陥った。一方、コスト削減のため、日本企業はエネルギー効率の向上に必死に努力し、エネルギーをあまり消費せずに付加価値の高い自動車や電気製品、半導体などが発達した。その上、円安の進行や日本製品の高品質を背景に日本はハイテク産業を中心として欧米への自動車や電気製品、半導体などの輸出を伸ばした。しかし、1985年プラザ合意後、急速な円高により、輸出が減少し、円高不況が到来した。その際の不況対策の中からバブル経済が生まれた。

最後に、冷戦後の経済変革期についてまとめる。

1991年以後、バブル経済が崩壊し始めた。倒産企業が続出したが、構造改革によって再生した企業もある。更に、2000年頃を境に、深刻な不良債権問題を抱えた銀行同士での統合が始まった。前に言及した六大企業集団はこの頃一挙に分解し、四大金融グループを軸とする集団が新たに形成された。三井住友グループ、みずほグループ、三菱東京グループとUFJグループである。その後、三菱東京グループとUFJグループが合併し、三菱東京UFJグループになっている。つまり、現在三大金融グループになっている。

コラム1　スズキ自動車と富士重工業の株式相互持合い

　2016年、スズキと富士重工業が、16年間にわたる株式の持ち合いを解消した。その16年の間、どのような原因で株式の持ち合いをおこなってきたのか、どのような変化は出したのか、そして、どのような原因で結局16年間にわたる株式の持ち合いを解消したのか。

　株式の相互持合い現象のはしりは、グリーンメーラー的相場師として知られた藤綱久二郎が1952年に旧三菱財閥の不動産を管理していた陽和不動産の株を買い占め、旧三菱系の各社に高値で買い取らせることに成功したことである。陽和不動産の株を買い占めることは、敵対的買収を防ぐため、旧三菱財閥の内部の株式の構造を調整したからである。それから、株式の相互持合い現象は登場したのである。株式の相互持合い現象の発展の第二波は、20世紀60年代後期、日本における海外の投資は自由化になったとともに、アメリカなどの海外資本はFDIと呼ばれる直接投資（企業が株式を取り得、工場を建設したり事業をおこなったりすることを目指して投資すること）を通して、日本市場に入ってきて、日本が優位を占めていた分野に脅かしてきたのである。そのため、日本の企業集団は己の集団を守るため、集団下のいくつかの会社の株式をお互いに買い占め、海外からの資本から買収されることを防いでいるのである。

　スズキ自動車と富士重工業が株式相互持ち合いをおこなったことは、同じ業務をおこなって、資本や技術、生産の材料などを共有して、提携事業を進めるからである。両社が株式を持ち合ったのは2000年にまで遡る。当時、スズキが資本提携していた米ゼネラルモーターズ（GM）が富士重と資本提携したことから、同じGM傘下の日系自動車メーカーとして共同事業を展開するため、株式を持ち合った。スズキ会長の鈴木修氏は当時、株式持ち合いについて「名刺交換代わりに」と述べていた。スズキは富士重の発行済み株式数の1.75％、富士重もスズキの発行済み株式数の1.18％を保有。お互いの株式取得価格は約100億円だった。

　スズキ自動車と富士重工業が株式相互持ち合いをおこなった後、富士重は欧州市場向け小型車をスズキからOEM（相手先ブランドによる生産）供給を受けたほか、両社間でトランスミッションを相互供給するなど、提携事業を進めてきた。だが、両社を結び付けていたGMが業績悪化で保有していた株式を放出、スズキ、富士重とも相次いで資本提携を解消した。その中、一社の業績は悪化になると、相手の株式

にも悪い影響をもたらすから、株式の相互持ち合いによって、自社の利潤は相手方の経営にも大きい影響を受けることが分かったのである。

その後、富士重は2005年にトヨタ自動車と資本提携を締結した。スズキは2009年に独・フォルクスワーゲン（VW）と資本提携するも、VWが子会社扱いしたことにスズキが反発、資本提携解消に向けて裁判沙汰にまで発展して紛争が泥沼化し、2015年に正式に提携が解消となった。2007年にスズキから富士重への小型車OEMが終了、富士重が軽自動車の生産から撤退した2012年に、スズキからトランスミッション供給が打ち切りになってから、両社は提携事業もなくなっていた。

近年、株式の相互持合い現象の変化の原因について、1990年代後半の金融危機を経て、銀行経営の健全性確保、金融システムの安定化等を目的とした「銀行等の株式等の保有の制限等に関する法律」（2001年）によって、銀行は自己資本を超える株式（総額）の保有が禁止されたこと、銀行の合併が相次いで行われたこと等を背景に、金融機関の株式保有比率が大きく低下したものと考えられる。そして、株式の相互持合い現象も大きく低下していることになる。なぜかというと、日本企業にガバナンスを効かせようとした場合、長年にわたって最大の障害であると指摘されてきたのが株式持ち合いだった。企業や銀行が相互に株式を保有することで、経営者が相互に「白紙委任状」を手にするに等しく、外部の株主や投資家の声が排除されることにつながっていた。経営に規律を働かせるには持ち合いを解消するのが先決である。もちろん、こうした動きに経営者の集まりである日本経団連などは強く抵抗してきた。

専門用語解釈

法人

自然人以外のもので、法律上権利・義務の主体たる資格が与えられたもの。その活動・運営は、定款・寄附行為と言われる根本規則により、社員総会や株主総会で意見が決定される。

法人是指在法律上具有人格化、依法具有民事权利能力和民事行为能力并独立享有民事权利、承担民事义务的社会组织。

特殊法人

広義には，特別法によって設立される法人。政府関係法人。狭義には，法律により直接に設立される法人，および特別の法律により政府の命ずる設立委員による設立行為をもって設立される法人。総務庁の審査の対象とされる。日本銀行・日本放送協会など。

特殊法人企业是由政府全额出资并明确其法人地位，并由国家通过专门的法规和政策来规范，不受公司法制约。这类国有企业被赋予强制性社会公共目标，而不以经济性为目的。换言之，它们的作用是直接提供公共服务。如国防设施、城市公交、城市绿化、水利等，应纳入此类企业。由此可见，这类企业需要由公共财政给予补贴才能维持其正常运行。

独立行政法人

行政効率向上のために省庁の事業実施部門を企画立案部門から分離独立させた法人。人事・運営内容などに関する裁量権を有する。1988年イギリスで導入。日本では、1997年（平成9）の行政改革会議で提案され、設置を検討中。独立行政法人。

为应对公共事务的庞大与复杂性，原本由政府组织负责的公共事务，实施一段时间后，被普遍认为不适合再以政府组织形式继续运作，而牵涉的公共层面，也不适合以财团的形式为之，『行政法人』这一称谓就随之应运而生。此与财团法人的最大不同是，行政法人的资金来源虽是国家预算，但却不以国家编制录用员工，以此来消弭公务人员那种人浮于事、安于高枕的心态。该组织采合议制，设有董事会与监事会，定期召开会议，使领导与执行人员更为专业化，同时也保障专业人员的有效权益。

非営利組織（non-profit organization）

非営利組織（ひえいりそしき）とは、営利を目的としない（非営利）組織（団体）のこと。）非営利団体（ひえいりだんたい）・非営利機関（ひえいりきかん）などともいう。通常の用語では政府組織は含まない。広義では特殊法人、認可法人をはじめとする公共的な団体（公法人など）も含まれる。狭義では、非営利での社会貢献活動や慈善活動を行う市民団体（いわゆるNPO）を指すこともある。

非营利组织是指不以营利为目的的组织，它的目标通常是支持或处理个人关心或者公众关注的议题或事件。非营利组织所涉及的领域非常广，包括艺术、慈善、教

育、学术、环保等。它的运作并不只是单单以利为先，这一点通常被视为该类组织的主要特性，同时具有非营利性、民间性、自治性、志愿性、非政治性、非宗教性等重要特征。非营利组织有时亦称为第三部门（the third sector），与政府部门（第一部门）和企业界所设的民间部门（第二部门），一起形成了三种影响社会的主要力量。虽说是非营利组织，但是相应的收益也不可或缺，因为要保证其活动的充足资金。但是，其收入和支出还是会受到某种制约。非营利组织因此往往由公、私部门捐赠来获取经费，而且经常是以免税的形式。但私人对非营利组织的捐款有时还可以扣税。

株式会社（Stock corporation）

細分化された社員権（株式）を有する株主から有限責任の下に資金を調達して株主から委任を受けた経営者が事業を行い、利益を株主に配当する、法人格を有する企業形態である。

股份公司是指将公司资本分割成若干股份，股东以其认购的股份为额度，对公司承担间接责任的企业法人形式。成立股份有限公司，要有发起人，发起人一般为两人以上200人以下。注册资本的最低限额为人民币500万元。由于所有股份公司均需是承担有限责任（但并非所有有限公司都是股份公司），所以一般称之为"股份有限公司"。

持ち株会社

他の株式会社を支配する目的で、その会社の株式を保有する会社を指す。ホールディングカンパニー（Holding＝保持、保有）とも呼ぶ。私的独占の禁止及び公正取引の確保に関する法律（独占禁止法。以下「独禁法」）では、「子会社の株式の取得価額（最終の貸借対照表において別に付した価額があるときは、その価額）の合計額の、当該会社の総資産の額に対する割合が百分の五十を超える会社」を持株会社と定義している。

控股公司是指通过持有某一公司一定数量的股份，而对该公司进行控制的公司。控股公司按控股方式，分为纯粹控股公司和混合控股公司。纯粹控股公司不直接从事生产经营业务，只是凭借持有其他公司的股份，进行资本营运。混合控股公司除通过控股进行资本营运外，也从事一些生产经营业务。控股公司不但拥有子公司在财政上的控制权，而且拥有经营上的控制权，并对重要人员的任命和大政方针的确定有决定权，甚至直接派人去经营管理。也称母子公司制。

従業員持ち株制度

労働意欲の向上，企業利潤分配への参加や株主安定などを目的として，会社がその従業員に自社株を取得させる制度。

職工控股制度主要是指在股份公司"内部"或"外部"设立管理职工股的管理机构，公司以某种形式赋予包括企业经理人员在内的企业职工全部或部分股份，帮助企业职工持有公司股票并以此为基础让职工参与企业"治理"的一种新型股权制度。

高度経済成長期

1955年から．1973年まで、日本の実質経済成長率は年平均10％を超え、欧米の2～4倍にもなった。飛躍的に経済規模が継続して拡大すること。

1995年至1973年日本经济高度增长，其年平均增长率超过10%，这一时期称为高度经济成长期。

インフレ（inflation）

インフレーションとは、経済学においてモノやサービスの全体の価格レベル、すなわち物価が、ある期間において持続的に上昇する経済現象である。日本語の略称はインフレ。日本語では「通貨膨張」とも訳す。反対に物価の持続的な下落をデフレーションという。

通货膨胀，一般定义为：在信用货币制度下，流通中的货币数量超过经济实际需要而引起的货币贬值和物价水平全面而持续的上涨。

OCED（経済協力開発機構）

OCDE（けいざいきょうりょくかいはつきこう、英：Organisation for Economic Co-operation and Development, OECD、仏：Organisation de coopération et de développement économiques）は、ヨーロッパ、北米等の先進国によって、国際経済全般について協議することを目的とした国際機関。本部事務所はパリ。公用語は英語とフランス語。

经济合作与发展组织（Organization for Economic Co-operation and Development），简称经合组织（OECD），是由35个市场经济国家组成的政府间国际经济组织，旨在共同应对全球化带来的经济、社会和政府治理等方面的挑战，并把握全球化带来的机

遇。成立于1961年，目前成员国总数35个，总部设在巴黎。

仕手筋

人為的に作った相場で短期間に大きな利益を得ることを目的に、公開市場（株式、商品先物、外国為替等）で大量に投機的売買を行う者のことをいう。

投机者，指在金融市场上通过"买空卖空""卖空买空"，希望以较小的资金来博取利润的投资者。

《中小企業基本法》

中小企業基本法（ちゅうしょうきぎょうきほんほう、昭和38年7月20日法律第154号）は、中小企業に関する施策について、その基本理念、基本方針その他の基本となる事項を定めるとともに、国及び地方公共団体の責務等を明らかにすることにより、中小企業に関する施策を総合的に推進し、もつて国民経済の健全な発展及び国民生活の向上を図ることを目的として制訂された法律である。1999年に抜本的な改正がなされ、基本理念が往来の救済型から自立支援型へと移行した。

1963年日本为引导促进中小企业健康发展而颁布的法律。其中对中小企业的基本理念、基本方针做了详细规定。

資本金（share capital；stated capital；legal capital）

資金本は、出資者が会社に払い込んだ金額（払込資本）を基礎として設定される一定の額。

注册资本也叫法定资本，是公司制企业章程规定的全体股东或发起人认缴的出资额或认购的股本总额，并在公司登记机关依法登记。

オイルショック（Oil Crisis）

1973年（第1次）と1979年（第2次）に始まった（ピークは1980年）、原油の供給逼迫および原油価格高騰と、それによる世界の経済混乱である。石油危機（せきゆきき、英語：oil crisis）または石油ショックとも称される。OPEC諸国の国際収支黒字は1973年には10億ドルであったが、1974年には約700億ドルに急増。一方、発展途上向けの民間銀行貸し付け額は1970年の30億ドルから1980年の250億ドルに跳

ね上がった。

石油危机为世界经济或各国经济受到石油价格变化的影响，所产生的经济危机。1960年12月石油输出国组织（OPEC）成立，主要成员包括伊朗、伊拉克、科威特、沙特阿拉伯和南美洲的委内瑞拉等国，而石油输出国组织也成为世界上控制石油价格的关键组织。迄今公认的三次石油危机，分别发生在1973年、1979年和1990年。

重厚産業

重厚長大（じゅうこうちょうだい）とは、重化学工業等の産業を意味する語、鉄鋼や造船などに代表される 基礎的産業。

钢铁、造船等重工业。

プラザ合意（Plaza Accord）

プラザ合意とは、1985年9月22日、G5（先進5か国蔵相・中央銀行総裁会議）により発表された、為替レート安定化に関する合意。呼び名は、会場となったアメリカ・ニューヨーク市のプラザホテルにちなむ。

广场协议是20世纪80年代初期，美国财政赤字剧增，对外贸易逆差大幅增长。美国希望通过美元贬值来增加产品的出口竞争力，以改善美国国际收支不平衡状况。广场协议的签订得到日本大藏省（2000年前的日本主管金融财政的部门）的强力推动。当时日本经济发展过热，日元升值可以帮助日本拓展海外市场，成立独资或合资企业。广场协议签订后，日元大幅升值，国内泡沫急剧扩大，最终由于房地产泡沫的破灭造成了日本经济的长期停滞。

バブル経済（economic bubble）

バブル経済とは、概ね不動産や株式をはじめとした時価資産価格が、投機によって経済成長以上のペースで高騰して実体経済から大幅にかけ離れ、しかしそれ以上は投機によっても支えきれなくなるまでの経済状態を指す。多くの場合は信用膨張を伴っており、投機が停止すると一転して信用収縮に陥る。

泡沫经济，指资产价值超越实体经济，极易丧失持续发展能力的宏观经济状态。泡沫经济经常由大量投机活动支撑，其本质就是贪婪。由于缺乏实体经济的支撑，因

此其资产犹如泡沫一般容易破裂，因此经济学上称之为"泡沫经济"。泡沫经济发展到一定的程度，经常会由于支撑投机活动的市场预期或者神话的破灭，而导致资产价值迅速下跌，这在经济学上被称为泡沫破裂。

練習問題

問題1：企業は誰のものかについて考えよう。「企業は社会の公器」であると松下幸之助が主張していたが、投資者保護、株主重視の原則の観点からどう理解すれば良いか考えよう。

問題2：株式の相互持合い慣習は、日本の長寿企業や長期経営志向にどう影響しているのかを考えよう。

附

企业与公司

1. 企业的种类与形态

企业是指作为社会经济的主体,有着长久的计划目的,进行生产或者向社会提供商品或者服务的统一的独立的社会经济组织。

企业的种类与形态

企业有各种种类,大体上可分为公共企业与私营企业。这两种企业又有着各种形态。

表1-1:企业的种类

		个人企业	个体商店、农家等	
私营企业	共同企业（法人企业）		公司企业	股份公司
				合名公司
				合资公司
				合同公司
			组合企业	农业协同组合等
公共企业		国营企业	国有林等	
		地方公营企业	市营巴士、自来水等	
		特殊法人、独立性政法人等		

① 公共企业

指以维护公共利益、防止市场失灵为目标,由国家或者地方公共团体而非私营企业出资创建并经营的企业。因其优先考虑的是公共利益,所以公共企业并不绝对以盈利为目标。公共企业分为国营企业、独立性政法人、特殊法人、地方公营企业四种。

国营企业:管理国有林木事业(日本的国有林保护、培育事业)。

独立性政法人:造币局、国立医院、国立大学、研究机关、博物馆等。

特殊法人：日本电信电话株式会社（NTT）、日本邮政株式会社、日本烟草产业株式会社（JT）、株式会社日本政策投资银行、日本高速道路株式会社、日本中央赛马会、日本放送协会（NHK）等。

地方公营企业：上下水道、电车、巴士、公立医院等。

但是，现今的特殊法人逐渐演变成的公私混同企业的盈利行为也被视同属于该范围之内。

② 私营企业

私营企业是指以追求利润为目的，由民间的企业或者个人出资创建的企业。个人出资建立的企业称作个人企业，两人或者两人以上建立的企业称为共同（法人）企业。私营企业的法人企业中最为普遍的形式是股份有限公司。股份有限公司是现代经济活动的主体。

③ 营利组织与非盈利组织

除了以盈利为目的的企业外，还存在着为达成某种目的而创建的非营利组织。公共企业就属于非营利组织。非营利组织包括生协、农协以及信用金库、信用组合等金融机关，还有商业街道振兴协会等。另外，保险行业中的由投保人出资建立的以相互扶持为目的"相互会社（互助组织）"也属于非营利组织。

形形色色的企业有着各自不同的目标，承担着不同的责任、义务，同时也拥有其权利。以企业（法人）这一形式进行着多种的经济活动。法人是指在法律上人格化、依法具有民事权利能力和民事行为能力并独立享有民事权利、承担民事义务的社会组织。

在日本，与法人有关的法律有一般社团·财团法人法以及公司法等相关法律。

无论公共企业还是私营企业，除了特殊法人以外，企业可分为以下5类公司法人。

① 合名公司：全员由无限责任员工构成。全员具有代表公司的权限；

② 合资公司：由有限责任公司和无限责任公司两种构成。两者都拥有代表权（2006年后）；

③ 股份公司：全员有限责任。一股一票的决议权。最高决策机关是股东大会；

④ 有限公司：由有限责任的员工构成。没有规定要设立监事（2006年前）；

⑤ 合同公司：由有限责任的员工构成。没有规定要设立董事、监事。此类公司多见于财务、法务服务行业。

但是，2006年法律修改以来，合名、合资公司的法律法规被同化，有限公司则被统合到股份公司之中。

2. 股份公司及其构造

在现代经济社会中，企业作为经济活动的主体，以各种各样的组织形态进行着经济活动。其中最具代表性的组织形态就是股份公司。

企业筹集资金的方法主要有两种：

① 直接从银行等金融机关借入，称之为间接金融；

② 发行股票，募集投资家的资金，称之为直接金融。

相对于不仅要归还本金还要支付利息的间接金融这一常见的融资方式，发行股票筹集资金这一方式具有不仅去除了返本支息的缺欠，而且还可以通过"增资"这一优势，增加发行新股票来募集更多的资金。另外，由于受到股东们的监督，公司的信用度也相应提高，这有利于公司的发展。

股票是持有股份的凭证，持有者称为股东。股东的权利包括获取分红权、剩余资产分配请求权、决策权等。股份制公司就是在股东的严格监督下运营的。

股份公司的构造

股份公司的主要机构有

① 董事与董事会

董事（Member of the Board, Director），又称执行董事，是指由公司股东大会选举产生的，具有实际权力和权威的管理公司事务的人员，是公司内部治理的主要力量，对内管理公司事务，对外代表公司进行经济活动。

董事的义务：

竞业避止

禁止利益相反交易

监督

董事的责任（如有以下几种情形，将追究董事的责任）：

不当分红（在公司年度未盈利的情况下，却以隐瞒、欺诈的方式给股东发放红利）

假公济私（为阻止股东行使其正当权利，对其进行利益输送）

公权私用，向公司其他董事违规借贷（例如：挪用公司资金提供给其他董事，然后私自销账，以致损害公司利益）

董事所进行的交易活动与公司的根本利益背道而驰（即董事私人在与公司的交易活动中，为谋取私利而刻意损害公司的利益）

公司的重要决定要经过股东会、董事会、董事长的审查。根据商法的相关规定，每3个月之内应该召开一次或者一次以上董事会。

②委员会设置公司与监事

委员会设置公司是指不设置监事一职而是设置以外部董事为中心的提名委员会、监察委员会、报酬委员会三个委员会，将监察职能与业务执行职能分离的公司。

监事制度概要

监事是由股东选出代替股东监督、管理董事并监督公司的运营的职位。拥有业务监察权以及财务监察权。

③会计参与·会计监察人

会计参与是指股份制公司中与董事及执行董事共同制订完成财务报告等结算文书并向股东大会说明的机构。人员由取得会计资格证的会计师构成。

会计监察人是指在大公司或者委员会设置公司中负责监察财务报告及其附属明细报告的职位。会计监察人由取得会计资格证的会计师或者监察法人担任。会计参与与会计监察人均不能由公司或者子公司的董事长、执行董事、监事等兼任。

股东们通过召开股东会选出擅长经营的董事。董事们召开董事会选出董事长代表公司负责日常的经营并进行重要的决策。股东一般不直接参与经营，选出监事来监察股东的经营工作。如果公司盈利，股东将获取分红。

股票市场是指股票交易的场所。分为发行市场以及流通市场。一般我们所说的股票市场是指流通市场。

3. 相互持有股权制度与持股制度的区别

在日本的企业经营管理中，相互持有股权制度和持股制度是两个重要的概念。相互持有股权制度是指金融机关或者企业之间相互持有股份。持股制度分为控股公司制度和职工持股制度。控股公司制度是指公司不直接从事生产经营业务，只是凭借持有其他公司的股份，进行资本营运。职工持股制是指某公司的员工持有该公司的部分股权，该部分股权由职工用其所得购买，当然也有公司无偿赠与的情形。相互持有股权制度是日本式经营的一大特征。

相互持有股权制度
推行目的
为了维护企业间经营支配权的安定以及强化企业间的合作。

形成原因
① 日本高度经济成长期间，企业需要购入设备然而资金不足，加之战后日本的严重通胀和资本市场尚未成熟等原因，一方面企业需要大量的稳定的资金，另一方面银行有意引导企业成长以壮大自身，这样一来形成了主要交易银行制度，企业间相互持有股权并相互作保。
② 作为原料企业、零部件企业、加工企业、销售企业之间交易的担保（相互持有股权）以及为了加深和综合商社之间的合作关系、方便出口以及国际投资的顺利进行等。
③ 1964年，日本加入OECD（经济合作与发展组织）以追求贸易资本的自由化，之后不久日本证券市场低迷，业界担心外资乘虚而入的声音也甚嚣尘上，因此为了打造以财阀及大银行为中心的企业集团，相互持有股权制就应运而生。

结果
① 有利于该公司的股权稳定（稳定股东）；
② 有利于强化经营权，防止被恶意并购；
③ 有利于形成稳定的长期合作关系。

持股制度：控股公司制度和职工持股制度
（1）控股公司有三种
纯粹控股公司：不直接从事生产经营业务，只是凭借持有其他公司的股份，进行资本营运。
混合控股公司：除通过控股进行资本营运外，也从事一些生产经营业务。
金融控股公司：以控制银行、证券公司等金融机关为目的的控股公司。
（2）职工持股制度
推行目的：
① 作为员工福利的一部分促成从业人员的资产增值；
② 增加稳定股东；
③ 提高员工的忠诚度，以及增进其参与公司经营的积极性。

4. 日本企业的业种与业界

日本企业主要根据"行业"或"业界"来分类。根据日本证券规则协议会的行业分类规则，日本的行业可分为19大类、99中类、1000多种小类。

"行业"与"业界"

行业是指所从事事业的种类，业界指不同的行业集合的企业群。可是一家企业经常会横跨多个行业。例如，花王属于传统的清洁用品行业，2005年清洁用品类销售额全国第一，可是化妆品类的销售额也排到第四位。

行业与业界的分类

在经营学上，一般首先分为制造业和服务业。制造业是指制造并销售有形的东西，例如汽车厂家。服务业是指提供人力资源、组织活动等的行业，例如汽车租赁公司。

按照普通的分类方法一般会分为第一产业、第二产业、第三产业。第一产业是指从自然中获取并提供生产资料的产业，包括种农业、种植业、林业、畜牧业、水产养殖业等直接以自然物为对象的生产部门。第二产业是指加工产业，利用基本的生产资料进行加工并出售。例如制造业、建筑业、供电供气行业等。第三产业又称服务业，它是指第一、第二产业以外的其他行业。第三产业行业广泛。包括交通运输业、通讯业、商业、餐饮业、金融保险业、行政、家庭服务等非物质生产部门。

另外，根据企业活动的地域，可以分为地方企业、国内企业、跨国公司等。

日本标准产业分类（大类别）

A 农业　　　　　　H 通讯业　　　　　　　N 医疗、福利
B 林业　　　　　　I 运输业　　　　　　　O 教育、学习支援事业
C 渔业　　　　　　J 批发业、零售业　　　P 综合服务业
D 矿业　　　　　　K 金融、保险业　　　　Q 服务业
E 建筑业　　　　　L 房地产业　　　　　　R 政府行业
F 制造业　　　　　M 饮食店、酒店行业　　S 无法分类行业
G 供电、天然气、供暖、自来水行业

5. 日本大企业与中小企业的区分

中小企业与大企业的定义。中小企业是指经营规模在中等以下的企业。经营规模超过中等规模的企业称为大企业。日本1963年颁布的《中小企业基本法》中对中小企业的规模做出了一下定义。

表1-2：中小企业的规模

行业区分	中小企业基本法的定义	法人税法的定义
制造业以及其他	注册资本3亿日元以下且从业人员300人以下	注册资本1亿日元以下
生鲜食品批发业	注册资本5000万日元以下且从业人员100人以下	
零售业	注册资本5000万日元以下且从业人员50人以下	
服务业	注册资本5000万日元以下从业人员100人以下	

法律上并没有对大企业做出详细定义，根据《中小企业基本法》第二条对中小企业的定义，不符合中小企业标准的企业则为大企业。因此，根据《中小企业基本法》可以对大企业与中小企业进行区分。

表1-3：大企业的规模

行业分类	
	注册资本或出资总额3亿日元以上并且从业人员在300人以上的企业或个人
生鲜食品批发业	注册资本或出资总额1亿日元以上且从业人员100人以上的企业或者个人
服务业	注册资本或出资总额5000万日元以上且从业人员100人以上的企业或者个人
零售业	注册资本或出资总额5000万日元以上且从业人员50人以上的企业或者个人

《中小企业基本法》对中小企业的定义并不是一成不变的。例如，在法人税法中，对中小企业的定义是：注册资本在1亿日元以下的企业。另外，根据政令不同的行业会追加不用的定义。例如，股份制企业日本政策金融金库法等关于中小企业的立法中，根据政令，橡胶制品制造业中，资本3亿日元以下且从业人员900人以下的企业为中小企业。旅馆行业中，注册资本5000万日元以下且从业人员200人以下的企业为中小企业。软件业、信息处理行业中注册资本3亿日元以下且从业人员300人以下为中小企业。

6. 日本产业与企业的历史：财阀与企业集团

企业与经济共同发展，对经济变化有着重大影响。

战前日本采取股份制且跨行业的除了三井、三菱、住友、安田四大财阀外，加上昭和期间出现的以重工业为中心的垄断组织，一共形成了15个财阀。财阀集团的一个特征就是以家族经营为特点的金字塔形垄断组织。

第二次世界大战后，根据GHQ（驻日盟军总部）经济民主化的要求，主要财阀例如三井、三菱、住友等全部被强行拆解。因此，企业的所有权与经营权分离，职业经营者大量涌现。然而，随着国家政策的相对和缓，财阀也就此重新集结，形成所谓的战后企业集团。这个时期的企业集团特征是共同进退，形成松散的企业联合体。

战后日本经济大体上可划分为三个阶段。1945—1973年是经济复兴与经济高度成长期，1973—1992年是经济稳定增长期。1991年末到现在是冷战后经济变革期。

1945—1973年是经济复兴与经济高度成长期

战后企业集团的发展模式是从银行取得融资，制造企业制作商品，商社负责商品售卖。资金调动作为最重要的一环，银行毫无疑问成为企业集团的核心。下表所展现的就是战后六大企业集团及其核心。

表1-4：企业集团与银行

六大企业集团	中心
三井集团	三井银行
三菱集团	三菱银行
住友集团	住友银行
芙蓉集团	富士银行
第一劝银集团	第一劝业银行
三和集团	三和银行

高度经济成长期前期，日本经济以重化工业为首，以民间设备投资为支撑，以投资带动投资的方式不断产生新的需求。日本还积极导入美国的经营学与科学技术。到后期，日本以设备投资与廉价劳动力为武器向海外出口商品。

高度经济成长期前期，日本经济是以重化工业为前导，以民间设备投资为支撑，同时以投资带动投资的方式不断产生新需求的模式。日本还积极引进美国的经营学与科学技术。到后期，日本以设备投资与廉价劳动力为武器大规模向海外出口商品。

随后，日本经济进入经济稳定增长期，1973年，世界爆发石油危机。日本国内石油资源匮乏，严重依赖进口石油发展起来的钢铁、造船、石油等厚重型工业遭受重大打击，陷入低迷期。另一方面，为了降低成本，日本企业极力推行节约能源、提高能源利用率，大力发展低能源高附加价值的汽车、家电、半导体等产业。并且借着日元贬值与日本制造的高质量，以高科技产业为中心的日本商品大量出口欧美。然而，1985年广场协议后，日元急速升值，出口下降，日元升值带来的低迷也随之而来。为了应对低迷，泡沫经济也就由此形成了。

最后是冷战结束后的经济变革期。

1991年后，泡沫经济开始崩溃。大量企业破产，也因为产业结构调整，催生了一批新企业。2000年后，深陷不良债权问题的银行开始重组合并。前文提到的六大企业集团全部解体，形成了以四大金融体为轴心的新集团。分别是三井住友银行、瑞穗银行、三菱东京银行和UFJ银行。后来，三菱东京银行与UFJ银行合并成立三菱东京UFJ银行，形成了如今的三大金融集团。

第二章　人事労務管理

学習目的
1. 人事労務管理の仕組みはどのようになっているのか？
2. 日本の労働組合とは何か？
3. 終身雇用とは何か？そのメリットとディメリットは何か？
4. 年功序列とは何か？そのメリットとディメリットは何か？
5. 日本企業の転勤とジョブローテーションとは何か？
6. OJTとOFF-JTの違いは何か？
7. 日本企業の給与体系はどのようになっているのか？
8. 日本企業の福利厚生はどんな内容が含まれているか？

1　人事労務管理の仕組み

（1）人材マネジメントの仕組み

　人材マネジメントはHRMとも言う。HRMは、英語でhuman resource management である。人材マネジメントは「ひと」と「組織」を最大限効果的に機能させるために欠かせないもので、企業が継続的に発展するために、最も重要となる経営活動である。その仕組みは採用－配置－育成－評価－処遇という一連のプロセスに沿い、整合性のとれたものでなければならない。

　① 採用

　雇用形態の多様化に伴い、人材採用は大きく変化している。例えば、正社員の比率をできるだけ抑え、契約社員やアルバイトを活用する。ただし、非正社員の活用は人材流出や業務の品質低下の恐れがある。また、優れた人材を確保するために、入社の柔軟性についても様々な工夫が行われるようになった。例えば、ソニーは入社を先延ばしたい学生は研究活動や資格取得、留学などの理由を明確にすれば、二

年以内のいつでも入社できるという制度の導入を決定した。それに、人材の流動化に伴い、中途採用という仕組みも一般化してきた。既存企業の拡大、新規事業への進出などのために、企業の経営戦略に合わせて学校を卒業したばかりのフレッシュな人材を一から育てるだけではなく、すでにそれなりの経験と実力を兼ね備えた人材を採用しなければならない。

② 配置

人材配置を行う上での基本は「適材適所」である。個人の持っている能力、素質、素養、やる気を見極め、最適な役割を与えることによって、最大限の成果が得られ、企業の業績にもつながっている。それに、適材適所は短期的な視点だけではなく、中長期的な視点で企業の成長、個人な成長を考える必要がある。具体的なやり方は仕事と人材のマッチングである。一方、社員の側から見ると仕事のマンネリ化を防ぐとともに、新しい仕事を体験することによって、学習と能力開発のチャンスが得られる。今、「仕事は会社が与える」という考え方から脱却し、個人の「やりたいこと」をベースに、仕事と人材のマッチングを図る取り組も増えている。

③ 育成

人材育成の基本は、OJT(on-the-job training)と「研修」がある。なかでは、「OJT」は仕事の現場で、業務を通じて人が必要な知識や技術を学習し、育っていくことであり、企業における人材育成の中核たるものである。一方、研修はOff-JTであり。実務とは直結していない。しかし、必要な知識やスキルを体系的、集中的に学べるメリットがある。近年では、研修といっても単なる座学ではなく、各自の職場での実践を踏まえたAction Learning（知識を得た後、その実践を通じて学習する方法）という取り組も増えている。

④ 評価

評価はHRMの仕組みの中では、根幹をなすものの一つである。いくら一所懸命努力して、成果を上げても、それが適切に評価されなければ人間のモチベーションは維持できない。被評価者は直属の上司によって評価されるというのが一般的だったが、一人の人間の評価だけでは客観性に欠けるという批判もあり、それで、より多面的な評価が求められる。これを「360度評価」と呼び、上司だけでなく、部下や同僚、場合によって顧客の声も反映させる。また、評価の手法としては「MBO」（目標管理）が広がりつつある。それは社員はそれぞれの上司とともに、組織目標

と連動した形で自分の目標を納得と合意の下で決定して、目標達成に向けて努力を続け、上司はその支援、協力を行う。その後、社員はまず自己評価を行い、上司はその妥当性をチェックしたうえでフィードバックし、お互いに納得する形で評価を終了し、次の目標設定に向かうということである。

⑤ 処遇

処遇を考える際には、「ポスト」と「報償」の二つの側面がある。企業の規模的な拡大が終わり、組織のフラット化、簡素化、スリム化が進み、処遇ポストは大幅に減少しているから、単一の組織のヒエラルキーを上っていくという単線型処遇体系の限界は明らかである。管理職としてではなく、個人の専門的なスキルや経験を最大限に活かす「複線型」処遇体系を構築しなければならない。そして、報償とは給与やボーナス、福利厚生などの社員に支払われる対価のことである。給与は仕事遂行を基準としての「職能給」と仕事そのものを評価基準としての「職務給」に分けられている。一般社員は仕事の内容が多様で、数値化が困難なため、職務給の導入は難しいとされていたが、仕事に見合った給与の設定と実力主義が日本でも広がりつつあると言える。

(2) モチベーションの方法

① モチベーションとは何か

モチベーションとは、仕事に対する意欲づけ、つまりやる気を起こさせることを言う。

「やる気が出ない」や「モチベーションが上がらない」ということは、誰にでもあることである。とくに現代では広く蔓延し、もはや現代病といっても過言ではないかもしれない。とはいえ、一時的なモチベーションの低下であればまだ良いのだが、そういう状態が長く続くと人生を左右するほどの大きなインパクトを与えてしまうことすらある。そして、モチベーションの上がらない毎日というものは充実感が味わえず精神的にツライもので、人間は充分な知識や技術があっても、やる気がないかぎり行動しないし、たとえ行動したとしても，良い成果は期待できない。そこで，人間をある行動へとかりたてる動機づけが重要となる。

② 「目標の立て方」

我々は子供の頃からよく目標を立てろと言われるが、実際に立ててもうまく行かないことも多かったはずである。なぜかというと、それはそもそも「目標の立て方」を知らなかったからである。ただ単に目標を立てただけでは、到底達成できな

いし、やる気にならない場合がほとんどである。しかし、この期待理論を応用して目標を立ててみると、モチベーションも上がり目標の達成確立もグンとアップする。ポイントは、「本当に自分が望むこと」「実現可能性があること」の2点である。どちらが中途半端でもいけない。そして、「実現可能性を信じる」ためには、その目標に向かうまでの道筋が具体的になっていないといけない。ただ漠然と可能性を信じてタナボタを待っていては、いずれあきらめざるを得なくなってしまうだろう。原因はその目標を叶う根拠が自分の心の中にないということである。我々は通常魅力的な目標はいくらでも描ける。例えば、「大リーガーになる」「億万長者になる」「世界を旅行する」…。しかし、これらも「その目標を叶う道筋（根拠）」を明確にすることができないので、モチベーションを上げて本気で目指すことができない。「目標」＋「到達への道筋（根拠）」こそ明確すれば、その目標はもう半分かなったも同然である。ぜひ意識して見つけてみてください。

自分のモチベーションアップと部下のモチベーションアップの違い
　自分自身のモチベーションアップは自分でその気になれさえすればできることである。しかし、部下のモチベーションを上げるとなると、これはなかなか難しいことである。なぜなら、それは自分の意思ではできないことであるから。しかし企業のトップとして、また幹部としては、どうしてもそれにかかわらなければならないわけである。部下のモチベーションが低くなると、企業の使いものにならない。また部内の雰囲気も悪くなるかもしれない。そうすると、企業の売り上げ実績にも影響を与える。一方、モチベーションの高い人は積極的に仕事し、社内に良い効果を与えることができる。社内が活性化すれば、それにより売上実績も上がる。

③ モチベーションアップの方法
部下のモチベーションアップ必要な上司の心構え
　チームにいる上司の責任として、部下のモチベーション管理というものがある。モチベーション管理は人によってスイッチが違うため、非常にコントロールの難しいことである。とはいえ、チーム力をあげるためには常に一定のモチベーションを維持させる必要がある。上司はどうやって部下のモチベーションを向上させることが出来るのだろうか。モチベーションに一番関わっているのは「言葉」である。言葉使いによって、その人の気持ちも全く変わってくる。辛い、疲れた、めんどくさい、そんな言葉を日常的に使っていたらどんどんマイナスな方向へ気持ちが沈んでいってしまう。だから、ネガティブなワードをポジティブワードに変換して言葉を

発するようにしよう。これだけでは、確かに急激なモチベーションアップには繋がりにくいかもしれない。しかし、モチベーションの維持や良い環境づくりには大きく影響している。相手を認めて、その気にさせる一言を言う。部下を否定から入るような上司のもとでは、モチベーションなど上がることは決してない。部下としても、自分のことを肯定してくれる上司のもとで働きたいと思っている。そのためのポイントは、部下を認めてその気にさせるということである。否定ではなく、間違っていてもとりあえず一旦認めることにより、部下としては認められた感覚になり信頼感が生まれる。そこで一言、「がんばれよ」でもなんでもいいので部下をその気にさせるような一言を掛けるようにしよう。

a. 正しい「褒め方」

正しい褒め方とは部下の長所をみつけ、それを伝えて、自信をつけてあげるということである。自信がつけば、やる気が上がり、かならず仕事の業績に貢献してくれるだろう。部下や後輩を褒めるのは、彼らのやる気を引き出すためにとても大事なことである。普段忙しすぎて部下や後輩がいい仕事をしても褒め忘れていないのか？上司や先輩から褒められれば誰だって嬉しいし、やる気が出てくる。褒める時は、本人の人格に焦点を当てて「相手自身」を褒める。部下が自分自身を評価してくれたと感じれば、やる気を出して次回も期待に応えてくれるだろう。

b. 正しい「叱り方」

叱るときは、相手本人の人格を叱るのではなく、相手の「犯した行動」を叱る。人格批判してはいけない。叱るときは敢えて部下本人を攻めるのはやめよう。大事なことは部下のやる気を下げずに、同じミスをしないための方法を考えさせることである。

2　日本の労働組合

(1) 労働組合の定義

「労働組合」とは、労働者が主体となって自主的に労働条件の維持改善その他経済的地位の向上を図ることを主たる目的として組織する団体又はその連合団体をいう。構成員の主要部分は労働者ら、労働者とされない者（主婦や学生など）が加入していても法的には問題ない。但し、以下のいずれかに該当するものは労働組合法上の労働組合とは認められない。

① 役員、雇入解雇昇進又は異動に関して直接の権限を持つ監督的地位にある労働者、使用者の労働関係についての計画と方針とに関する機密の事項に接し、そのためにその職務上の義務と責任とが当該労働組合の組合員としての誠意と責任とに直接に抵触する監督的地位にある労働者その他使用者の利益を代表する者の参加を許すもの。

② 団体の運営のための経費の支出につき使用者の経理上の援助を受けるもの。但し、労働者が労働時間中に時間又は賃金を失うことなく使用者と協議し、又は交渉することを使用者が許すことを妨げるものではなく、且つ、厚生資金又は経済上の不幸若しくは災厄を防止し、若しくは救済するための支出に実際に用いられる福利その他の基金に対する使用者の寄附及び最小限の広さの事務所の供与を除くものとする。

③ 共済事業その他の福利事業のみを目的とするもの。
④ 主として政治運動又は社会運動を目的とするもの。

(2) 労働組合の目的と役割

労働組合は労働者が、人間らしく生きるために、団結し、運動する継続的組織である。労働条件の維持改善と労働者の経済的地位の向上を主たる目的とする。仕事する上で、給料、休み、職場の環境などを改善して、より働きやすい、やりがいのある職場へと変わっていく。改善して欲しいことを個人で言うのは大変勇気の要ることである。個人が胸の中にしまっている声をあつめて、会社に改善を求めていくことが労働組合の役割である。

つまり、組合活動の目的は、従業員の皆さんが働きやすく、やりがいのある職場を築くことである。そのために、各職場を回って皆さんの声を聞いたり、アンケート調査などを行って、労働条件に関する諸問題について会社と話し合ったりする。また、毎年大会を開催し、活動報告や会計報告、活動方針と会計予算の提案を行っていく。

また、会社で働く人の給料や待遇を最終的に決めるのは社長さんたち経営陣である。「給料を上げてほしい」などの希望を経営陣に伝えるときに、一人よりも大勢で言ったほうが、意見が通りやすい。そこで同じ思いを持つ働く人たちを集まって、経営陣と話し合おうというわけである。これが労働組合の大きな役割である。

(3) 日本における労働組合の特色

日本における労働組合は、一企業及びそのグループ企業の従業員だけで職種の区

別なく構成する企業別労働組合を主とし、産業、地域、職種等によって組織される欧州諸国の労働組合とは異なる特色を有している。そのうえで、企業別組合は産業別に連合体（単産）を結成し、通常各産業の主力企業の組合が単産の主導権を握っている。主な単産として自治労、自動車総連、電機連合、UAゼンセンなどがある。一方、大手銀行や商社などの企業別組合はこうした上部組織のいずれにも加盟せず、企業内の組合にとどまっているものが多い。所属企業や職種、職業のいかんを問わず個人単位でも加入できる労働組合（一般労働組合、合同労働組合。このような労働組合は「ユニオン」と呼ばれることもある）もあり、企業別組合のない会社に勤務する労働者、企業別組合に加入できない非正規雇用の者（首都圏青年ユニオンやフリーター全般労働組合など）、管理職などを主な対象としている。

労働組合は、職業別労働組合から出発し、一般組合を経て産業別労働組合へと発展していくのが、多くの先進工業国でみられた展開過程であったが、日本においては、職能別労働組合から企業別労働組合へという過程が特徴的である。

日本最初の労働組合は、アメリカ合衆国で近代的な労働組合運動を経験した高野房太郎や片山潜らによって1897年に結成された職工義友会を母体に、同年7月5日に創立された労働組合期成会である。現在のような企業別組合が発達したのは、第二次世界大戦以降である。

（4）労働三権

労働組合に関する概念は沢山あるで、その中の労働基本権と言うのは団結権、団体交渉権、団体行動権（争議権）の三つを指す。日本国憲法第28条にその規定が設けられている。なお、労働三権を労働基本権と呼ぶこともある。また、労働基本権は労働者がその労働に関して持つ権利のことであり、特に雇用者に対し労働条件・労働環境の促進または維持を求める行為に係る基本権を言う。では、団結権というのは勤労者が使用者と対等の立場に立って、労働条件などについて交渉するために労働組合をつくる権利、また労働組合に加入する権利を指す。団体交渉権は使用者と交渉し、協約を結ぶ権利である。最後の団体行動権とは団体交渉において使用者に要求を認めさせるため、団結して就労を放棄する、つまりストライキをおこなう権利である。

（5）団体交渉

団体交渉権は労働基本権の中の一つの権利である。では団体交渉と言うのは何だろうか。それは労働組合が、使用者又はその団体と労働協約の締結その他の事項に

関して交渉することを指す。団交と呼ぶことも多い。

3 終身雇用のメリットとディメリット

　終身雇用は、日本経営的雇用慣行として世界に広く知られ、日本経済の成長と発展に大きな影響を与えた。しかし、平成不況から「終身雇用制の崩壊」という言葉がよく登場してきた。バブル景気崩壊後の長期間経済沈滞という厳しい経済環境の下で、日本の終身雇用制が崩壊したのだろうか。

(1) 終身雇用の定義

　終身雇用とは、正規の従業員（正社員）として採用された場合、定年まで雇用関係を継続することである。簡単に言えば、社員が望めば、特別の事情がないかぎり、定年まで雇用を保証することである。企業別労働組合、年功序列制度と共に、旧日本的経営の三種の神器と呼ばれていて、大企業を中心に採用され、高度経済成長の原動力になった。

　欧米諸国では、雇用条件については労働協約に明示されるが、日本では雇用保障については明示していない。終身雇用は明文化された雇用契約ではなく、長期間にわたる高度経済成長の中で、雇用の保証が実現し、それが慣行となって定着したものである。つまり、終身雇用制度は企業と労働者が文書で契約を交わしたわけではないが、企業と労働者双方に暗黙の了解として存在していた。

(2) 終身雇用の発展と現状

　終身雇用がつくられたのは大正末期から昭和初期にかけてだとされている。当時は、熟練工の転職率が極めて高かったため、大企業や官営工場が足止め策として定期昇給制度や退職金制度を導入し、年功序列を重視する雇用制度を築いた。しかし、第二次世界大戦による不景気と、敗戦後の社会制度の改革により、日本における終身雇用の慣行は、一旦は衰退した。

　高度成長時代になって再び確立された。この時期においては、多くの企業の関心は労働力不足のほうにあった。そのため、松下電器産業、富士通などの大手企業をはじめ、終身雇用を採用してきた。こうして、終身雇用の慣習が一般化した。しかしながら、日本経済を取り巻く世界経済の変化は終身雇用制度に大きく影響を与えている。1990年代から続いた経済の低迷と労働力の高齢化により、日本の終身雇用制度は崩壊し始めた。経済成長の鈍化に伴い、多くの日本企業は円高や国際競争、

平成不況の中で、人件費の圧迫と過剰雇用に直面し、雇用の調整が大きな経営課題となって、維持することが難しくなってきた。

(3) 終身雇用のメリットとデメリット
① 終身雇用のメリット

終身雇用制度を中心とする日本経営制度が労働関係の安定と日本経済の高度発展に大きく貢献し、世間で高く称賛された。それにはいくつかのメリットが含まれている。

まず、終身雇用制度は欧米の個人主義と相反し、集団利益を大切にし、会社や組織に対する献身的な帰属意識が生まれる。その結果、社員は自分と会社が運命共同体となって、労働意欲が張って、一体感と帰属意識が高まって、生産効率の増大をもたらす。

また、終身雇用と年功賃金はワンセットで採用されていた。高校や大学を卒業した新卒者が企業に入社したばかりの時は、賃金が低いが、長期間雇用されている間に年齢に対応して賃金も上昇する。したがって、条件の良い大企業が採用時に優秀な人材がとれる。

さらに、年功賃金制のもとでは、従業員一人当たりの人件費は従業員の年齢の加重平均値が上がれば増加し、下がれば減少する。高度成長時代には、企業が新卒者を大量に採用していたので、従業員の平均年齢は、少なくとも一定のレベルに維持できて、人件費が安く抑えられた。

最後に、終身雇用によって、人材を計画的に育成することができ、技術が引き継がれる。同じ労働者を長期間雇用することで企業独自のノウハウを外部に漏らすことなく蓄積または発展させることができた。教育訓練投資が無駄になれず、将来の教育訓練費用も節約できる。

② 終身雇用のデメリット

終身雇用には数多くのメリットがあるが、同時に多くのデメリットも抱えている。多くの方面において、すでに新しい時代に対応できなくなっている。

一番の問題は従業員の働く意欲を十分に発揮できないこと。年功序列の制度は能力のある若い社員の上昇を妨げるし、リーダーも高齢化になる。また、重大な間違いがないかぎり、定年まで雇われるから、緊張感、無気力が蔓延る恐れがある。指示待ち族が増え続け、自主的に仕事をしなくなって、効率も当然低下する。特に、大きな企業では、一人がいくら努力しても、その成果は自分で確かめることができない。一般的には人は成果が目に見えないものに対しては、強く動機付けられ

ない。だから、日本の企業に対して、一体感と帰属意欲をもっていることは認めるが、忠誠心貢献意欲まで持っているとする説には、疑問がある。

　また、生産計画に見合う従業員の増減(雇用調整)が困難になること。一般的な状況では社員を解雇できないので、企業組織の肥大化をもたらした。しかし、バブル崩壊によって、経済発展のスピードが下がった。人件費が高騰し、高齢化による労務コストも増大して、膨大な組織は時代に適応できなくなる。

(4) 終身雇用の行方

　近年、日本企業は激しい競争に立ち向かうため、雇用制度に関する改革を進めている。そのなかで、正社員を減らし、非正規社員を増やす傾向が強まっている。

　終身雇用はすでに企業の重荷になっているため、正社員の雇用を減らさなければならない。しかし、こうなると人手不足の問題が生じる。企業は業務を順調に行うために、定期雇用、中途採用、臨時雇用など多様化した雇用形態をとっている。

　定期雇用の重視：季節的、短期的な仕事を完成できるように、短期契約によって労働者を雇用する。

　中途採用の増加：過去の日本に「転職」ということは会社を「裏切る」側面があったが、今日においては終身雇用が揺れるなか、転職者がますます増加している。

　臨時雇用の採用：臨時雇用とは、雇用契約において1ヶ月以上4ヶ月未満の雇用契約期間が定められている労働やその労働者のことであり、近年、この臨時雇用者も激増している。

4 年功序列のメリットとディメリット

(1) 年功序列とは何か

　年功序列とは、官公庁、企業などにおいて勤続年数、年齢などに応じて役職や賃金を上昇させる人事制度・慣習のことを指す。終身雇用、企業別労働組合と並んで「三種の神器」と呼ばれ、日本型雇用の典型的なシステムである。個人の能力、実績に関わらず年数のみで評価する仕組みを年功序列と称する。

　なぜ日本は年功序列制度を選ぶか。その原因は色々ある。まず、年功序列制度は、加齢とともに労働者の技術や能力が蓄積され、最終的には企業の成績に反映されるという考え方に基づいている。結果として、経験豊富な者が管理職などのポストに就く割合が高くなる。つまり年上の労働者は経験豊富な者また有力者にイコー

ルすることになる。

　また、経営学で用いられるエージェンシー理論の説明では、若いときには賃金は限界生産力を下回り、高齢になると限界生産力を上回る。これは賃金の観点において強制的な社内預金をすることになる。そのため、労働者はその社内預金を回収するまでは、結果的に長期在職したほうが有利となる。このことを遅延報酬とも言う。そのようなことによって労働者に長期間在職させることができる。

　その他、日本文化は年功序列にも影響を与えている。日本の会社は組織単位で働いている。組織単位の作業が中心で成果主義を採用しにくい一方で、年少者は年長者に従うべきという儒教的な考え方が古くから強かったことが挙げられる。集団で助け合って仕事をする場合は、個々人の成果を明確にすることが難しい場合も多く、組織を円滑に動かすには構成員が納得しやすい上下関係が求められる。職能概念に基づく年功序列制度は、こういったニーズを満たす合理的な方法である。大きなミスがなければ、いずれも、昇進できるから、同じ会社にずっと勤める従業員も少なくない。

(2) 年功序列のメリットとデメリット

　年功序列にはもちろんメリットとデメリットがある。しかし、それらのメリットは別の面で見ると、デメリットになってしまう可能性が高い。どのようにそのメリットを活かすのかが課題となる。

① メリット

a. インセンティブ効果

　終身雇用制度のもとでは、同じ会社に継続勤務したほうが転職するよりも高い効用が得られるようになっているので、労働者に怠けないインセンティブを与える。

b. 企業特有の技能への投資

　企業が労働者の企業特有の技能への投資（教育費用の負担）を行う場合、終身雇用制とともに年功序列による賃金制度が合理的である。

c. チームワークが保たれやすいこと

　上司は常に先輩（年長者）であり、命令も先輩（年長者）から出されるため、心理的抵抗感が少ないと言える。成果主義であれば、後輩（年下）が上司になることも充分あり、その時にはなかなか心理的に辛いであろう。

d. 組織への忠誠度（ロイヤリティ）を高めやすいこと

　現場でこき使われようが、今我慢して勤めていれば、きっと将来は自分にも出世して部下ができるからという思いが、仕事を投げ出したり、転職を思いとどませる

e. 仕事を教える意識を持ちやすいこと

仕事は年長者（先輩）から学ぶのが当たり前であり、自らが年長者になれば年下（後輩）に手取り足取り仕事を教え込むのは当然であるという社風を維持しやすい。年長者は年下にポストを取られたり、給与面でも抜かされたりすることがないのだから、安心して仕事を教えることができる。

年功序列のメリットというと、やはり従業員に長期間在職させること、また会社の雰囲気、会社内部の競争を緩やかにすることである。

② デメリット

a. 事なかれ主義

大過がなければ昇進していくので、労働者はリスクのある行動に積極的ではない。また、思い切った施策が出ない。特に官公庁や官営・公営の法人などではそのような傾向が顕著である。市場シェア：特に消費者のニーズの変化が速く、IT化により業務効率も向上し、ライバルもすぐに追いついてくる昨今、ある程度リスクをとってすばやく新しい試みにチャレンジする気概がなければ、市場から捨てられる、ライバルに簡単にシェアを奪われてしまう。組織改革：事なかれ主義において組織改革に手を付けようなんてなかなか思うはずはない。良くある例で言えば、新規事業を始めることや、業務改革を行うことに真っ向から反対することが挙げられる。

b. 転職者や非正規雇用に不利

同一企業への勤続が重視されるので、転職者が制度的に不利になる。最たるものが「退職金」だろう。また、海外留学や社員持ち株制度など、様々な福利厚生制度も不利になる。給与的にも前職の給与と当該業務担当者の平均給与との間をとることが多く、同じ役職で同じ仕事内容の「その会社一筋」の社員の給与より安くなることが多い。そのほか、派遣社員や契約社員などの非正社員は年功序列制度の対象外とされ、給与を相対的に低く抑えられてしまうことになる。

c. 人員配置が硬直的になること

ある人が凄い業績を上げたにせよ、素晴らしい商品を生み出したとしても、抜擢人事が行いにくい。また、高賃金の年長者の給与を下げることも困難。つまり、年長者が増えれば増えるほど人件費は高騰していく。例えば、業績悪化に伴い人件費を圧縮しなくてはならない場合、年功序列に沿った給与体系では、給与を下げることができない（リストラしかなくなる）。また、その人の業務スキルが低いからといって閑職に異動させたとしても、給与を下げることができない（何となく窓際族

になってもらい、自らの意志で辞めてもらうしかない）。

年功序列の最大のデメリットは、やはり従業員または会社全体に「怠け」が生じてしまうことである。高賃金をもらえるため、業績を上げる動力がなくなり、日本の会社はこの問題を解決しなければならない。

5 日本企業の転勤とジョブローテーション

(1) 転勤

① 転勤の紹介

転勤とは、労働者を同じ会社内の異なる勤務場所に配置転換することである。使用者が労働者に転勤命令を行う場合には、原則として根拠が必要となるが、就業規則の規定などをもって使用者に広範な人事権が認められている。日本において転勤が一般的なのは、長期雇用を前提に供給労働力を調整するため、出向、転勤など企業内労働市場、企業グループ内労働市場の中での異動を行うからである。

② 転勤の理由

転勤を行うのはおおむね次の理由により、会社にとって業務上の必要性があるとされる。

a. 本人の能力開発や後進の育成のためである。

b. 一つの業務に長期間携わることによる慢心防止、あるいは取引先との不正防止のためである。

c. 都市部や不人気な僻地に長期間勤務させず、定期的に交代させるためである。

また、問題を起こした人物に対する懲戒としてであったり、会社組織にとって不都合な人物をあえて僻地（山村、離島など）に転勤させることもあり、この種の転勤は特に「左遷」と呼ぶ。

③ 人事権濫用という問題

会社にとって望ましくない人物を、僻地（町・村・離島などの地方）に転勤させたり、頻繁に転勤させ、金銭の負担を負わせることで自己都合退職させることもある。また、リストラを行うときに、家庭や金銭面の事情などで転勤を受け入れ難い人物を狙って転勤命令を出し、自己都合退職させることもある。それは人事権の濫用と呼ぶ。

④ 転勤による労働者の負担

遠方への転勤では労働者が現在住んでいる家や都市部から離れなければならず、精神的な負担を伴う。一緒に生活する家族にも引越しを求められるが、人によって

は家族を残して単身赴任する場合もある。転勤には、引越しの手間や費用など金銭面に巨額の自己負担が発生する（使用者は、引越し時の費用や居住地への交通費といった諸経費の一部および全額を負担する義務がない）。

　転勤には諸経費（引越し料金）の負担および労働者の同意は必要でないため、「引越しの費用が出せない」などの理由で（または「会社が費用を全額負担する」としても）転勤を拒否すると「業務命令違反」となり懲戒処分を受けることになる。懲戒処分としては「懲戒解雇」として取り扱われることが多いが、肩叩きなど自己都合退職を促すこともある。

　⑤ 転勤を拒否できる場合

　転勤命令を受けた労働者が、「通常甘受すべき程度を著しく超える不利益」を負う場合には、転勤を拒否できることがある。一例として、転勤命令を受けた労働者が「家族の介護をする必要があるため、単身赴任すらできない」ときなどが挙げられる。

　また、勤務場所を特定して採用した労働者に対して、勤務場所を変更するときも同様である。この場合は、使用者側には転勤対象者がその者でなければならないかどうかの「人選の合理性」が求められる。

　裁判官は裁判所法第48条で意に反して転勤されることはないと規定されている。

（2）ジョブローテーション

　① ジョブローテーションの定義

　ジョブローテーションとは、企業において社員の能力開発を行うことを目的として、多くの業務を経験されるために一人の人間を定期的に異動させることである。人材育成の手法であるOJT（on the job training）の一環である。

　② ジョブローテーションのメリットとデメリット

　メリットとしては、幅広い業務経験を通じて多様な視点が獲得でき、従業員本人の適性を見極めることができることなどがある。

　一方、デメリットとしては、ジョブ・ローテーションを行った直後には業務スキルが低下する、習得するのに時間を要する専門スキルを獲得しづらいことなどがある。

　③ 転勤とジョブローテーションの比較

　転勤とジョブローテーションの比較は下記の表のようにまとめた。

表2-1：転勤とジョブローテーションの比較

	転勤	ジョブローテーション
定義	労働者を同じ会社内の異なる勤務場所に配置転換すること	多くの業務を経験されるために一人の人間を定期的に異動させること
特徴	定期的・不定期的	定期的
目的	① 本人の能力開発 ② 慢心防止と取引先との不正防止 ③ 都市部と僻地の定期的に交代 ④ 問題を起こした人物に対する懲戒	社員の能力開発

6 OJTとOFF-JTの違い

(1) OJT

　OJTは「職場内訓練」と訳され、現場で実際に仕事を進めながら、上司や先輩が必要な知識を体系的に部下に教え、身につけさせるものである。たとえば新入社員研修の場合、新入社員一人ひとりがOJTを通してさまざまな職務を体験することによって、平均的に質の高い人材を育成し、社内のコミュニケーションを高める効果も期待できる。通常、教育訓練に関する計画書を作成するなどを通して、教育担当者、対象者、期間、内容などを具体的に定めて継続的に実施する。

　実際に仕事を担当させながら、上司が部下を指導するにしても、やさしい仕事から難しい仕事へ順々にチャレンジできるようなプログラムによって育成していくのがOJTの本来の意味である。場当たり的に思い付きで指導しているものを、OJTとはあまり呼びたくない。つまり、やさしい仕事や難しい仕事といった職務難易度の分析がある程度あり、どういう順番で仕事をチャレンジさせていけば、より早く人材が育成できるかが見えており、その認識に基づいた人材育成計画があってほしいのである。

　ここで話さなければいけないのは、入社から退職までの流れである。三つに分けられている。

　① 入社前教育からスタート

　新入社員としての正式なスタートは一般的に毎年の4月1日だが、日本の会社の場合、内定からこの日までの間に入社前教育と呼ばれる研修が行われることがある。日本の企業は普通職種を決めずに採用し、入社後に本人の能力を見極めて、適材適所の配置を行う。その後、一定期間ごとに主要な職場を一通り体験させる。いわゆ

るジョブローテーションということである。この間、OJTと呼ばれる社内訓練が行われる。

　② 新人から中堅社員へ

　年に1回、あるいは2回、全社員を対象として人事異動が行われる。これは若い社員は係長、課長、次長、そして部長へ昇進するキャリアアップの機会でもある。

　③ サラリーマンのゴールへ

　経営陣への参画、役員への就任を目指す人が会社の中にいる。しかし定款で数が限られている。定年までの仕事を続けるために、自己実現の舞台でどうアピールすればいいのか、自分の行動次第である。

(2) Off-JT

　Off-JTは「職場外研修」と呼ばれ、職場を離れて、社内の担当部署が考案したメニューや外部の研修機関が作成したプログラムを受講し、必要な知識やスキルの習得を図るというものである。やはり新入社員研修から管理職研修に至るまで、階層別に実施されるケースが多いようである。

　Off-JTとは仕事から離れた教育で、研修はその典型的なものである。仕事から離れる教育といっても、企業で行う育成活動だから、企業活動と全く関係ないテーマが取りあげられるわけではない。

　日常的な仕事であれば、職場の上司や先輩が指導できる。つまり、ある仕事は、職場外の人ではなかなか指導できないから、いわゆるOJTでやったほうがよいということになる。そうなると、職場では通常行われていない業務にもかかわることは、研修などのOff-JTがある。

　たとえば、自社の新製品に生かすために世の中の最先端技術を学ぼうとする場合などは、外部から講師を招いた研修や外部開催セミナーに参加をするパターンが一般的である。詳しい人が内部にいないわけだから、もともとOJTになじむものではない。

　第二は、OJTが可能であるとしても、指導のバラツキが大きいため、だれか得意な人を集まって教育したほうが全体のレベルを上げるのに効果が高いというタイプのものである。人事評価者研修などは、その典型である。課長に対して指導を行う部長のレベルに心配があるようなときは、思い切って研修の場に部長も課長も集めて注意事項を教育し、共通認識を図ることが必要になる。社内講師でも社外講師でもかまわないが、研修という場面設定が有効である。本来であれば、日常業務での接触場面で具体的に指導していけばよいのだが、上司のレベルには個人差があるた

め、上司と部下の関係とは別の場で教育したほうが効果的である。

(3) キャリアアップ

以上の二つのことにかかわるのは、キャリアアップである。

まず、自分が果たしてどんなタイプの人なのか見極めなければならない。そのためにはキャリアパス計画、あるいは昇進期待管理計画が必要である。

そして、最近は資格取得がブームになっている。なぜなら、それは専門分野を持ったスペシャリストへのニーズが高まっていることがあるからだ。その中ではファイナンシャルプランナー、アドバイザーや税理士など、特に人気がある。

7 日本企業の給与体系

入社する前に、一番関心を持つのは、会社の賃金制度であろう。賃金の構成や変化は、従業員の切実な利益に直接関わるもので、その仕組みを理解しなければならない。賃金の決め方は、経済社会の変化とともに次第にかわってきている。世の中の動きに応じて、賃金制度を見直していくことが必要なのである。日本の場合、年功序列賃金制などの日本型経営の神話が崩れつつあり、能力賃金が導入される。激しい競争に悩む大手企業では、この新体系に切り替えるところも増えている。

(1) 給与体系の詳細[1]

賃金は所定内賃金と所定外賃金とに内訳される。前者は基本給と諸手当（住宅・家族・役職・皆勤手当てなど）に分けられ、後者は時間外手当、つまり早出残業、休日出勤、深夜労働に対する報酬を指す。毎月の給与のほかに、殆どの企業が賞与（ボーナス、或いは一時金）の支給を行っている。支給の時期は夏季賞与が6～7月、冬季は12月が一般的である。

給与全体の中で主要な部分を占めるのが、基本給である。基本給は、文字通り基本となる給与で、一般的に次のような構成が標準とされている。

① 属人給型（年齢給・勤続給など年功的なもの）
② 仕事給型（職務給・職能給など仕事内容、能力的要素を考慮したもの）
③ 総合給型（上記の属人給と仕事給を並存しているもの）

まず、属人給型は年功序列制のもとで、1歳加齢するたびにより高い賃金が企業ごとに決まっている。例えば、基本給のうち、社員の生活水準保持を目的とし、仕

---

[1] http://recruiting-info.jp/japanet-freshman/view.php?id=99732&parent=13929&cid=13930&m=view.

事内容などに関係なく、年齢にあわせて変化のある部分は、年齢給とされる。平均的な生活水準に合わせて設定されており、毎年4月（春闘）に昇給がある。

次に、仕事給型は主に職務給と職能給の二種類がある。これは、基本給のうち、それぞれの役割に対する期待値としての部分を担っている。職務給は、「同一労働、同一賃金」を原則として、同じ職位や資格の従業員に対して、同じ給料を支払う。一方、職能給の場合は、「同一能力、同一賃金」を原則として、たとえ同じ職位だとしても、会社に対する貢献度によって違う給料が支払われる。

諸手当とは、残業手当、深夜手当、通勤手当、家族手当、役職手当、住宅手当、地域手当など、一人一人の状況に合わせた手当を毎月支給するものである。そのなかで、家族手当は、配偶者や子供のいる社員に対して、基本給とは別に支給される手当で、日本独特のシステムだと言える。

その他、所定外賃金について、労働基準法第36条は、時間外や休日、深夜労働などの超過時間勤務に関して、労使間の協定を交わすことを義務付けている。

時間外労働手当ては、以下のように計算する。

時間外手当の支給額　＝　時間外算定基礎額×割増率×時間外労働時間数

労働基準法では、時間外、休日、深夜労働に対する割増賃金率を以下のように定められている。[1]

表2－2：時間外、休日、深夜労働に対する割増賃金率

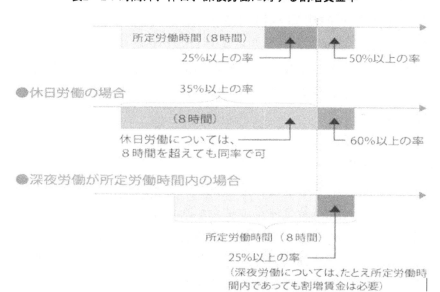

1　http://www.rosei.jp/jinjour/article.php?entry_no=55087.

日本企業与経営

特に注意すべきところは、時間外労働には限度に関する基準が設けられていることである。

表2-3：時間外労働の限度に関する基準

期間	限度時間
1週間	15時間
2週間	27時間
4週間	43時間
1か月	45時間
2か月	81時間
3か月	120時間
1年間	360時間

（出典：平成10年労働省告示第154号）

最後に、給与への課税や保険に関する問題だが、次に掲げるものは、賃金から控除される。
① 源泉所得税
② 住民税
③ 健康保険及び厚生年金保険の保険料の被保険者負担分
④ 雇用保険の保険料の被保険者負担分
⑤ 従業員代表との書面による協定により賃金から控除することとしたもの

前の部分をまとめると、給与の基本的な構成は、大体基本給（年齢給や職能給など）と各種手当と賞与が含まれている。賃金体系は、経済社会の変化とともに次第にかわっている。

(2) 賃金体系の変化[1]

まず、年功序列賃金が登場する前は「社員が食っていけるベースの賃金を支給する」という、生活給重視型賃金体系の賃金思想が中心であった。そのため、主な給与構成は家族手当、住宅手当、年齢給、物価給からなっていた。これは、古いと思われるかもしれないが、定期昇給の余力の無い企業、割増賃金（残業代）を節減したい企業にとっては非常に大きな効果を発揮することができる。

その後、年功序列賃金体系が導入された。これは、定期昇給により、勤続年数が長いほど賃金水準が高くなるという賃金体系である。年功序列型賃金制度には、経

1　http://www.syaroshi.jp/wages/index.htm.

営者と労働者の両方からして、さまざまなメリットがある。例えば、会社への帰属意識が高くなること、社員の連帯感が強くなること、人事評価に費やすエネルギーが少ないことなど。年功序列賃金体系の賃金構成については、昔は主に年齢給、物価給などであったが、今は改良型が現れ、年功的基本給+諸手当（能力重視）や年功的基本給+諸手当（成果重視）など、基本給をメインにしながら、能力や成果による給与を組み合わせるのがある。

年功序列型のままだと、中間管理職の大半は人口が一番多い年齢層である団塊の世代で占められ、人事コストがふくれあがる。年功序列とは、「経験を積んだ人の方がよりよい仕事ができる」という前提の上に成立するものだが、技術革新のテンポの急速な昨今、新技術を習得した若手の方が、業績を上げるというケースが現れている。もう一つ、中途採用の場合、給与を勤続年数で割り出そうとすると、本人の給与は前職より下回ってしまうというデメリットがある。そこで、勤続年数や年齢による決定を廃止し、職務遂行能力に応じて職能給を決定する。

近年では、能力主義賃金体系も導入されている。能力賃金は、職務給と職能給に大別できる。すなわち、職能給（能力に対する給与）+職務給（仕事の内容に対する給与）という形である。もう一つは、成果主義賃金体系で、「成果（会社の業績への貢献度）に応じた賃金を支払う」という考え方である。

しかし、現在のような激しい技術革新の中で、昨日までもてはやされた能力が、瞬く間に陳腐化してしまうこともありうる。だからといって、かつて昇格した従業員を降格できないのが人情というものだ。「建前は能力主義だが本音は年功主義」という模索の中で、日本の企業にふさわしい人事・給与体系を確立しなければならない。

成果主義を徹底する給与体系のもう一つの形として、年俸制も注目されている。年俸制とは、毎年契約更改し，成績に応じて年俸を上下させる制度である。年功序列型賃金による人件費の高騰を抑える一方で，内部の優秀な人材に意欲を与える意味合いもある。日本でも管理職に対して年俸制を適用する企業が増えてきている。年俸制が適用されても、最低ラインの賃金は保障されるように配慮されるが、定期昇給がなくなったり、減額もありうることへの抵抗感もあるようだ。そうしたマイナス面にとらわれず、能力を発揮するだけ報酬に跳ね返ってくる制度としてとらえなおす必要がある。

(3) 年俸

年俸とは、1年単位で支払われる報酬のこと。または1年間の報酬総額のこと。年

給。雇用契約においては労働の給与形態の一種である。明確な定義は存在していない。まれに「年棒」との表記や「ねんぼう」との発音が見られるが、これらは誤りである。

日本では「評価（実力）が給与に繋がる」というイメージや報道から、主にプロ野球選手やJリーグ等プロフェッショナルスポーツの選手が受け取る報酬を指すことが多い。

元々は事業報酬としての支払形態の一種として見られるものであったが、近年、年俸制の一般企業が増えつつある。特にバブル崩壊後に見受けられるようになり、時間外割増賃金は（含まれているので）支払わなくてよいといった解釈が定着しているが、誤りである。労働基準法では時間外労働をした場合には年俸とは別に時間外割増賃金を支給しなければならないことになっている。年俸制の場合も、あらかじめ時間外の割増賃金を年俸に含めて支給することが認められている（例：1ヶ月に30時間の時間外労働を含めて年俸制で支給）。しかしこの場合でも、その予定した時間外労働を超えて時間外労働をした場合については、毎月払いの原則から、その差額をその月の給与に追加して支払わなければならない。このため、取扱いは通常の月給制とたいして変わらず、年俸制を取る理由は感覚的なものである。

年俸制であっても雇用契約による場合、労働基準法が適用され、年一括払いは認められず、月1回以上の支払が要求される。このため契約により、総額を12分割、または賞与込みの14もしくは16分割等にして、月々に支払われる。

8 日本企業の福利厚生

(1) 福利厚生とは

福利厚生とは、企業が従業員に対して通常の賃金・給与にプラスして支給される非金銭報酬のことである。

福利厚生の目的は、従業員の経済的保障を手厚くすることにより、従業員の組織貢献度を高めることである。また、勤労意欲や能率の向上を図るといった狙いもある。

取り組みの内容は企業によって様々であり、一般的には潤沢な大企業のほうが充実した福利厚生が用意されているが、経費削減のため内容の見直しや、福利厚生サービスを専門にする企業へのアウトソーシングに切り替えることもある。

第二章　人事管理、労務管理

（2）法定福利厚生と法定外福利厚生

① 法定福利厚生

会社の社会保険への加入と保険料の負担義務が主である。

② 法定外福利厚生

独身寮や社員寮、保養施設や医療施設、スポーツセンターの格安利用、社員食堂、慶弔見舞金、社内預金制度など、会社によって施策は様々である。このような現金給与以外の付加給付を「フリンジ・ベネフィット」という。

③ フリンジ・ベネフィットの意義

日本の企業が、給与以外にフリンジ・ベネフィットの充実に力を注いできたのは、家族的経営を特徴として来た日本的な施設の表れと言える。

会社を仕事の場としてだけでなく、生活の場として考える日本の労働者に対して、フレンジ・ベネフィットの充実は、社員の会社へのロイヤルティー（忠誠心）を高め、職務へのモラール（士気）を高めることにもなる。給与は業界では横並びが一般的だが、会社間に大きな差がある福利厚生の充実度は、従業員の人生に大きくかかわっている。福利厚生は、従業員にとって切実な問題だから、新卒者の就職先の選定や、社員の定着にも影響を及ぼしている。

（3）福利厚生による様々な支援例

①社宅や独身寮等の提供、家賃補助
②社内融資制度、財形貯蓄への利子補給
③社内食堂における食事の提供、食費の支給
④保養所の提供、レクリエーション費の補助
⑤人間ドックの診断費用の補助
⑥託児所の提供、育児や介護の支援
⑦企業年金への事業主拠出金
⑧自己啓発費用の補助

（4）カフェテリアプランの導入

カフェテリアプランとは、企業があらかじめ用意した多彩な福利厚生メニューのなかから、従業員が自分に必要なものを選んで利用する制度である。従業員は企業から"福利厚生ポイント"を付与されて、ポイントを消化する形で制度を利用するのが一般的である。もともとは1980年代にアメリカで生まれた制度だが、ワークスタイルの多様化に伴い日本でも導入する企業が増えてきた。ちなみに、カフェテリ

アプランという名称は、好きな飲み物や食べ物をチョイスできるカフェテリアに由来している。
　カフェテリアプランのメリットは大きく分けて2つある。
　① 自分のニーズに合った福利厚生メニューを利用できる。
　② ポイントとして付与されるので、年齢、勤務地、職種に関係なく好きなメニューを選択できる。
　従来の福利厚生は、企業があらかじめ用意したものがメインであった。しかし、その場合は自分が利用したいものがなければ利用しない。結局、一部の従業員しか利用できず"形だけの福利厚生"となっていった。福利厚生を利用する人と利用しない人がいる。そのような課題を解決するための方法が、カフェテリアプランの導入である。

(5) 社会保険

　社会保険には、健康保険と厚生年金保険、雇用保険と労働者災害補償保険が含まれる。

(6) 健康保険

　健康保険には、現物給付としての療養の給付、家族療養費がある。また、現金給付には傷病手当金（本人のみ）、出産手当金（本人のみ）、分娩金、埋葬費などがある。

(7) 日本の年金制度

　日本の年金制度は「2階建て」のシステムになっており、1階部分は成人なら誰も加入できる国民年金（基礎年金）で、老齢、死亡、障害に対して平等に支払われる。サラリーマンが加入するのはその2階部分となる厚生年金である。
　サラリーマンの非扶養配偶者（おもに専業主婦）は、届出をすれば保険料を納めずに国民年金の給付が受けられる。

(8) 失業給付が中心の雇用保険

　現在の雇用保険の中心となるのは失業者に対する失業給付である。
　失業者が給付を受ける基本手当は離職前六ヶ月間に支払われた賃金の1日平均額の6〜8割を給付の際の日額とし、最低90日〜最大330日分が、年齢や雇用期間に応じて支払われる。ただし自分の都合により退職した社員には申請してから3ヶ月間は支給されない給付制限がある。雇用保険は、事業主と労働者からの保険料と、

国庫負担が財源となる。

(9) 労災保険

労災（労働者災害補償保険）の給付は、業務中に労働者が負傷、発病、障害、死亡した場合に受けられる。

業務上の事由又は通勤により負傷し、又は疾病にかかった労働者の社会復帰の促進、当該労働者及びその遺族の援護、労働者の安全及び衛生の確保等を図り、もっと労働者の福祉の増進に寄与することを目的とする。

最近、過労自殺が労災と認められる基盤ができつつある。

(10) 定年退職後の生活

定年退職者にはまず退職金が支払われる。その後の収入の中心となるのは厚生年金からの受給だが、退職後の生活保障を更に充実させるために、多くの企業が企業年金を導入し、従業員の老後の生活設計を支援している。

① 退職金制度

退職金（たいしょくきん）は、退職した労働者に対し支払われる金銭である。名称については退職手当、退職慰労金などと呼ばれることもある。

退職金の算出の基準となるのは、勤務年数、資格等級、職位、退職時の給与などである。

支給方法は、一時金支給と年金方式の2通りがある。

② 二重、三重の安心のための企業年金

定年退職後の社員は、通常の「2階建て」支給（国民年金＋厚生年金）を受ける。高度経済成長期に更に老後の保障を厚くする企業年金の導入が普及した。厚生年金基金と適格退職年金がその代表例である。

厚生年金基金とは、老齢厚生年金の支払いの一部をかたがわりするとともに、独自の年金給付を上積みする制度である。

適格退職年金は、国税庁の承認のもと、企業が退職金を生命保険会社や信託銀行など社外金融機関を利用して積み立てるしくみである。この積み立てのための掛金は税制上の優遇措置が受けられる。社外積立同様に、社員は会社が倒産しても退職金も受給できる。

③在職老齢年金

厚生年金の支給は60歳からだが、60歳をこえても在職中の社員に対して行われる年金支給を在職老齢年金という。

日本企业与经营

コラム2　　本田の人材戦略

　本田は、1948年に創立した日本大手の輸送機器と機器工業メーカーで、世界中での最大な二輪車メーカーである。自動車、二輪車のほか、発電機や農機具などの動力機器も製造している。長い歴史を持っているこの会社は、人材の育成や確保などに対して、自らの方針を持っている。そして、経済の発展や事業展開に伴い、ますます成熟な人材戦略を形成して、会社の発展を支えている。次に、人間管理やグローバル人材育成と配置などを含める本田の人材戦略について紹介する。

人材管理
　人間管理の面で、本田は「自立」「平等」「信頼」の三つの要素からなる「人間尊重」の基本理念を柱とし、「主体性の尊重」「公平の原則」「相互信頼」という三つの原則に基づき、従業員の働き意欲や能力を高める環境づくりに力を注いでいる。原則について、もっと具体的に説明する。「主体性の尊重」は従業員の個性や、自由な発想・意思を尊重するということを指す。また、「公平の原則」は国籍、性別、年齢などを問わずに、従業員が公平で自由な競争の機会を持つという意味である。そして、「相互依頼」は従業員がお互いに立場を尊重し、信頼し合い、認め合い、自分の誠意を尽くして自らの役割を果たすということである。また、このグローバル化が進んでいる時代において、本田は今までの「人間尊重」の理念を基づき、さらに一歩を踏み出す必要があることを意識してきた。だから、2015年1月に本田は人事部に人種、国籍、性別、年齢、障害の有無にかかわらない「多様性推進室」という組織を成立して、従業員全員に平等なチャンスを与えることを目指す。

人材育成
　人材育成について、本田は「OJT(On The Job Training)」と「Off-JT(Off the Job Training)」二つのプログラムを通して、従業員のキャリア形成と能力開発を支援している。その中で、本田は「OJT」を人材育成の基盤にしてきた。「OJT」は従業員の専門性や職務遂行能力を高めることを目指している。このプログラムを効果的に推進するために、本田は専門分野や職種別のステップごとに求められる技術の内容やレベルを体系化したOJTプログラムを制訂しており、従業員各人の専門性や管理能力をチェックするとともに、更なる育成の目標として活用している。ま

た、「Off-JT」は「OJT」と相互に補完し合い、従業員各人の能力向上に応じて、各階層別に異なる研修プログラムを用意することによって、従業員のキャリア形成、スキル開発とマネジメント能力の向上を目指している。研修プログラムの中で、具体的には職種ごとの専門教育や新入社員研修、フィロソフィーをベースとした基礎研修、資格認定時マネジメント研修、品質研修などを含めている。さらに、本田はグローバルリーダーの育成に向けて、世界の各拠点からグローバル経営を担う人材を選抜して、研修を行っている。

人材配置

人材の配置では、本田は2011年からグローバルな人材の最適配置を実現するために、「グローバル・ジョブ・グレード制度」を整備している。この制度は、本田の開発、生産と営業などの各拠点で各役職に関する役割や責任などを評価、重み付けし、グループ共通のグレードで示すことによって、業務や地域を超えて各人の能力をより発揮できる職務と場所に異動しやすくする制度である。本田は、部課長クラス以上に相当する職位からこの制度を適用して、ローカル人材の登用に積極的に取り組んでいる。そして、人材登用の時、世界各地のキーポスト、キータレントを管理するための「グローバルタレントボード」と地域の「タレントボード」を通じて、成長戦略に沿った最適な人材を世界の各拠点により機動的に配置と活用している。

本田は近年先進国だけではなく、新興国での生産や開発を強化するために、需要に応じて新たな製品の企画、設計と開発に力を注いでいるほか、これらの高品質な製品を供給できるグローバル人材を育成と配置していく「グローバル人材管理」を推進している。このグローバル人材管理について、具体的には、従来の日本人を中心となって管理することと変わって、地域各方面の情況をよく知る従業員がマネジメントする体制になる。また、ローカルやグローバルオペレーションを身につける従業員を配置することによって、人材のグローバル化を推進するとともに、市場の変化に柔らかく、早めに対応できるようになる。

人材間のコミュニケーション

本田は会社としての総合力を発揮するため、人材の間に緊密なコミュニケーションの重要さを意識している。だから、本田は2020年を目指して、地域間がコミュニケーションする場合に、情報発信側が英語で問いかけるなど、地域間で使う文書や、情報共有のためのやりとりを英語とする「英語公式言語化」に取り組んでい

る。つまり、英語を共通の言語とすることで、人材間のコミュニケーションを強化し、本田の総合力を一層発揮していく。また、「英語公式言語化」の一環として、日本では、英語力の強化に向けた学習ポログラムの充実などを目指しており、将来は、英語力を役職者認定の用件にしていくことも計画している。

参考資料

1. http://www.honda.co.jp/sustainability/human-resource/.
2. 小口博志：「トヨタ、日産、ホンだが直面する五つの課題」，『週刊東洋経済』2015年3月。
3. 安田啓一：「人への想い·これからの人材育成」，Honda Recruiting Site。
4. 向後睦子：「人への想い·多様性への取り組み」，Honda Recruiting Site。

専門用語解釈

OJT (on the job training/オンザジョブトレーニング)

仕事の現場で、業務に必要な知識や技術を習得させる研修。現任訓練。

現场培训，在职培训。是指员工在工作现场掌握业务上所必需的知识和技术的教育研修模式。

Off-JT (off the job training/オフザジョブトレーニング)

職場外訓練。職場以外の場所で、見学・講義・セミナーなどの形の訓練を行うこと。

脱产培训。在工作单位以外的场所通过见习、听课或参加讨论会等形式进行培训。

MBO (managing by objectives)

目標管理。従業員が自主性を尊重しつつ各自の個人目標を達成することで、組織全体の目標達成や従業員の勤労意欲の向上を図る管理方式。

目标管理。通过尊重职员的自主性，以及为便于员工个人实现其目标，提升组织整体的效率，增强员工劳动意识的管理方式。

職能給
従業員の職務遂行能力によって決められる給与。

职能工资，岗位工资。是指从业人员的工作之能力，并将其作为标准而确定的工资。

職務給
勤続年数などによらず、仕事の内容と責任の度合いによって職務に一定の序列を設け、それに応じて支払われる給与。

职务工资。不是按其工龄等，而是依照其工作内容和责任大小，职务上设一定的等级，并按其等级支付的工资。

労働組合
労働者が労働条件の維持・改善などを目的として自主的に組織する団体、またはその連合体。労組。

工会，劳动组合。员工以维持和改善劳动条件等为目的，而自发组织起来的团体或其联合体。

産業別組合
同一の産業に従事するすべての労働者を、企業・職業・職種や熟練・非熟練に関係なく組織する労働組合。産業別労働組合。産別組合。

产业类别组合，同产业工会。把从事同一产业的所有从业人员，不分企业、职业、工种，以及其熟练程度而组织起来成立的工会。

単産
「産業別単一労働組合」の略。同一の産業に従事する労働者を、職種の区別なく単一組合に組織した労働組合。日本では企業別組合が連合し、その上部団体として結成する場合が多い。

产业别单一劳动工会（组合）。将从事同一产业的劳动者不分职业种类组织成

単一工会的劳动工会（组合），在日本不同企业工会多进行横向联系，并结成其上部团体。

労働三権
労働者の基本的権利である。団結権・団体交渉権・争議権の総称。

　　劳动三权。劳动者的基本权利即团结权、团体交涉权、争议权的总称。

終身雇用
雇用されてから定年まで雇用関係が継続する雇用形態。

　　终身雇用。被雇用之后，雇用关系一直持续到一定年龄退休的一种雇用形态。

年功序列
勤続年数や年齢によって、職場での地位や賃金が決まること。

　　年功序列，资历工资制，年资工资制。按照工龄和年龄来决定在岗位上的地位与工资。

限界生産力
生産要素の投入量を1単位増加させた時に、生産量はどれだけ増えるかを表す。

　　边际生产力。某一生产要素，每增加一个单位时所得到的生产量的相应增加量。

ジョブローテーション(job rotation)
将来、企業にとって必要な人材育成を目的に計画にさまざまな職場で勤務させたり、各種研修を受けさせるシステム。

　　工作岗位交流制，轮岗培训制。为培养企业将来所需的人才而有计划地安排人员到各个岗位上工作，使其接受各种研修培训的制度。

キャリアアップ（career up）
より高い専門的知識や能力を身に付けること。経歴を高くすること。

丰富经验，增长才干，增长见识。掌握更高的专业知识和能力，丰富经历。

年俸制
個人の職務遂行能力に応じて年間賃金を決定する能力給制度。

年薪制，是指根据个人的职务完成能力而决定其全年工资，按能力付酬的制度。

福利厚生
企業が従業員の福祉向上のため、保険・住宅・教育などに支出する賃金以外の諸給付。

福利待遇。企业为提高从业人员的福利，对保险、住宅、教育等支出的工资以外的各种补贴。

フリンジベネフィット（fringe benefit）
賃金以外の付加給付。法律で規定されたもの、雇用主が定めたもの、労働組合が獲得したものなどがある。健康保険の家族療養付加金や各種の社員福利施設など。

附加福利。薪金以外的附加津贴，有根据法律规定的津贴、有雇主决定的津贴、也有工会争取获得的津贴等。如健康保险的家族疗养附加补贴，以及提供各种社员福利设施等。

カフェテリアプラン（cafeteria plan）
企業で、社員がメニュー化された福利厚生施策から自分の都合や必要性に応じて利用するものを選択できる制度。

自选制度。职工可根据自身条件和其必要性自由选择企业提供的福利设施的制度。

社会保険
国民生活を保障する、医療保険・年金保険・雇用保険・労働者災害補償保険の4種保険。

日本企业与经营

在日本为保障国民生活所设的四种保险，即医疗保险、年金保险、雇用保险、员工灾害补偿保险。

医療保険

傷害や病気などに対し、医療の保障または医療費の負担を主目的とする社会保険。健康保険・共済組合保険・国民健康保険など。

医疗保险。以对伤害、疾病等提供医疗保障或负担医疗费为主要目的的社会保险。如健康保险、互助会保险、国民健康保险等。

年金保険

保険金額を年金として、終身または一定期間中、定期的に一定額の支払いを約する保険制度。

年金制度。以保险金额为年金，约定终生或在一定期间内定期地支付一定金额的保险制度。

雇用保険

1975年（昭和50年）失業保険に代えて創設された雇用に関する総合的保険制度。失業給付のほか、企業の行う雇用安定・雇用改善・能力開発・雇用福祉事業に助成を行う。

雇用保险。日本1975年（昭和50年），为替代失业保险而创设的有关雇用的综合保险制度。除因其失业而能提供一定的津贴补助之外，同时这项制度还有助于企业保障雇用、改善雇用条件、人尽其才，以及相关福利事业的发展。

労働者災害補償保険

労働者の業務または通勤による負傷・疾病・障害・死亡に対して必要な給付を行う保険。1947年（昭和22年）公布の労働者災害補償保険法に基づき、通勤による災害については73年追加。労災保険。

员工灾害补偿保险。对员工因业务或因上下班所造成的伤害、疾病、残疾障碍、

死亡等意外，提供相应之保障的一种保险制度。其根据是1947年（昭和22年）公布的《劳动者灾害补偿保险法》，另外1973年又出台了对因上下班遭受意外灾害给与补助的相关法规。

厚生年金基金

企業年金制度の一。企業が基金を設立して厚生年金の給付の一部を代行するとともに、独自の給付を付加したもの。1966年（昭和41年）実施。退職金制度と厚生年金制度との調整をはかるものとして導入されたので、調整年金とも呼ばれる。

厚生年金基金。日本企业年金制度之一，企业设立基金，在代缴部分厚生年金补贴的同时，又增补了一项新型的年金。于1966年（昭和四十一年）开始实施。因此项基金是为了更好地整合退职金制度与厚生年金制度而导入的，故亦称为调整年金。

適格退職年金

企業年金制度の一。法人税法施行令に定められた適格要件を満たしている退職年金制度。企業負担掛金は損金算入できるなど、税制上の優遇措置がある。税制適格年金。適格年金。

合格退职年金。是日本企业年金制度的一种，是一种符合法人税法实施细则所规定之要件的退职年金制度。即企业应为员工负担的分期缴纳款项，可纳入该企业报表中亏损栏目，是税制上的一种优惠措施。

練習問題

問題1：労働力の流動性を重視する米国流の雇用と終身雇用を重視する日本の人事制度のメリットとデメリットを比較しながら、中国の雇用制度のとるべき方向を考えよう。

問題2：OJTやジョブローテーションを重視する日本企業は大学生にどのような能力を求めているのかを考えよう。

附

人事管理、劳务管理

1. 管理的结构

企业将"人、物、资金、信息"作为经营资源来管理，其中人力资源的管理称为人事、劳务管理，也称人才管理（HRM）。人才管理是企业经济持续发展最重要的一项经营活动。人才管理分为录用—配置—培养—评价—待遇这五层结构，且其结构必须具有一致性。

录用

随着雇用形式的多样化，人才录用也发生了巨大的变化。尽可能地降低正式员工的比例，有效利用合同工和临时工；为了确保优秀的人才，对职员入职也采取了各种各样灵活的处理。

配置

人才配置的基本是量才任用。通过了解每个人所具备的能力、素质、素养、干劲等，给予其最适合的职位。对于量才任用，要用中长期的视角来考虑企业和个人的成长。具体的做法是要让工作和人才进行匹配。

培养

人才培养的基本是OJT和进修。其中OJT（现场培训，在职培训）是使员工在工作现场掌握业务上所必需的知识和技术的教育研修，是企业人才培养的中心。另一方面，进修即OFF-JT（脱产培训），是在工作单位以外的场所通过见习、听课或参加讨论会等形式进行培训。

评价

评价是人才管理结构中最基础的一部分。一般的评价方式是由直属上司对其属下

员工进行评价,近年来,目标管理的评价方式也逐渐推广开来。即通过尊重职员的自主性和实现员工个人的具体目标,提升组织整体的效率,激发职员劳动积极性的一种管理方式。

待遇

待遇分为职位和薪酬两部分。随着企业规模的不断扩大等原因,单线型待遇体系不能适应企业的发展,企业必须构建复线型待遇体系。薪酬由基本工资、奖金、福利待遇等部分组成。其中基本工资又分为以工作能力为标准的绩效工资,和以职务为标准的岗位工资。

2. 日本的工会

工会的定义

工会是员工以维持和改善其劳动条件为目的,而自发组织起来的团体或联合体。

工会的目的和作用

工会的目的为改善劳动条件和提高员工的经济地位,为员工打造一个能够轻松工作并且有意义的工作场所。为了实现这一目标,广泛听取大家的意见,采用问卷调查等形式,就劳动条件的各方面问题与公司进行谈判;或者每年举办员工大会,在会上提出各种方案。

在向公司管理层提出意见的时候,聚集持有同一意见的员工集体前往要个人比单枪匹马更容易成功。这就是工会的作用。

日本工会的特色

(1)日本是以企业为单位来结成工会。这点与欧洲以产业、地域,以及职业为单位结成的工会有所不同;

(2)另一特点是不问其所属企业、工种、职业如何,以个人名义也可直接入会;

(3)由职业工会演变到企业工会,可谓日本工会的发展历程;

(4)日本最初的工会原型是由高野房太郎和片山潜等于1897年以美国的近代工会运动为基础,创立的职工义友会为母体的。同年7月5日创立了工会促成会。当然现在日本企业工会是第二次世界大战以后发展起来的。

劳动三权

劳动三权指劳动者的三个基本权利即团结权、集体谈判权、争议权。

团结权是指企业员工为了维持、改善劳动条件或提高经济地位，站在与使用人（雇主）对等的立场上结成团体的权利和加入该团体的权利。

集体谈判权是指劳方通过工会与资方就劳动条件进行交涉的权利。

争议权是指员工为贯彻改善劳动条件等目的，团结起来进行罢工或实施其他抗议行为的权利。

3. 终身雇用的利弊

终身雇用的定义

终身雇用是指企业员工被雇用之后，雇佣关系一直持续到一定年龄退休的一种雇用形式。终身雇用与企业工会、年功序列被称为以前日本经营的三种神器。以大企业为中心，终身雇用制被纷纷采用，成为日本经济高度增长的原动力。

但是与欧美国家不同，日本的终身雇用制并非以明文规定的形式写入合同。只是在经济高度增长时期，企业能够保证雇用，这就使得终身雇用制成为企业和企业员工双方都心照不宣的惯例。

终身雇用的发展和现状

大正末期到昭和初期，由于熟练工人的跳槽率过高，大型企业和官营工厂采用了终身雇用制来阻止熟练工的跳槽；第二次世界大战后由于经济低迷，终身雇用制逐渐衰退；到高度增长期又再次确立；到20世纪90年代，由于经济低迷和劳动力的老年化程度加剧，终身雇用制的采用已成明日黄花。

终身雇用的利弊

利：

（1）提高员工的劳动积极性，增强员工与企业的一体感和归属感，进而提高生产效率；

（2）条件好的大型企业能够雇用到更多优秀的人才；

（3）职员的年龄控制在一定范围内，能够抑制人员开支；

（4）能够有计划的培养人才，技术得到继承。防止技术外漏，使企业得到长期发展。

弊：

（1）不能充分发挥员工的作用。阻碍了能力超群者的晋升，并且领导层也出现高龄化。终身雇用使得员工失去紧张感，只会一味等待上司指示，不能自主的工作，企业效率自然下降。

（2）裁员变得困难。因为不能随便解雇员工，企业组织变得臃肿，人员开支费用也随之高涨。

终身雇用的前景

近年来企业竞争压力激烈，终身雇用制度成为企业发展的负担。企业为了更好地发展，采取了定期雇用、中途录用和临时雇用等多样化的雇用形式。

定期雇用：为了完成短期的工作，根据定期雇用合同来雇用员工的方式。

中途录用：跳槽在以前的日本被视作是不道德的行为，但是现在跳槽的人越来越多，人们认为跳槽能够实现自我价值。

4. 年功序列的利弊

年功序列的定义

年功序列和终身雇用是日本雇用制的特点。年功序列是指按照工龄和年龄来决定在岗位上的地位与工资的雇用制度。

日本采用年功序列制的原因

首先，随着员工年龄的增长，其技术和能力也得到积累，这些都将反映到企业的业绩上面。这样一来，经验丰富的员工大多会坐上管理层的位子。

其次，经营学的代理理论表明，年轻的时候，薪金低于边际生产力，年老的时候，薪金高于边际生产力。因此，对于劳动者来说，长期在某一公司任职会比较有利。这也被称为延迟薪金。

最后，日本文化也给年功序列制带来了很大的影响。日本企业是以组织为单位运营的，很难采用成果主义。而且从古至今，年纪轻的职员，应该听命于年纪大者这一传统儒家思想，对日本的企业影响非常大。

年功序列的利弊

利：奖励效果；对企业特有技能的投资；有利于保持团队合作；能够提高员工对企业的忠诚度；容易形成"传、帮、带"这一良好传统。

弊：容易滋生明哲保身的思想；对跳槽者和非正式员工不利；人员配置死板、僵硬。

5. 日本企业的调职和职员轮训制

调职

（1）定义

在同一个政府机关或公司等的内部改变工作地点。在日本，调职是以长期雇用为前提进行的劳动力有效调整。

（2）调职的理由

提高员工的工作能力，有效地促使由新丁向熟练工种的转化；

① 防止员工因长期做某种工作而导致的工作懈怠，同样也是为了预防员工与客户的不正当行为；

② 避免同一员工在市区或郊区的长时间任职。

（3）人事权力的滥用问题

将对公司发展不利的员工调到农村郊外等地，或者频繁的对其进行调职直至其自己辞职的行为叫作人事权力的滥用。

（4）调职给劳动者带来的负担

调职给企业员工带来的负担主要分为精神负担和金钱负担。

职员轮训制

（1）定义

为培养企业将来所需的人才而有计划地安排人员到各个岗位上工作，使其接受各种研修培训的制度。是人才培养方法OJT的一个重要环节。

（2）职员轮训制的利弊

利：广泛的工作经验能够使员工获得多样化的视角，也使企业对员工工作的适应性程度有一个更为全面的了解。

弊：实行职员轮训后，会导致员工业务技能水平下降，很难获取那些需要花费大量时间去掌握的专业技能等。

（3）调职和职员轮训制的比较

分别从定义、特征和目的三个方面来比较。

从定义来看，调职是将员工调到同一公司内的不同职位；职员轮训制是指企业为了使员工获得更多的经验，有计划的安排员工到各个岗位上工作的制度；

从特征来看，调职有定期和不定期两种；而职员轮训制为定期举行的制度；

从目的性来看，调职的目的在于有效开发员工的能力、防止员工工作怠慢和腐败等，而职员轮训制的目的只是单纯地挖掘职员的能力。

6. OJT和OFF-JT的区别

OJT

OJT（在职训练）是在工作进行的过程中，上司或较早入行者将其所掌握的必要知识系统地教给部下的一种训练制度。首先，从入职前教育开始。每年4月1日，日本公司会举行入职前的培训；其次，从新人到骨干员工。公司内每年进行一次或两次的调职；最后是工薪族的目标。如何在公司这个舞台上实现自我是取决于员工的行动。

OFF-JT

OFF-JT（职场外进修）是指离开原来的工作场地去学习必要的知识和技能。

如果是日常的工作，公司的上司或前辈们能够指导，即利用在职训练的方式就可以完成；另一方面，涉及职场内不常碰到的业务时，就会采用职场外进修的方式。

晋升

晋升是指通过OJT或进修计划等掌握更高的专业知识和能力，丰富经历。首先，员工自己要认清自己，这就需要制订晋升计划或者升职意愿的管理计划。其次，随着企业对专业人员需求的增加，出现了"考证热"的现象。

7. 日本企业的薪资体系

随着经济社会的发展，年功序列工资制逐渐瓦解，职能工资制成为主流。

薪资体系

工资一般分为两部分，即法定工资和规定外工资。法定工资是指基本工资加上各种津贴，规定外工资是指加班工资。除了每月的工资外，几乎所有的企业都会给员工发放一定的奖金。

工资中最主要的部分是基本工资。基本工资的标准有三种，即属人工资、工种工资、综合工资。其中属人工资是在年功序列制的基础上，随着工龄变长，其工资也逐渐增长的工资制度。工种工资主要分为职务工资和职能工资。职务工资是指对同一职

务的员工给予同样标准的薪资；职能工资是以能力相同，工资相同为原则给员工支付薪水。

薪资体系的变化

日本的薪资体系经历了三个阶段。首先是基本生活工资制，其主要构成要素为家属补贴、住房补贴、年龄工资和物价工资等。其次是年功序列工资制阶段。即按照工龄和年龄来决定在岗位上的工资。最后是能力主义工资制阶段。能力工资可分为职务工资和职能工资两部分。比如，职务工资+职能工资的形式。还有一种就是成果主义工资制。成果主义工资制中最重要的就是年薪制。

8. 日本企业的福利待遇

福利待遇是指企业为提高从业人员的福利，对保险、住宅、教育等支出的工资以外的各种补贴。其目的在于通过给予职员丰厚的经济保障，提高职员的劳动意识和能效。福利待遇分为法定福利待遇和非法定福利待遇两种。其中法定福利待遇分为加入企业社会保险和负担保险金的义务。非法定福利待遇由于企业的政策不同也各不相同。主要有员工宿舍、医疗设施等。

自选制度的引进

职工可根据自身条件和必要性自由选择企业提供的福利设施的制度。

社会保险

在日本为保障国民生活所设的四种保险，即健康保险、年金保险、雇用保险、企业员工灾害补偿保险。

健康保险分为实物支付和现金支付两部分；年金制度有两类，第一类为成年人都能参加的国民年金，第二类为公司职员才能参加的福利退休金；雇用保险以失业救济为中心的保险；灾害补偿保险是指企业员工在工作中发生受伤、病发、残疾、死亡时给予必要救济的保险。

退休金制度

企业对连续工作达到一定年数的职工在退休之际发给的慰劳金。根据其退休时的地位、工资、工龄等计算出相应的数额。

企业年金

退休的员工，一般能够得到国民年金和退休年金的支付。在经济高度成长期，企业更是引入了保障员工老年生活的企业年金制度。其中以厚生年金基金和合格退休年金最为典型。

厚生年金基金。日本企业年金制度之一，企业设立基金，在替员工代付部分厚生年金的同时，额外自行支付的另一笔款项。

合格退休年金是一种符合法人税法实施细则所规定其要件的退休年金制度。由企业负担其分期缴纳金可计入企业报表中的亏损栏目，这是税制上的一种优惠措施。

在职老龄年金

这是对超过法定规定退休年龄（60岁），却仍继续为企业服务的员工，所支付的养老款项。

第三章　経営組織

学習目的
1. 企業組織の基本タイプにはどのようなものがあるのか？
2. 大企業の組織の特徴は何か？
3. 管理組織と各部門の役割は何か？
4. 稟議制の仕組みとは何か？
5. トップダウンとボトムアップとは何か？
6. 日本企業のチームワークとは何か？
7. 系列と下請けとの違いは何か？

1 企業組織の基本タイプ

　複数人数で構成される企業において、企業全体の目標を達成するためには、個々の役割分担を決め、権限と調整のルールを定め、労働意欲を引き出していくには、組織をどのように編成していくかが大きな課題となる。

（1）企業における組織づくり

　企業組織を研究するために、まずは、企業における組織づくりの考え方を分析して、紹介しなければならない。

① 業内分業

　企業の中で、社員たちはさまざまな仕事をしている。例えば、経営計画を立案する者、命令する人間と商品を作る者がいる。これらの人々が企業の利潤を上げるという目標に向かって、全体の仕事の一部を専門的に分担しつつ、統一的に活動することを、企業内分業と言う。

　企業分業については、いろいろな言い方がある。例えば、ダニエル・デッフォー

は『ロビンソン・クルーソ漂流記』のなかで、無人島の分業の様子を描いている。また、アダム・スミスが有名な『諸国民の富』で述べたように、ピン工場では分業を取り入れることで、能率が上昇する。経営学のパイオニアであるテイラーは、20世紀の初頭に、経営の職能と作業の職能を分離すべきだと主張している。

企業が拡大し、従業員の数が増大すると、経営職能は、垂直的に分化すると同時に、水平的にも分化するようになる。

② 垂直的な分化

垂直的分化について説明する。企業には長期の計画や方針を決定するトップ・マネジメントが存在する。その下に、生産、販売のどの部門のリーダー、ミドル・マネジメントが設けられる。そして、現場には職長や係長という管理者もいる。

だから、普通の会社には、全般経営層、中間管理者、現場管理者三つの管理の階層がある。それは企業の垂直分化である。企業が大きくなり、社員の数が多くなるほど、組織の階層は多くなる傾向がある。しかし、最近、IT技術の発展とともに、会社の階層を少なくし、フラットにする傾向も現れている。

③ 水平的な分化

企業の発展により、経営職能の水平分化も行われる。

会社の中には、ライン職能とスタッフ職能二つの職能がある。ライン職能というのは、調達、財務、人事といった職能である。これは、水平的な分化や過程的職能の分化といわれている。そして、会計、調査、監査などのスタッフ職能も、企業の中に存在している。これはライン職能とは直接関係せず、オフィス職能と言われている。

④ 経営職能の分化

一つの企業の中には、作業の職能における垂直分化もあれば、生産と執行における水平的分化もある。その垂直的分化と水平的分化によって、企業の社員たちが各自の仕事を明確して、遂行する。企業の生産性もますます高くなっていく。

(2) 企業組織の基本タイプ

① 組織作りの原則

経営学において、組織作りに対して原則がある。その中に、古くからある典型的な原則が「伝統的な組織原則」といわれている。

② 権限委譲の原則

企業内の分業が進行すると、上司が自己の仕事のうち反復性の高い単純な仕事、すなわちルーチン仕事の一部分を分割して、仕事の権限を部下に委譲するというこ

とである。上司にはさまざまな仕事があるので、その中で簡単な仕事を部下に任せる。この原則は「例外の原則」とも言われている。上司がルーチン作業をできるだけ部下に権限を委譲し、自分は例外的に発生する一回限りの複雑な仕事や決定をすればよいという原則である。たとえば、上司が部下に売買というルーチン作業を任せる。しかし、もし重要な注文がくると、上司が自ら購買を遂行しなければならないということになる。

③ 権限・責任一致の原則

上司が部下に仕事の権限を委譲する場合に、権限と同等の仕事も委譲される。つまり、部下は仕事を完成する責任、上司の意図どおりに仕事を遂行する責任と上司に報告する責任を持っている。上司にも監督の責任が残っている。部下が失敗した場合、上司が問責される。

④ 統制の幅の原則

上司が有効に管理できる人数には制限があると指摘されている。上司と部下の能力によって、この統制の幅は異なる。能力が高ければ、幅が広くなる。そして、仕事が複雑になれば、統制可能の幅が狭くなる。

⑤ 分業ないし専門化の原則

仕事の能率をあげるため、仕事をいくつかに分け、数人で分業し、一人が一つの仕事をする。たとえば、現場の職長を指導係、検査係に分けて、それぞれの仕事を行うことになる。

(3) 組織の基本タイプ

① ライン組織、直系組織

この組織のタイプは軍隊から起源するため、「軍隊組織」とも言われている。上位から下位に直接命令を調達して、部下は上司の命令のみ従えばよい。部下は直属上司と直接連絡する。それ以外の連絡は禁止されている。

直系組織の長所は明確の命令系統である。責任と権限の関係が分かりやすい。それは直系組織の優れた点だが、実際の企業活動の中にはそれが弱点として現れることもある。一例として、命令が上から下へ流れても、下から上へ情報は流れにくくなる。そして、企業の組織がだんだん大きくなると、命令の伝達と情報の獲得が難しくなる。さらに、上司が多くの部下からの質問に応対しなければならないので、上司の負担が重くなる。

② ファンクショナル組織、職能組織

この組織のタイプは直系の短所を補強することができる。この組織タイプは分業

と専門化の原則に基づき、職能的職長制度を主張している。従業員は直属の一人の上司からではなく、職長から命令を受けるということになる。

この組織の長所は、分業や専門化の原則に従い、上司が自分の技能や知識の立場から命令を出して、部下に命令を調達することが専門化になる。しかし、命令は重複、矛盾が生じる可能性が高くなる。

③ ライン・アンド・スタッフ組織

命令一元化と専門化の二つの原則を同時に生かし、互いに補強しあうのがライン・アンド・スタッフ組織である。ライン組織の権限と責任の範囲を明確することとスタッフの専門化することを生かすことができる。この組織は生産部門だけでなく、それぞれの部門も利用できるということである。しかし、この組織は「スタッフがライン化になる」という危険性を排除できない。それはスタッフの意見がラインの執行権と矛盾するからである。

（4）企業組織のタイプの選択

企業の組織形態には、様々なタイプが存在する。企業がどのような組織形態を導入するかについては、各企業が自社の実態を分析し、明確な経営目的のもとで将来的な経営戦略や人材戦略を踏まえて決定していくことになるが、経営環境や企業の規模、事業内容等の変化に応じて、企業組織の形態も変革していくことは不可欠なものになる。

2 大企業の組織の特徴

大企業が採用している代表的な組織には、ライン・アンド・スタッフ組織の原則に基づく職能別組織と事業部制組織、マトリックス組織などがある。

まずは職能別組織である。職能別組織とは、開発、営業、生産など、どんなことをするかによって区切った組織ということである。これは、単一の製品や類似の製品を製造し、販売し、規模がそれほど大きくない企業で採用される。そのメリットは三つある。第一は役割分担を明確にできるし、部門間での機能重複も防げる。第二は従業員の専門性を高められる。第三は意思決定権を組織上位者に集中することができる。一方、デメリットも三つある。第一は組織間の連携が悪くなる可能性が高い。第二は全社利益よりも部門利益を追求してしまう。第三は会社のゼネラルマネージャーが育ちにくくなる。だから、職能別組織の特徴は社長を中心とする経営者によって集権的に行われ、集権組織とも言われる。

図3-1：集権組織図

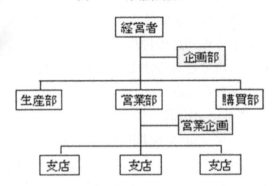

　つぎは事業部制組織である。事業部制組織とは、製品別や地域別に事業単位を区切った組織である。これは、成長や拡大の戦略をとり、顧客や製品の特性、ビジネスの仕組みが異なる事業を複数運営する企業で採用される。メリットは三つある。第一は1つの事業部で業務プロセスが完結できる。第二は事業部で権限が分散され、意思決定が迅速にできる。第三はゼネラルマネージャーを育成しやすい。デメリットも三つある。第一は全社的なベクトルあわせが難しい。第二は経営資源の取り合いや情報の伝達漏れなど事業部間に軋轢が生じやすい。第三はセクショナリズム、部分最適化が起こりやすい。だから、事業部制組織の特徴は本社が全体的な経営戦略を行い、各事業部には一定の権限が与えられ、利益の計算単位とすることにあり、従って、分権組織とも言われる。

図3-2：分権組織図

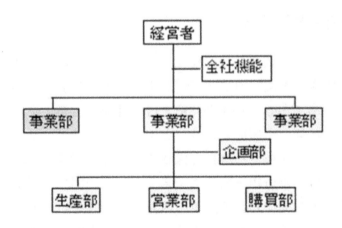

　それでは、企業と事業部とは、法律的にどこが違うのか。企業とは、本社と各事業所の全部を含み、その国に課税利益から法人税を支払う単位をいう。これに対して、各事業部は、その事業所の立地する自治体に固定資産税などの地方税を払うと

しても、あくまでも企業の一部である。

　最後はマトリックス組織である。マトリックス組織とは、機能別と事業部制をマトリックスにした組織である。つまり、社員がプロジェクトごとの部門と職能部門の2つの部門に属して、複数の上司による管理を導入した組織形態である。これは、複数の目標を同時に追求するためにマトリックス組織が考案された。メリットは二つある。第一は、職能別組織の特徴である専門性と事業部制組織の特徴である権限の分権が両立できることである。第二は、業務が柔軟に対応できることである。デメリットも二つある。第一は意思決定のメカニズムが不明瞭になることである。第二は内部調整が多くなり、業務プロセスが複雑になる。その結果、顧客に目が向かなくなる。

図3−3：マトリックス組織図

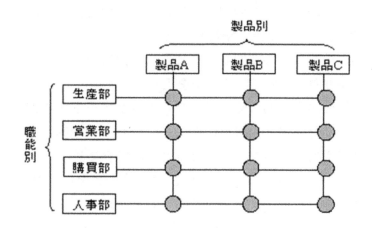

　また、カンパニー制や企業グループなどの組織もある。ここで注意しなければならないことが二つある。

　一つは事業部制組織を発展させ、カンパニー制を採用する企業がでているが、疑似会社制とも言われ、本質的には事業部制と同じことである。

　もう一つはグループ企業の子会社は、その株式が親会社に100％ないし51％以上所有されていても、独立した企業である。

　そのほか、市場ニーズや技術の進歩とともに、スピーディな組織変革が求められる。また、グローバル化や高度情報化やIT革命も組織に改革を迫っている。企業は合併や経営統合、純粋持株会社化などを進展させる方向にある。

　合併にはスケールメリットがあるが、持株会社はより心理的な統合のやりやすさや、専門スキルの向上、成果に見合った資金体系の導入や、フレキシブルな経営システムと新しい企業文化の構築などの方面のメリットを持っている。

3 管理組織と各部門の役割

　企業は規模の拡大に伴い、調達、生産、購買、販売、人事、経理など多数の仕事とそれを専門に行う部門に分化していく。このような分化のことを、「経営職能の分化」と言う。

(1) 総務・経理・財務・人事・法務部門

① 総務部

　総務部は、企業内の事務業務を全て司り、社員が働きやすい仕事環境を整備する部門といわれている。

　総務部の役割は4つに分けられる。

　第一、社内と社外からトップの判断材料となる情報を分析・検討し、企業経営にプラスとなる戦略を立てることが求められる。

　第二、総務部は企業内の各部門を取りまとめる部署であり、会社の考えを社員に浸透させ、明確な方向へ導いていく役割を担っている。

　第三、全ての社員が気持ちよく活動できるようサポートする役割を負っている。たとえば、会社の受付業務、会議室の予約受付、お茶の準備、出張の際の切符、宿泊先の手配、事務用品・備品の調達、職場環境の整備などの仕事を担当する。

　第四、会社がイベントを展開する際は、全社員の自発的参加と実行が求められる。誰もが活動の趣旨を理解した上でやらされ感を感じずに自主的に取り組むことができるよう、その推進役の中心となって活動するのが総務部である。

② 経理・財務部

　経理部と財務部は会社のお金の動きを管理して、経営戦略に活かす部門である。

　経理部の役割は、経営管理であるとよく言われる。その仕事は、企業の現状を客観的な数値に変換し、タイムリーに社長に報告することである。経営陣が的確な経営判断をするために、見やすく分かりやすい自社の財務指標データを含めた有益な情報を提供する。

　経理部の主な業務は、会計帳簿記帳、財務諸表作成、税務申告用資料作成、管理会計資料作成、有価証券報告書・決算短信の作成、月次決算の作成、会社法決算、各種経営計画となる。

　財務部の役割は、資金の観点から、キャッシュフローの創造や、財務体質の改善・強化、収益力の強化など、会計上ではなく、実質的な資金ベースの改善をすることである。

財務部の主な業務は、財務戦略の策定、バランスシートの管理、資金出納管理、直接金融や間接金融による資金調達、調達した資金の運用管理、銀行などの金融機関や格付機関への対応、財務計画の作成である。

要するに、経理部は各部から送られてきた取引の情報をもとに記帳する部門で、それに対し、財務部は資金繰りを管理し、銀行からの借入や社債発行などを担当する部門である。

③ 人事部

最も重要な経営資源である人をマネジメントし、優秀な人材を確保し、人材を有効に活用することが人事部の役割である。

人事部の主な業務は、人材採用計画と人材採用活動、人材の出向・転籍の検討、人材の昇進・昇格管理、人材活用・人材開発、人事評価制度設計・人事評価、賃金規則・給与計算・人件費管理、社会保険業務、従業員の就業・安全業務、労使関係業務、福利厚生業務となる。

④ 法務部

企業の設立、取引、人事・労務、そして解散に至るまで、すべての活動に法律は密接に関わっている。法務部は企業活動に関わる法律関連の事務や管理を担う部門である。

法務部の主な業務は、契約関連業務、株主総会と取締役会についての準備と手続、不動産業務、ライセンス取得関連、法律相談、訴訟・係争対応、アライアンスとM&A等の契約ドラフトと交渉、リスクマネジメント、内部統制、コンプライアンスプログラムの策定と管理、知的財産、商標調査、顧問弁護士、官公庁との交渉、立法・判例動向の調査、分析とビジネスへの適切なフィードバック、コーポレートガバナンス体制構築の検討となる。

(2) 広報部門

広報部門は、企業活動や製品の情報を社会に発信し、自社の情報を社会に向けて送り出す部門である。活用できるメディアは新聞・雑誌・テレビ・ラジオをはじめ、街頭のポスターや看板・電車の中吊り・折り込みチラシなどである。

企業の本社広報部門で対応している広報活動は、報道対応、社内広報、社外情報の収集、広告・宣伝活動、危機管理、ブランド戦略の推進、IR活動、文化活動・社会貢献活動、各地域での広報活動、CSR対応、ソーシャルメディア、消費者対応、政府・行政機関への渉外活動などである。

(3) 営業部門

営業の仕事は、モノを売ることではなく、顧客の問題を解決する、顧客の仕事や生活を豊かにするなど、「顧客の価値」を提供することである。クライアントのよき相談相手となりお客さんと相談し、親身になって問題解決に取り組み、最後に総合的な視点でより効果的で効率的な提案を出す。

営業部門の主な業務は新規顧客の開拓、既存顧客への営業、契約の締結、既存顧客へのアフターフォローとなる。

(4) マーケティング部門

時代とともに消費環境が変化する中、生活者のニーズや行動などを的確に読み取るとともに、各種のセールスプロモーションの調査及び媒体の分析を徹底することはマーケティング部門の仕事となる。それにより、販売戦略の特徴や季節商材の取り扱い状況をつかみ、「どの時期に何を企画して、販売すればよいのか」を多角的・総合的に提案するのである。つまり、マーケティング部門の役割は、企業の行動指針と経営の羅針盤として、マーケットの変化の兆しを捉え、企業の方向性を明らかにすることである。

マーケティング部門の主な業務は、市場調査、各種情報システムの構築、市場分析、市場評価、マーケットセグメンテーション、ターゲット市場の選定、商品・サービス企画、価格設定、流通経路設定、各種プロモーションとなる。

企業の各組織には、それぞれの役割が存在している。各組織が自部門の役割を確実に実行してこそ、企業として成果をあげることに繋がる。こういう経営職能の分化が企業を支え、力持ちの役割を果たしつづけている。

4 稟議制の仕組み

(1) 意思決定と稟議制の概念

意思決定とは、特定の目標を達成するために、ある状況において複数の代替案から、最善の解を求めようとする行為である。中国語で言えば、「決策」と言う。意思決定の型は国によって違っている。米国企業においては、その意思決定がトップダウン型と言われるが、集団の合意形成を重視した日本の企業は、ボトムアップ型の意思決定である。このボトムアップ型の意思決定の方式を支えている制度は、稟議制だと言われる。稟議制とは、最終的な意思決定に至る過程で、複数の管理者・担当者からの合意を取りつけるための仕組みである。具体的に言うと、会議の手間

を省き、まず担当者が最終的に決定される意思内容を示した文書を作成し、この文書を関係者が回覧して、承認したことを示すサイン・印を記した稟議書を作成し、最終的な決裁権者は、関係者が決定内容を承認していることを確認して決裁し、組織としての最終的な意思決定が行われる。稟議制は日本の官僚制の特徴を表し、末端の役人が起案した文書（稟議書）が下位から上位へと順次回覧されて、最終決裁権者に至り、日常的なルーチンワークに属する事実の処理の場合に限られているとされている。

(2) 稟議制の背景

　稟議制度が日本的経営の特徴であるとされるのは、1959年に米国生産性本部が視察団として来日した、米国の経営学者グループによって構成されたチームが、当時の日本的経営の特徴として多様な調査項目を掲げ、全国各地で論議し説明してきたものの中に、重大な項目として稟議があったからである。日本では、明治初頭に近代産業の輸入によって会社経営が導入されたが、封建的な農耕社会においては長い伝統を持つ家族制度が、西欧から輸入された近代企業にそのまま移植されたことにより「経営家族主義」とも言える家族制度的な企業観が広く企業全般を占めていくこととなった。また、日本的な経営体質は、欧米社会が個人主義的な思考により、組織内における個人の職位に応じた職務分掌および職務権限が明確に決められているのとは異なり、形式的には個人の職務分掌および職務権限が明確なようであっても、実質的には極めて曖昧な、いわば流動的な集団職務執行体制を基盤とした意思決定方式を求めることにもある。

(3) 稟議書

　稟議書とは、稟議制を実行する時、不可欠な書類である。稟議書の書式は、組織によって異なる。各組織の内部文書とされることが多いため、書式は各組織ごとに、独自に定められている。

　稟議および稟議書は企業や組織の内部文書として、総務部等の部署が保管・管理することが多い。稟議書を外部の監査人が監査することもあり、また、国税局の印紙税調査でも稟議書を監査することもある。契約書は内容によって印紙税を貼らなければならない。そこで印紙税が貼られているかどうかを監査するとともに、その契約を結んだときの稟議書をチェックするのである。そのため、各企業の稟議書は長期保存しなければならず、社内規定で保存期間を定めている。内容によっては永久保存しなければならない場合もある。

(4) 稟議制の効用と欠陥

今から、稟議制の効用と欠陥をまとめよう。効用の面では、まず、社員の参加と協力を確保することが考えられる。稟議制においては、最終的な意思決定に至る過程で、複数の管理者・担当者からの合意を取りつけるため、事件に関連する社員は、文書を回覧したり、自分の意見を出したりしている。そのことによって、皆の参加と協力を確保することができる。また、稟議制は、資料の保管に優れる制度である。稟議書が必要なので、稟議書としての記録は会社に残される。これにより、過去との整合性の確保や、同一の検討の繰り返しと言う無駄を避けるための有効な手段となる。一方、稟議制には、欠陥もある。一つは、能率の低下である。稟議の過程が長いから、決定に至るまで多くの時日を必要とする。つまり、稟議書の決裁の遅延ということである。そして、責任の分散である。多くの人の関与だから、失敗したときの責任が不明確になる。さらに、指導力の不足だと考えられる。稟議制の下では、たとえ上級職員が、議案の決定に対して、指導力を発揮しようと望んでも、意思決定に関するこの堅固な伝統的方式の体系に阻まれることが多い。

(5) 電子メールと稟議制

昨今のコンピュータによって代表される電子工学の飛躍的な発達は、IT社会の到来をもたらし、オフィス環境は大きな変貌を遂げている。それに伴って、稟議書と押印による文書管理の在り方も次第に変化し始め、意思決定のための電子メールの導入は急速に進展している。稟議制度を電子メール化することは、現在の稟議制度がそのままの状態である限り不可能であり、電子メール化のための前提条件として、企業など組織体の意思決定手続の大胆な見直しが不可欠の条件となる。

稟議を電子メール化することを可能にするためには、様々な組織環境の変革・整備ならびに関係者の教育訓練が必要となる。意思決定システムとしての稟議制度の改革のためには、組織構造の変革を推進し、決裁者の権限と責任を明確にしたうえで、新たに決裁基準を設定するなどの根本的な対策を講じなければ、全社にITネットワーク網を構築し、パソコン機器を従業員1人に1台持たせたとしても、有効に機能することは期待できない。

5 トップダウンとボトムアップ

企業、組織の運営管理においていつも比較される代表的な形態と言えば、「トップダウン」と「ボトムアップ」がある。

（1）トップダウンとは

トップダウン方式の組織運営とは、企業におけるトップが意思決定を行い、それを下に向けて指示することで運営を行う方式のことを言う。「上意下達」などという言い方がする。

つまり社長や会長などの経営権を握る人間や、それらを含めた経営陣によって決められたことを従業員に命令し、それに従わせるタイプの経営となる。

（2）トップダウンのメリット

トップダウン型のメリットは、企業が目指すものや組織の信頼関係によっては非常に大きな武器となる。

① スピード感

まずトップダウンの大きなメリットの一つとなるのがスピードである。これは刻々と変化するビジネスの世界において変化に対応する上でも非常に重要なポイントの一つである。

余計な時間を使い、丁寧に現場全体の意見をまとめていては、ライバルに差をつけられてしまうかもしれない。それが致命傷になってしまうことがないとは言い切れないだろう。

トップダウンでは経営陣の意思決定が現場へと即通達され、それが実行に移される。これによってスピード感のある経営が可能となる。

② 組織としての一体感

トップダウン型の組織において重要となるのが、経営陣と現場との信頼関係である。この信頼関係が真に築かれてさえいれば、トップダウン型経営は組織の一体感という大きなメリットを生み出す。

方向転換を決めた時も、現場との信頼関係が十分に築かれていれば、会社の方向性を急激に転換することも可能な経営方式と言える。

潮流の速い現代のビジネスにおいては非常に重要な要素ではないか。いつまでも古い考えや昔上手くいっていたことに固執するあまりに危機的な状況となった企業は少なくない。

（3）トップダウンのデメリット

トップダウンは素早いスピード感と一体感を生み出す可能性があるものの、当然ながら上手くいかなかった場合のデメリットもある。

①指示待ち体質を作りやすい

トップダウンである以上は経営陣の指示が絶対的なものとなるが、指示がない、もしくは遅ければ組織は止まってしまう。

これが結果として業績を落とし、社員のモチベーションを低下させることにつながるだろう。社員に高い意識を持たせるために、組織全体を常に力強く引っ張っていく強力なリーダーが必要となる。

②現場の不満が届きにくく、問題点の共有がなされにくい

トップダウンは経営陣からの指示によって組織を動かすため、現場での声が経営陣に届きにくくなるという面があり、これが時としてデメリットとなる。

現場でしか分からないような問題点が表面化したとしても、経営陣がそれを理解できず現場は圧迫感を感じたり不満を大きくしてしまうこともある。

トップダウンの強みであるスピード感や組織の一体感を最大限に発揮するためには、経営陣と現場の密なコミュニケーションが重要なカギとなる。

（4）ボトムアップとは

経営陣による「鶴の一声」で企業の方向性が決まるトップダウン型の経営とは対極の位置に存在するのが、この「ボトムアップ」と呼ばれるタイプの組織運営である。

裁量を持つのは経営陣というよりも現場である。現場のアイディアや意見を経営陣が吸い上げ、まとめることによって組織の運営を行う。

（5）ボトムアップのメリット

ボトムアップにおける大きなメリットといえば、現場にしか分からないことを現場が決める、もしくは経営陣にしっかりと伝える体制があるという点だろう。

① 現場の意見を汲み取りやすい

組織が大きい場合には、経営者は現場が日々の業務ではないし、それが仕事とは言えない場合がほとんどだろう。

そんな経営者は現場の些細な変化を肌で感じることが出来ず、経営判断を誤ってしまうこともないとは言い切れない。

そうならないために現場に大きな裁量権を持たせることによって、より柔軟で細やかな対応を可能にする。それがボトムアップの大きなメリットの一つである。

② 社員のモチベーションを維持しやすい

経営陣がすべてを決めるトップダウンというのは、一見するとスピード感があり急成長していくイメージが強いかもしれない。

しかし従業員からみれば、自分の考えがあまりにも反映されずただ降りてくる指示を待ってそれに従うだけと感じる場面が決して少なくない。

こうなるとモチベーションを高く保つことは難しくなる。給与などの待遇面で評価をすることになり、結果としてコストも高くなりがちである。

しかしボトムアップでは現場が大きな裁量を持つことになる。どうすればより良いものになるのか、より良い結果が生まれるかを現場が考える。

社員にとって特別な結果を生み出せるチャンスがあることが分かりやすく、現場での仕事に対するモチベーションを維持しやすいと言える。

(6) ボトムアップのデメリット

ボトムアップは現場の社員を大切にしたすばらしいシステムのように感じる方もいるかもしれないが、実はここには大きなデメリットが隠されているということが言える。

① 現場に優秀な人間が必要

現場での裁量が強くなるボトムアップでは、当然ながら現場にいる人間の高い意識と能力が求められる。

現場を任せることが出来る人材がすでにいることが非常に重要な条件となることから、どんな企業でも採用することができる組織運営ではない。

トップダウンの会社がボトムアップに移行して失敗するのはこのケースがほとんどであり、人材育成や採用が重要な要素となる。

② 組織の統一感が失われスピードが落ちる

ボトムアップ経営は、現場からの意見を集約し精査することによって経営方針を決めることになるため、その情報量が多くなるほど意思決定は遅くなる。

現場での意見が非常に広範囲に広がる場合においてはそれをまとめるだけでも大きなコストや時間がかかるため組織のスピード感は失われる。

そればかりか現場での意見がうまくまとまらなければ、組織としての方向性や統一感もバラバラになってしまうリスクがあることにもなる。

6 日本企業のチームワーク

20世紀60年代から70年代初期まで、日本経済は神武景気、岩戸景気、オリンピック景気、いざなぎ景気といわれる好況期が持続し、実質国内総生産（GDP）が絶えず伸び、世界第二の経済大国への道を開いたといえる。当時、日本、さらに外

国（主として米国人）の経済家者と管理学者によって執筆された数多くの日本人論が登場し、日本的経営が高く評価されていた。その中で強調されたのは、欧米企業では個人の能力、多様性を重視する個人主義であるのに対して、「ものづくりは一人でできない」という信念のもと、人事が中心になって、社風を整える日本人の集団主義であった。つまり、今の言うチームワークである。チームワークは日本の伝統的な強みである。

(1) チームワークの意味

チームワークというのは集団に属しているメンバーが同じ目標を達成するために、行う作業、協力、意識、行動などである。

チームワーク精神の具体的な内容は時代要求の変化によって、絶えず更新してきたが、チームワークといえば、その元祖と起源を、集団主義に言い及ばなければならない。

集団主義というのは個人より、集団に価値を置く思想で、あるいは個人より集団で行動することが多いことを表した言葉である。

(2) チームワークの具体的な現れ

日本企業では、皆の歩調に合わせることを意識し、のっぺりとした仕事の方法を求めて、独断を主張しない。それに、社員は会社を家として、自己紹介の時、いつも会社名を自分の名前の前に置く。また、日本企業の「集団活動」は広義の概念で、特別な意味を含む。多くの日本企業は定期研修、業務学習、言語学習など活動を社員間の感情を促進する集団活動として、一概に仕事以外に行う。仕事の後でカラオケ、バーへ行くなどの集団活動は個人主義者の目で大したことではないが、集団主義者の目からして、それは社員間の理解を深める重要な方法である。

(3) 日本企業がチームワークを重視する原因

以上のごとく、高度成長期は日本的経営の形成段階であった。その時、世界で流行っていた経済学思想は欧米企業の理念であった。それに、発展初期、日本もアメリカから多くの技術、経営理念と経験を導入した。では、なぜ日本企業は欧米企業の個人主義を取り除き、チームワークを重視してきただろうか。

それには主に二つの原因がある。一つは自然的原因である。周知のとおり、日本は海に囲まれ、山が多い細長い島国である。それに、常に、地震、台風、津波などの自然災害に見舞わされている。したがって、このような生存と発展に不利である

外部環境は自然に団体精神、チームワークを重視する日本民族の精神を育成した。このような精神は日本企業の中に溶け込んで、経済発展の奇跡を創造した。

　もう一つは社会的原因である。農耕民族であった日本人にとって、みんなで協力して働くことは伝統的な習慣であった。それに、家共同体を母体とする日本社会は、家の理念と論理を社会行動の規範としてきた。家は家族体であり、同時に企業の経営体である。家の理論が日本企業に強い影響を及ぼした結果、日本企業は職場を共同体的に秩序づけて編成した。日本的経営は信頼と理解に基づく協働、システムへの成員のコミットメントを基盤として形成されてきた。

（4）日本の企業制度の中でのチームワーク

　日本的経営の三種の神器とも呼ばれた制度があった。これらの制度は、終身雇用、年功序列賃金、と企業内組合であった。さらには、日本型の職場内小集団活動は、4番目の神器とまで評価された。これらの4種の神器に共通するのは、集団主義的体質である。

　① 終身雇用

　定年までの長期間、同じ企業で働くことが保証されていてこそ、愛社精神も生まれる。日本企業は「首になる」という棒で社員を脅威することより、社員を企業の主人として、社員と一緒に存亡しつつあるのが彼らの責任感、積極性と創造性を掻き立てる。

　② 年功序列賃金

　誰でも平等に年を重ねる以上、年齢をベースとした賃金体系は従業員の平等意識をはぐくむ。社員に満足感、共感、帰属感を獲得されることによって、企業に対する知遇の恩が社員の動力になる。

　③ 企業内組合

　職能別全国横断の労働組合ではなく、経営者と労働組合が同じ会社の釜の飯を食う関係だからこそ、建設的な労使関係が保証される。

（5）チームワークと正反対の成果主義

　20世紀90年代から21世紀初期まで、日本企業ではチームワークと正反対の成果主義が導入され、競争意識の向上をもたらした。成果主義というのは、企業において、業務の成果のみによって社員を評価し、それに至るまでのプロセスを無視して、報酬や人事を決定することである。しかし、同僚との情報やノウハウの共有が行われなくなり、若手が育たないなどといった弊害が起こり、従業員の全体的な士

気が低下することになった。そのため、チームワークの重要性が再認識された。

　そのなか、1993年に成果主義を導入した富士通は日本企業の中でも先駆的な取り組みであった。しかし、その後に業績が悪化し、その結果として、2000年代初期に大幅な軌道修正を余儀なくされた。

7　系列と下請け

(1) 系列とは

　中核となる有力企業のもとに形成された企業グループのことであり、一般に縦系列の企業関係をいう。系列内企業では、企業間取引や互いに株式を持ちあう資本関係の構築、人的資源の共有など、互いに依存し合い、強固な関係を構築している。下請制による長期的取引関係が発展したものであり、大企業と中小企業との間の支配従属の関係が見られる。紡績会社と機業者、自動車会社と部品メーカーなどに典型例がある。

(2) 系列の形態

表3-1：系列形態

系列形態	内容
六大企業集団	メインバンクを共有し、株式持合い、役員派遣によって結びついているが、事業的には非関連の企業群、「横の系列」、または「資本系列」とも言い、戦前からの財閥の系譜を持っている三井、三菱、住友と戦後に銀行を中心に集まった芙蓉、一勧、三和の6集団である。最近になって、一勧、富士、興銀3行による「みずほホールディングス」の設立など相次ぎ、6大企業集団も解体している。
生産系列	製造業のアッセンブリー企業が、各種サプライヤーと長期継続的な取引関係や資本・人的関係を持つことによって形成される企業群、かつては「下請関係」と呼ばれ、一般的には、一次、二次サプライヤー等のピラミッド構造であるので「縦の系列」または「生産系列」と言われる。 一般的には株式の20％以上を所有している場合、その系列下にあると理解されているが、資本・人的関係がなくても、長い取引と濃い情報の共有化によって、それと同様の運命共同体的結束を実現している関係を系列関係と呼ぶケースもある。自動車生産系列は、この生産系列の典型だが、近年の環境変化で解体が進んでいる。
販売系列	自社製品の販売をディーラーや小売店に専売させることによって成立している企業群、特に修理や保守などの付帯サービスが必要である自動車や家電品の販売に典型的に見られる。
機能系列	巨大企業が分社化することで形成される企業群、事業部の独立、不動産管理、情報処理、教育研究部門などの分離により形成される企業グループで一般的には子会社となっている。

（出典：藤樹邦彦、『変わる自動車部品取引　系列解体』、エコノミスト社，2002年，47頁。）

（3）下請けとは

下請けとは、製造業の場合において、規模が自社よりも大きい企業（親企業）から委託を受けて、①これら親企業の製品に使用される製品、半製品（部品）、付属、原材料などを製造する場合、または②これら親企業が製品製造のために使用する設備、器具、工具等を製造又は修理することを言う。それによって、下請企業は生産活動面での技術・ノウハウを蓄積してきた。

（4）企業同士の関係

企業間の関係で注目すべきは企業系列の存在である。日本の企業は、親会社を頂点に一次下請、二次下請とピラミッド型に企業の系列を組織し、仕事を外部に順次下請けに出すという仕組みで生産を行っている。下位の下請になるほど零細で経営基盤が弱いので、安い価格で仕事を請け負わざるをえず、その分だけ親会社は安い費用で生産を行うことができる。系列を可能にしているのが企業相互の株式持ち合いである。過半数に満たない株式所有で親会社は関係企業を系列化している。

（5）下請構造の変化と新たな形態の企業間協力の進展

日本の製造業の特徴的な取引形態として、下請取引構造が挙げられる。下請取引とは、自社より規模が大きい企業等から製造、修理、情報成果物作成、役務提供の委託を受けることだが、特に製造委託については大企業を中心とした「系列」構造がみられた。こうした系列関係は大企業－中小企業間で構築されたものだが、大企業にとってみれば下請企業と長期的取引関係として継続できるメリットがあり、一方下請企業としても、「仕事量が安定している」、「独自の営業活動が不要といった広告宣伝等の販売活動に経営資源を注力しなくてもよい」等というメリットがあった。

しかし、グローバル化の進展、不況の長期化などで、こうした下請取引環境は変化しつつある。大企業の生産拠点の移転や、大企業自身の業績悪化等により、「系列」を維持していくメリットや体力が失われており、下請企業からみても下請であるメリットが失われてきたのである。現在の下請取引の割合が高い企業も、下請受注の比率の低下を望んでいる企業が多く、今後は従来以上に下請企業が減少することが予想される。

コラム3　　上を目指すか、現場に戻るか

知識・人脈・技術は必須　―課長以降のキャリアプラン―

　夕方6時。そろそろ取引先の接待に向かうか。残業はチームの若手に任せて、取引先と深酒でも――。

　こんなお気楽な課長は、もはや日本にはいなくなった。長引き不況で交際費が減ったためだけではない。1990年代後半、日本企業の多くが組織の階層を減らすフラット化を導入したためだ。

　この結果、係長や主任などのポストは消え、課長が面倒を見る部下の数は一気に増えた。また、従来以上に多様な人材のマネジメントも求められた。リクルート・ワークス研究所の大久保幸夫所長は「現代の課長の80％以上がプレイングマネジャー。かつての課長に比べ、1人にかかる負荷は確実に重くなっている」と言う。

　日本の企業はかつて本部、部、課などの管理単位を重層的に設定し、本部長、部長、次長、課長、課長補佐、係長、主任など、多くのポストを作ってきた（下図）。しかし、この組織形態は末端になればなるほど「指示待ち」の性向を強く持ち、現場の判断力低下につながる。これでは、グローバル化する経済の変化にも迅速な対応ができない。

　そこで、階層を減らし役員の下は部長と課長だけというフラット化した組織へと大きく転換した。これは、バブル期に大量採用した社員が中間管理職の年齢に差しかかりつつあった、90年代後半から2000年代初頭にかけてのことだ。

　フラット化組織は当初、「現場に権限を委譲する一方、階層を減らすことで意思決定が早まり、経営方針も早く伝わる」という、理想の組織形態のように思われた。しかし、その裏には、「役職を取り上げてコストダウンを図るという狙いもあった」（大久保所長）。結果として、フラット化は人件費削減の効果だけが出て、組織の活性化や人材育成の面ではマイナスに働いた面が多い。

第三章　経営組織

組織のフラット化で課長に極度の普段

IT時代だからこそウエットな対話が必要

　フラットな組織には係長も主任もいない。そのため、課長は全ての部下と対峙する。その部下もかつてとは様変わり。同期入社の部下は当たり前で、バブル期に大量採用された年上部下もいる。また、非正規社員や外国人も加わる。雇用形態が変わってグローバルかも進み、年齢分布もバラバラ。人材の多様化でマネジメントは従来以上に難しい。さらに課長には、「経営にも技術にも管理にも長けているプレイングマネジャーであること」（大久保所長）も求められているのが現実だ。

　ITツールが組織運営の武器になると言う人もいる。だが、大きな間違いだ。人事コンサルや管理職向け研修事業を行っているベリタス・コンサルディングの坂尾晃司社長は、「ネットやメールのコミュニケーションはドライになりがち。IT時代だからこそ、ウエットなコミュニケーションが大事」と指摘する。メールで書類が来ても、印刷して付箋紙を貼って示唆を与えたり、成果が出れば直接声をかけて褒めるといった対応こそむしろ必要と強調する。

　坂尾氏は、「最近の若者は、仲間内のようなサークルでは積極的に話し合うが、バックグラウンドが違う人同士ではまったくコミュニケーションが取れない。それだけに、チームワークの組成が非常に難しい。役割を決め、それぞれが役割を自覚し、共同作業の効果を高めるようなことができない。こうした若者相手にいくらITを駆使してもマネジメントなどできるわけがない」と断言する。「フラット化はバブル崩壊後、余裕のなくなった企業が人材育成をおざなりにする方便に使われた側面もある」と、ある人事コンサルは言う。さらに、「日本の会社はかつて、よくも

悪くもさまざまな業務を経験させてきた。だが今は、『目先の業務で最大の成果を出せ』という傾向が強くなり、ハンドルの遊びがなくなった。一つの案件を受注したら、予算はつねにギリギリで失敗できない。だから経験のない若手には任せられず、古株のエースを投入し、結果として新しい人材が育たない」（前出のコンサル）。

課長になって決断すべきキャリアプラン5カ案

これに気づいた企業には、最近になってフラット化を矯正するところも出てきた。とはいえ、現状はなかなか変わらない今、課長になった以上は、次にどんなキャリア・デザインをしていくか、自分で決断するステージに入ることになる。

大久保所長は、「課長になるまでは会社人生にかける筏下りの時期。しかし、課長から先は自分で登るべき山を決める時期」と言う。

筏下りとは、「とにかく目の前の急流と向き合い、自分の持つすべての力で急流や岩場を乗り越えていく。ひとつ難所を乗り越えれば、またすぐ難所がやってくる。その繰り返しの中で、力をつける時期」だ。この筏下りの時期は入社から10〜15年。この期間を経て課長になった人は、次に自分が登るべき山を決めることを迫られる。たとえば、今後さらに上の階層を目指していくのか、あるいは自分の専門領域でプロを目指すのか、さらには転職や独立を目指すのかを自ら決断すべき時になる。

課長以降のキャリアプランに必要なこと

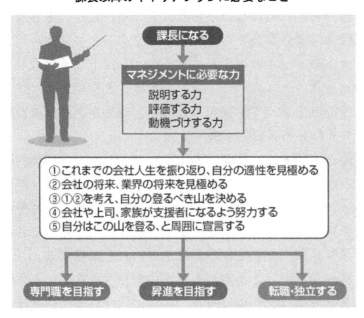

その際、五つのプロセスを踏むべき、と大久保所長は助言する。まず、①自分の会社人生を振り返り、どんな仕事に熱中したか、どんな職種に適性を感じたかを考え、②会社や業界の将来に成長があるのかどうかを見極め、③自分が登るべき山を決め、④会社や上司、家族などサポートそてくれる人を探し、⑤最後に、「自分はこの山を登る」と宣言する（上図）、というプロセス。

しかし、「山を決めるには、それ以外の山を捨てる勇気と決断がいる。選んだ山を本当に登り切ることが出来るか判断がつかない人もいる。しかし、決めないことには先のキャリアは描けない」。

課長職になったということは、その「腹決め」をする時期になったと自覚すべき、というわけだ。

大手流通業の課長（43）は、昨年課長になった際、「営業を離れて広報に移り8年。広報の仕事が面白くなってきたので、広報のプロを目指そう」と決めた。過去のキャリアを振り返り、自分の適性を見極めたわけだ。一方、大手商社のプラント輸出部門で働くある営業マンは、90年代後半、「将来性と成長性」を見込んでIT部門へ移籍した。しかし、この決断は02年にITバブルが崩壊する一方、新興国の成長でプラント輸出が再び脚光を浴びたため、「間違った決断だった」と振り返る。

また、担当部門の部長で出世を目指そうとした人もいる。これは非常に消極的な選択だが、サラリーマンとして「あり」だ。また、かつて取引で大損を出して、管理部門に飛ばされた金融マンは、「やはりトレーディングという仕事に知的興奮を覚えた。出世できなくても捲土重来を期したい」と再挑戦、今は出生の階段を上り始めている。この金融マンは、「打算は失敗すれば喪失感が大きいが、自ら情熱を感じた仕事は、出世できなくても自分の決断に納得できる」と言う。

こうした山を選んだ課長は何をすべきか。それには、①業界の知識を得る、②社内外の人脈構造、③最新の技術習得が必須と坂尾氏は言う。これらは「専門職、あるいはマネジメントのプロ、独立、転職、いずれにも必要なこと」だからだ。

具体的にはまず、「3カ月程度の社会人大学院の短期プログラムへの参加を勧める」と坂尾社長は言う。単に受講するだけでなく、学生同士でチームを組ませタスクフォースやプレゼンを行う内容がベストで、これが人脈構造につながるという。

また、業界の知識を得るためには、米国などで開かれる国際カンファレンスへの出席がベターだ。英語は必須だが、2～3日程度の短期間で情報収集可能で、渡航費を含め20万～30万円で済む。自分への投資と割り切れば、日本では得られない最新の情報が入手できるだろう。

好業績を上げる人はダメ マネジメント力がものを言う

自分が登るべき山を選び、情報収集や人脈構築も行っている。その上で課長がさらにすべきことはあるのか。

課長に選ばれたということは、「将来の経営幹部候補生」としての第一関門を通過したことでもある。次に会社が求めるのは、単に目先の業績を上げることではない。

「現状で最大の成果を上げるためにどう部下を動かすか、と狭くとらえると、実はマネジメントとして先がない」（坂尾氏）。これでは、目の届く範囲でしか業績を上げられないからだ。

そこで、課長として求められるのは「自分の仕事を違う切り口でとらえ、どうすれば継続的に業績を上げられるか。そのためには何をどう変えるか、どういう新しい仕組みを作るか」だと言う。逆に言えば、課長は「与えられた仕事に全力を尽くす」だけではダメなのだ。今の職務に過剰適応し、好業績を上げる人ほど、実はリストラの対象になりやすい。総合電機メーカーが半導体部門を外資に売却したときのことを想像すればよい。この場合、マネジメント力がある人ほど会社が残したいと判断するだろう。

継続的に業績が上がる新しい仕組みを考え、それを実現するために「会社と交渉できる力」を持つ。これこそ、課長以上の人材に求められる最大の課題といえるだろう。

（『週刊東洋経済』2011年1月15日から引用）

専門用語解釈

ライン職能
業務の遂行に直接かかわるメンバーで、階層化されたピラミッド型の命令系統を持つ。

线型职能，在涉及各业务的人员中，企业各级行政单位从上到下实行线型垂直领导。

スタッフ職能
専門家としての立場からラインの業務を補佐するが、ラインへの命令権を持た

ない。

专业人士的建议职能，是从专业的角度协助线型人员最有效地进行工作的职能，但对在线人员并无指令权。

ライン・アンド・スタッフ組織
組織形態の1種。ラインとスタッフという2種類の職能で組織が構成される。

线型加专业人士的建议组织，即日本企业组织形态的一种，由线型及专业人士的建议所构成的职能。

職能別組織
製造，販売，人事・総務，経理・財務などの諸活動を，職能別に分類し，専門化を志向した組織である。

职能分类型组织，按制造、销售、人事、总务、会计财务等职能来组织部门分工，即从企业高层到基层，均把承担相同职能的管理业务及其相关人员组合在一起，设置相应的管理部门及管理职务。

事業部制組織
製品別、顧客別又は地域別に利益責任と業務遂行に必要な職能をもち、自己完結的な複数の組織単位によって構成される組織構造である。

业务职能化组织模式，是按产品、客户或地区分别成立专职化的业务部（或大的子公司），每个专职化业务部都有自己较完整的职能机构。

マトリックス組織
構成員が自己の専門とする職能部門と特定の事業を遂行する部門の両方に同時に所属する組織である。

矩阵型组织，按照职能划分的纵向领导体系和按项目(任务或产品)划分的横向领导体系相结合的组织形式。这种纵横交叉的领导体系构成了矩阵结构，由此得名。

日本企业与经营

カンパニー制
事業部制組織がさらに独立性を高め、企業のなかに事業領域ごとに独立した仮想的な会社組織を設置したものである。

分公司制,是根据企业内部专门化业务领域的不同而独立出来的公司组织。形式上类似于业务职能化组织模式,而运作上被授予更大权限,近似子公司。

企業グループ
企業間で安定的取引のために結合したグループ。

企业集团,为使企业间交易往来顺畅而组建的集团,此为现代企业的高级组织形式。企业集团以一个或多个实力强大、具有投资核心功能的大型企业为主体,以若干个在资产、资本、技术上有密切联系的企业、单位为外围组织,通过产权安排、人事控制、商务协作等纽带所形成的一个稳定的多层次经济组织模式。

純粋持株会社
自ら製造や販売といった事業は行わず、株式を所有することで、他の会社の事業活動を支配することのみを事業目的とする持株会社のことで、子会社からの配当が売上げとなる。

单纯持股公司是指单纯从事股票活动,不从事制造或销售等实际经营活动的控股公司,又称"单纯控股公司"。与之相对的则是"混合持股公司"。

キャッシュフロー
現金の流れを意味し、主に、企業活動や財務活動によって実際に得られた収入から、外部への支出を差し引いて手元に残る資金の流れのことをいう。

现金流量,是现代理财学中的一个重要概念,是指企业在企业活动或财务活动中实际得到的收入,剔除对外支出后所剩余的资金流量,即企业一定时期的现金和现金等价物的流入和流出的数量。

バランスシート
一定時点における企業の財政状態を示す一覧表のこと。貸借対照表ともいう。

资产负债表，指某一特定时间的企业财政状态一览表，为会计、商业会计或簿记实务上的财务报表之一，与购销损益账、现金流量表、股东权益变动表并列企业四大常用财务报表。

M&A
企業の合併、買収を指す。

无论其形态如何，两家或两家以上公司之间的合并，常称之为兼并或收购。合并过程一般通过公开证券市场的交易来实现。收购方承担标的公司所有债权、债务的收购过程。

コンプライアンス
主にビジネスや経営の分野。その場合「企業が、法律や企業倫理を遵守すること」を意味します。

企业的遵纪守法准则，是指企业和组织在业务运作中，不仅要遵守企业自己的各项规章，而且要遵守政府和行业制订的各项法律、法规及各种规章。

コーポレートガバナンス
企業の不正行為の防止と競争力・収益力の向上を総合的にとらえ、長期的な企業価値の増大に向けた企業経営の仕組み。企業統治とも訳される。

公司治理（Corporate Governance）又名公司管治、企业管治和企业管理，为防止企业的不法行为，提高竞争力和收益，长期提升企业价值而设立的企业经营组织。

中吊り
電車・バスなどの中にポスターを吊り下げること。また、そのポスター。

在电车或巴士等车内悬挂的广告宣传。

IR
Investor Relationsの頭文字、企業が投資家に向けて経営状況や財務状況、業績

動向に関する情報を発信する活動をいう。

投资者关系，是指上市公司（包括拟上市公司）以公司的股权、债权投资人或潜在投资者为对象进行经营状况、财务状况、业绩动向等相关信息的广告活动。

CSR
収益を上げ、配当を維持し、法令を遵守するだけでなく、人権に配慮した適正な雇用・労働条件、消費者への適切な対応、環境問題への配慮、地域社会への貢献を行うなど、企業が市民として果たすべき責任をいう。

全称是Corporate Social Responsibility，即企业社会责任，是指企业在创造利润，对股东负责的同时，还应承担起对企业员工、消费者、环境、社区等利益相关方的责任，其核心是保护员工的合法权益，泛而言之，包括非歧视、禁止使用童工，严禁强迫性劳动，安全卫生工作环境及制度等。

マーケットセグメンテーション
市場細分化の意味で、特定商品（サービスを含む）における市場を異質とみなし、顧客市場を細分化することによって特定カテゴリに対して集中的にアプローチすることを目的に行われる。

市场细分（market segmentation），是市场营销学中一个非常重要的概念。该概念认为特定商品（包括服务）的市场是存在差异的，通过将顾客的市场细分，从而锁定在一个顾客群集中的范围。

稟議制（りんぎせい）
決定に当たって、会議にかける必要のないものにつき、主管者の作成した決定書（稟議書）を、上長や関係部署間に回覧して決裁を受ける制度。

禀议制，是指在决策时，先由基层主管单位提出设想，制定政策方案，逐级呈报，逐级审议，最后由最高决策者拍板定案的决策制度。

セクショナリズム
集団・組織内部の各部署が互いに協力し合うことなく、自分たちが保持する権限

や利害にこだわり、外部からの干渉を排除しようとする排他的傾向のことをいう。

　　宗派主义，主观主义在组织关系上的一种表现。集团或组织内部的各部门不相互合作而是为保证自己的利益而排斥其他部门，其特点是思想狭隘、因小失大、钩心斗角，以及对原则置若罔闻的派系争斗等。

神武景気（じんむけいき）
日本の高度経済成長のはじまりで1954年（昭和29年）12月から1957年（昭和32年）6月までに発生した爆発的な好景気の通称のことである。

　　1955至1957年，日本出现了第一次经济增长高潮。日本人把这个近似于神话般的繁荣，称之为神武景气。1956年，日本制订"电力五年计划"，进行以电力工业为中心的建设，并以石油取代煤炭发电。因此大量原油从外地进口，大大促进了炼油工业的发展。日本经济至此不仅完全从第二次世界大战的废墟中重新崛起，而且进入积极建构独立经济的新阶段。

岩戸景気（いわとけいき）
1958年6月から1961年12月まで42ヶ月間続いた日本の高度成長時代の好景気の名称。指1958年6月至1961年12月这42个月中持续的景气。

　　1958年起，是日本经济高度成长的开始。日本大量生产汽车、电视机及半导体收音机等家用电器，钢铁取代纺织品成为主要出口物资，这时出现了第二次经济发展高潮，称为岩户景气。

オリンピック景気
日本における1962年（昭和37年）11月から1964年（昭和39年）10月までにかけての高度経済成長時代の好景気である。

　　东京奥林匹克景气，指1962年11月开始至1964年10月这段时间的景气。1964年日本东京举办第18届奥运会，接待了94个国家和地区的5140名运动员，使用卫星向全世界转播实况后，日本的新形象开始被世界所接受，GNP由奥运会前的每年增长10.1%猛增到26.1%，日本人称其为"东京奥林匹克景气"，经济学家甚至认为这届奥运会是日本进入世界工业强国的里程碑。

日本企业与经营

いざなぎ景気

1965年（昭和40年）11月から1970年（昭和45年）7月までの57か月間続いた高度経済成長時代の好景気の通称。

　　伊弉诺景气，指的是日本经济史上自1965年到1970年期间连续五年的经济景气扩张。被认为是第二次世界大战之后日本时间最长的经济扩张周期之一。1964年东京奥运会后，日本一度陷入经济不景气。于是日本政府决定发行战后的第一次建设国债，自1966年后经济景气持续繁荣。

終身雇用

同一企業で定年まで雇用され続けるという、日本の正社員雇用においての慣行である。

　　终身雇用制，是日本企业战后的基本用人制度。是指从各类学校毕业的求职者，一经企业正式录用直到退休始终在同一企业供职，除非出于员工自身的责任，企业避免解雇员工的雇佣习惯。

年功序列

官公庁、企業などにおいて勤続年数、年齢などに応じて役職や賃金を上昇させる人事制度・慣習のことを指す日本型雇用の典型的なシステムである。その他、個人の能力、実績に関わらず年数のみで評価する仕組み一般を年功序列と称することもある。

　　员工的基本工资随员工本人的年龄和企业工龄的增长而逐年增加，而且增加工资有一定的序列，按各企业自行规定的年功工资表次序增加，故称年功序列工资制。

企業内組合

企業または事業所別に組織された組合で、組合員の資格が原則として企業の雇用者に限定されている。

　　日本的工会仅限企业范围，故称企业工会。按日本规定，科长以上的管理人员不是工会会员，其余职工进入企业即自动加入工会。

六大企業集団

かつて、日本の経済を牽引した三井グループ、住友グループ、三菱グループ、芙蓉グループ、三和グループ、第一勧銀グループのことを、「旧6大企業グループ（旧6大銀行グループ）」という。「6大企業グループ（6大銀行グループ）」や「6大企業集団（6大銀行集団）」ともいう。事実上、2000年代にメガバンク再編などで消滅した。現在も活動しているグループも、各企業の独立性が高まり、グループとしての活動は停滞している。

在过去，六大企业集团指的是三菱财团、三井财团、住友财团、富士（芙蓉）财团、三和财团以及第一劝银财团。事实上，在21世纪初期六大企业集团由于合并重组等原因已经不存在。现在仍在活跃的财团具有很大的独立性，基本都不参与集团活动了。

みずほホーディングス

2000年9月29日、第一勧業銀行・富士銀行・日本興業銀行によって設立された金融持株会社であった。

日本瑞穗金融集团，于2000年9月29日由第一劝业银行、富士银行和日本兴业银行组成，于2003年1月成立，资本金1兆5409亿日元，为世界金融集团之首。

練習問題

問題1：「ほうれんそう（報告、連絡、相談）」を重視する日本の企業文化と、稟議制という組織文化について日本の家族主義、集団主義の文化背景との関係を考えよう。

問題2：系列・下請け関係は中小企業にとってどんなメリットがあるのか。また、近年経済のグローバル化は、このような関係にどのように影響をしているのかを考えよう。

经营组织

1. 企业组织的基本类型

在由多人组成的企业中，如何通过合理分工协作达成目标是一个重要的课题。

（1）企业组织设计内容
以下将就企业的组织方式进行分析。

企业内的分工

企业内分工指的是在一个企业当中根据工作的需要进行角色配置，每个人承担着自己应做的工作。随着企业规模的扩大和人数的增加，经营职能不仅是垂直分化，同时也进行水平分化。

垂直分化

垂直分化的结构形同金字塔状。最上层是决定企业长期计划方针的高层，中间是生产，销售等各部门的领导即中层，最下面是负责作业现场的车间主任和组长。一般来说企业规模越大，组织阶层就越多。但是，最近随着IT技术的发展，企业中也出现了阶层变少的趋势。

水平分化

随着企业发展，经营职能也发生水平分化。

在企业中，有线型职能和专业人士的建议职能两种职能。线型职能指的是统筹、财务、人事职能。这叫做水平分化或过程的职能分化。企业中也有会计、调查、监察等专业职能。该职能与线型职能不产生直接关系，这也叫办公职能。

在一个企业当中既有作业职能的垂直分化，又有生产和执行上的水平分化。通过这样的职能分化，员工明确自己的职能所在，进而大大提高生产效率。

（2）组织设计的原则

在经营学里，关于企业组织设计有一定的原则。其中在很早就有了"传统的组织

原则"。这一典型的传统组织原则有四条。

权限下放原则

指的是在企业分工中，上司把自己工作中重复性高的简单作业交给下属去做，将自己工作的一部分权限下放给下属。这一原则也叫"例外原则"。上司尽可能将繁杂的例行工作交给下属，而自己则处理偶尔出现，却更为复杂的工作。

权限·责任一致原则

上司下放权限时，下属也当负起完成该工作的责任，根据上司的要求完成的责任和向上司汇报的责任。而上司同时也具有监督的责任。下属出错时，上司将会被问责。

统管范围的原则

上司能够管理的人数有一定的限度。上司和下属的能力不同，管理的范围也不同。能力高者管理的范围更广。与之相对，其工作的复杂程度越高，管理的范围就越窄。

分工和专门化的原则

为了提高工作效率，将工作划分为几个部分，而后进行分工，每人承担其中一个部分。如作业现场的组长分成指导组长，检查组长，各自负责各自的范围。

（3）组织的基本类型

线型组织、直系组织

这个组织类型起源于军队，所以也叫"军队组织"。上传下达，下属只要遵循上司的命令即可。下属只能与直属上司联系，禁止除此之外的联系。

这种组织类型的优点在于有一个明确的命令系统，权责分明。但这也很可能在实际中成为弱点。命令能够从上往下传，但是信息则难以由下往上传达。这样一来，越大的企业，其基层的信息传达就越难达到管理层。另外，由于上司不得不应对多个部下的问题，所以很难面面俱到。

功能组织·职能组织

这个组织类型可以弥补线型职能类型的不足。这种组织类型基于分工和专门化的原则，主张职能组长制。员工不听命于直属上司，而是从组长处直接接受指令。

这种组织类型的优点是它遵从分工和专门化的原则，上司根据自己的知识技能下达指令。但是也有可能造成指令重复或相互矛盾。

线型专业人士建议职能

这种组织类型综合了上述两种组织类型的长处。可以同时将线型组织的权责明确优点，及专业人士建议职能的专门化优点充分发挥出来。这种组织类型不仅运用于生

产部门也可以运用于其他各部门。但是它的缺点在于专业人士建议职能往往会被线型职能化所取代。因为专业人士建议职能的意见往往会与线型职能的执行权产生矛盾。

（4）企业组织类型的选择

企业的组织形态多种多样，对某一企业来说采取何种组织形态取决于该企业的实际情况。在明确的经营目的指导下，通过考虑未来的经营战略和人才战略的基础上可以决定组织形态。但是也不要忘了企业组织形态要根据经营环境、企业规模、经营内容等的变化而随时做出调整。

2. 大企业的组织特征

大企业中最普遍的组织形式，是基于线型职能和专业人士建议职能原则，划分的职能型组织、业务职能化组织和矩阵型组织。

首先，职能型组织指的是根据开发、销售、生产等职能不同而划分的组织形式。这适用于生产、销售单一产品或类似产品，规模相对较小的企业。其优点有三：第一，角色分配明确，避免部门之间职能重复；第二，有利于员工提高各自的专业技能；第三，决策权集中于公司高层。但是同时也有三个缺点：第一，各部门之间的协调性欠缺的可能性高；第二，往往会追求部门利益而忽视全公司整体利益；第三，不利于培养全面的管理人才。这种按职能分组织的特征是以总经理为中心形成集权，所以也叫集权组织。

其次是业务职能化组织。业务职能化组织指的是按照产品或者区域不同进行划分的组织机构。这适用于采取扩大化经营、面对多样化的顾客、具有不同的产品、不同的营业框架的企业。其优点有三：第一，在一个经营体中可完成所有业务；第二，经营体中可进行分权，便于迅速决策；第三，能培育高层。但是缺点也有三：第一，企业难以朝着同一方向走；第二，容易导致经营资源争夺、信息传达漏洞，各经营体间容易发生矛盾；第三，容易产生宗派主义和局部优化。它的特征是总部对企业全体进行经营战略指导，给予各分部一定权限，所以也叫分权组织。在法律上企业和业务职能化组织也有所不同。企业指的是包括总公司和分公司等，须向国家缴纳法人税。而业务职能化组织虽然也向事业本部所在地的政府纳税，但其也只是隶属于企业的一个组成部分。

最后是矩阵型组织。它将上述两种类型综合为矩阵形结构的一种组织。即员工根据项目和职能分属于两个部门，同时拥有多名上司。该组织形态优点有二：第一，综合了职能型组织和业务职能化组织在权限上的优点；第二，能灵活应对不同的工作内

容。其缺点也有二：第一，决策机制不明确；第二，内部调整多，业务流程变得复杂，导致难以着眼于顾客要求。

除此之外，还有分公司制和企业集团等组织形态。这里值得注意的有两点。第一，分公司制是由业务职能化组织模式发展而来，又被称为类公司制，但其本质与业务职能化组织一样；第二，企业集团的子公司都算作独立企业，哪怕它的股份的51%以上乃至100%都为企业集团所有。

随着市场需求和科技进步，组织形式也必须与时俱进。同时经济全球化、信息高度化和IT革命也促使组织形式发生相应的变革。企业正朝着兼并、经营统合、单纯持股公司化的方向迈进。

虽然兼并具有规模优势，但在心理归属感、专门技能的提高、相应的资金引进、灵活的经营系统，以及企业文化的构建等方面持股公司更具有优势。

3. 管理组织和各部门的作用

（1）总务・会计・财务・人事・法务部门

总务部：负责统筹企业内的所有业务，为员工创造更加良好办公环境。

会计・财务部：管理企业资金动向，将资金运用到经营战略上。其中会计的工作是将企业的现状用客观的数值表现出来，随时向经理汇报。主要业务有：记账、制作财务报表、准备报税材料等等。而财务部的工作则是从资金的角度出发，改善资金流动、收益等。主要业务有：制订财务战略、管理资产负债表、管理资金出纳、调配资金，等等。总而言之，会计部是以从各部门收集来的交易信息为基础进行记账的部门，而财务部是管理资金、负责融资和公司债券发行的部门。

人事部：确保优秀人才，使人才的优势得以有效发挥的部门。主要业务有人才招聘计划、招聘活动、人才晋升管理，人事评价制度的设计、工资管理、社保，等等。

法务部：从企业的设立、交易、人事・劳务到企业解散所有活动都与法律密切相关。所谓法务部，就是担当与企业活动息息相关的有效处理法律事务的部门机构。

（2）宣传部门

宣传部门是将企业活动和商品的信息发布到社会上的机构。公司内的宣传部门的工作是进行报道的应对、公司内部宣传、公司外部信息的收集、广告宣传活动、危机管理、品牌战略的推进，等等。

（3）销售部门

销售的工作不仅是卖出商品，还包括解决顾客问题、丰富顾客生活等向顾客提供价值的服务。主要工作是开发新顾客、与老顾客保持交易、签订合同等。

（4）市场部

随着时代变化，消费环境也发生变化。市场部的工作是在这变化中抓住顾客的需要，进行各种销售调查和媒体分析。它像是企业行为方针和经营的方向盘，通过观察市场变化的征兆，辨明企业前进的方向。主要业务有市场调查、市场分析、市场评价、商品企划、价格设定、流通路线的设定和各种促销活动。

4. 日本的决策方式——禀议制

（1）决策和禀议制的概念

决策的方式因国家而异。美国是自上而下的决策方式，而日本的决策则是自下而上的。日本这种自下而上决策方式的制度，其支撑是禀议制。它指的是在最终决策之前，经多个管理者的同意后达成决策的方式。

（2）禀议制的背景

1959年美国视察团来日进行各种项目调查，作为其中一大项目之一有禀议制。在明治初期，日本导入了西方的公司经营模式，而在经营上却广泛采用传统的家族制。禀议制与日本国民性有关。欧美社会较倾向于个人主义，职务权限明确。而日本人倾向于以集体形式行动。形式上虽然权限明确，实质上却非常含糊。

（3）禀议书

禀议书是实行禀议制不可或缺的文书。它的样式因企业而异。禀议书有时也要接受外部监察人或者国税局的检查。

（4）禀议制的作用和缺陷

首先，禀议制确保了员工的参与和合作，员工们可以根据禀议书提出自己的意见。其次，禀议制便于资料保存。另一方面，它也存在缺点：一是效率低下，二是责任分散，三是会导致领导力不足。

（5）电子邮件与禀议制

随着IT技术的不断发展，禀议书管理方式也开始发生变化。但是就现在的禀议制来说，电子邮件化难以实现。作为其前提条件，必须对决策的手续做出大胆的调整。

5. "自上而下"和"自下而上"

在公司或组织的运营管理过程中，"自上而下"和"自下而上"是两种经常被拿来作比较的经营模式。

所谓"自上而下"，即公司总经理或管理层做出决策，并向下指示，由员工执行的运营方式，也称为"上意下达"。

这种"自上而下"模式，有利于公司目标的达成和组织内部信赖关系的建立。其最大的优势就是高效——管理层的决策事项能够及时、快速地在一线得到落实。同时，还能加强组织整体感。特别是当公司发生方向性的巨大变化时，建立在管理层与一线团队相互信任基础上的整体感，有利于推进管理层决策得到贯彻。

但是，这种模式也有不足之处。一是容易造成员工被动工作、等待指示。管理层的指示变成绝对指示后，若没有指示或指示延迟，则公司无法向前推进。二是一线的想法无法及时向上反馈，问题在公司内得不到共享。而解决这些问题需要管理层与一线保持密切联系。

另一方面，所谓"自下而上"的经营模式则与"自上而下"相反，即决定权掌握在一线团队手中。

"自下而上"模式好处在于一线团队了解一线情况。规模越大的公司，管理层越难察觉到市场的细微变化，最终可能导致经营判断失误。而一线团队能够根据实际情况，做出灵活的应对。同时，该模式还有利于提高员工积极性。当一线团队具有较大决策权时，员工会抓住机会、积极思考究竟怎样的策略能够为公司提供更好的结果。从而保持、促进员工对工作的积极性。

反之，该模式的不足之处在于，首先，该模式的成功运作，取决于是否拥有优秀的一线人才。因为一线人员握有决策权，所以往往要求其具备较高的能力。其次，该模式容易造成整体感缺失和行动速度拖慢。一线情况错综复杂，若想将其梳理清楚，需要耗费大量时间。这会直接拖慢公司的速度。同时，若只是一味地听取一线的意见，也可能造成公司失去方向和整体感。

6. 日本企业的团队合作

（1）团队合作的概念

团队合作是指属于一个团体里的人为了达成同一目标进行的合作。团队合作精神随着时代变化内容也有所变化。但是，作为团队的起源不得不提及集团主义。

（2）团队合作的具体表现

日本的企业里强调大家步调一致，不主张特立独行。在大多企业中会有定期研修、业务实践、语言学习等工作之外的活动来增进员工之间的感情。

（3）日本企业重视团队合作的理由

第一，自然原因。日本是个岛国，经常受地震、台风等自然灾害影响，所以必须要团结起来一起对抗外部环境，这就形成了特有的日本集团精神。

第二，社会原因。农耕民族的日本人有着大家共同劳作的传统。日本社会一直以这种家的共同体为基础发展而来。自然而然地，当建立一个企业的时候，家的理论就被应用到了企业上。

（4）团队合作在日本企业制度中的体现

终身雇用制、年功序列工资制、企业工会制被称为日本企业经营的三大神器。而日本式的职场小集团活动则被称为第四神器。这四种神器的共同点就是具有集团主义性质。

（5）与团队合作相反的成果主义

20世纪90年代至21世纪初期，日本曾采用与团队合作相反的成果主义来提高员工的积极性。成果主义是指只根据个人业绩对个人作出评价，不看过程，由此来决定个人的报酬和晋升。但是这样容易导致员工之间的宝贵经验不肯倾囊相授，难以培育新人。

7. 系列和承包制

（1）系列

是指以一个实力雄厚的企业为中心所形成的企业群，一般来说是指纵向系列。汽车制造企业和零部件企业是其中的典例。

(2) 系列的形态

分别有六大企业集团系列、生产系列、销售系列、功能系列。六大企业集团系列共有主要银行和股份,是在业务展开上互相没有关联的企业群,也叫横式系列或者资本系列。生产系列是制造业中的组装企业通过与各供应商结成的长期的交易或资本关系形成的企业群。也叫做纵式系列。汽车生产系列是其典例。销售系列指的是将自己的产品通过专门的零售商销售的企业群。功能系列是大企业经过分化形成的企业群。通过业务职能化独立运作、地域分离式的管理、信息处理、教育研究部门而形成的企业一般称其为子公司。

(3) 承包

指的是在制造业上,接受来自比自身规模大的企业的委托,制造这些企业使用的零部件或这些企业生产所需的机器设备。

(4) 企业间的关系

企业间的关系中最受瞩目是企业系列的存在。日本企业以母公司为顶点,延伸出一次承包,二次承包,形成金字塔式结构。越是在底部的企业越要以低价格生产,这样在最上层的母公司才有条件将生产价格变低。

(5) 承包构造的变化和新形态的企业间合作

以上的这些承包和系列关系对大企业来说,有着能保持长期交易来往关系的优点。而对中小企业来说也有其优势,可以保证稳定的产量,不必做广告宣传。

但是随着全球化和经济的持续低迷,这种承包制也发生着改变。大企业生产据点的转移、自身业绩恶化等因素使得以上优点难以维系。可以预测,今后,承包企业应该会减少更多。

第四章　生産管理

> **学習目的**
> 1. 生産管理の基本的なパターンにはどのようなものがあるのか？
> 2. 生産管理の3本柱とは何か？
> 3. 在庫ゼロは達成できるか？
> 4. 大量生産方式とセル生産方式との違いは何か？
> 5. カンバン方式とは何か？
> 6. 日本的品質管理の特徴は何か？
> 7. TQCからどのようにTQMへ変わっていくのか？
> 8. 5Sで強化された日本的生産とは何か？

1　生産管理の基本的なパターン

　生産管理は、製造販売を行っている企業では一番重要な機能である。生産管理は、販売、資材購買、製造、物流、品質など多くの面に関係しているため活動の範囲が広く、とても複雑である。この生産管理をうまくおこなうことにより企業の売上げや利益があがる。生産を実際に行うのは、言うまでもなく工場である。工場の姿はそこで作られる製品や製造設備、生産の方法などによって千差万別で、一つとして同じものはない。しかし、生産管理の立場で見ると、そのパターンは意外にシンプルに分けることができる。もちろん細部ではずいぶん違うが、基本的に三つのパターンに分類できる。

（1）基本的なパターン
① 集約型生産と展開型生産
　集約型生産を自動車製造業の例で説明する。完成品としての自動車は、いくつの

アセンブリーで構成される。またアセンブリーは、それぞれいくつかのユニットや部品でできる。図4-1のように部品abcでエンジン、部品defによってボディー、部品ghiによって車輪が組み立てられる。さらにエンジン、ボディー、車輪などによって完成品ができあがる。

図4-1：集約型生産

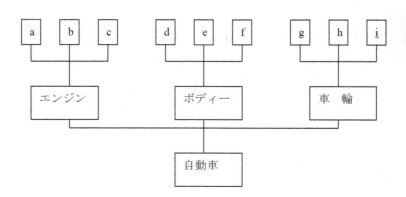

このように、多数の部品やアセンブリーを経て、単一の完成品にいたる一連の工程系列を集約型と言う。

集約型生産とは逆に、石油化学製品など単一の材料である原油から中間品を経て、多数の完成品にいたる一連の工程を展開型生産と言う。

② 見込み生産と受注生産

受注生産は、製品の生産形態で、顧客の希望する仕様や数量に応じ、注文を受けるごとに個別に生産するものである。たとえば、船舶、専用工作機器、住宅、仕立服などのもの。受注生産の特徴は、お客様からの注文を受けてから生産・出荷し、生産量は少量の場合が多い。

見込み生産は製品の需要をあらかじめ想定して生産し、注文に応じて在庫から出荷することである。たとえば、冷蔵庫、テレビ、化粧品など一般的な大量消費財。見込み生産の特徴は受注予測をし、先に生産、受注後出荷する点である。

受注生産は、少量生産で生産に要する時間が長いことは事実だが、最近では従来大量生産されているパソコンなどは受注生産になる傾向が現れている。注文が入ってから製造、出荷するので、製品や部品、原材料の余剰在庫がなくなり、利益が上がる。また受注してから生産を始めても顧客の希望する納期に間に合うからである。

③ 反復型生産と一品料理型生産

反復型生産とは、文字通り同じ製品を繰り返しつくることである。つまり設計デ

ータや製品データが同じということで、既存のデータベースを反復して使用することになる。そのため反復型生産は、生産を立ち上げるときに欠かせない膨大なデータ処理を、より効率的に行える。

それに対し一品料理型生産は、反復型生産と違って、コピーできる設計や製品データベースがないため、それを全部やり直さなければならない。設計や生産技術などのエンジニアリング工程が含まれる生産である。

工場や生産の性格を把握する目的は、最も適した生産管理システムを選択することである。最適な生産管理システムは、基本的には①集約型生産か展開型生産か②受注生産か見込み生産か　③一品料理生産か反復型生産か、この三つのパターンの組み合わせを考慮して選択する。なので、産業や製品によって数多くの生産パターンがある。

(2) 生産パターンの活用——ジャストインタイム生産方式を中心に

製造業はさらなる多品種少量生産、リードタイムの短縮、コストパフォーマンスの向上を求められている。この経済の変化に対応するために、よりスマートに「ヒト、モノ、カネ」といった経営資源をマネージメントする必要があるが、日々変化するマネージメントに、ITシステムがついていかないことが経営課題となっている。これまで経営や生産に関して、時代の変遷とともにさまざまな生産管理の方法が話題に登った。QC、TQC、TQM、改善、ジャストインタイム生産方式、リエンジニアリング、コンカレント・エンジニアリング、フレキシブル・マニファクチュアリング、アウトソーシング、バーチャルコーポレイションなどがある。これらは、あたかも最先端の考え方とばかりに、もてはやされてきた。

ジャストインタイム生産システムは「トヨタ生産方式」の代表的な要素としてよく知られている。ジャストインタイム（JIT）生産方式は「必要なものを必要なときに必要な分だけ」生産すること、すなわち大ロット生産を排して、無在庫経営を実現することである。受注生産にとってリードタイム（注文から納品までの時間）が長くなれば機会ロス（注文を他企業に奪われること）が大きくなる。そのため販売動向を細かく捕捉し、それに即して生産品目を素早く変更することと、それに伴う設備稼働率の変動を抑え、生産の平準化を行うことが必要になる。この矛盾した要求を解決するために、同一生産ラインで多車種を製造する混流生産、さらにはラインを流れる1台ごとに車種を変える一個流しが行われた。特に、バブル崩壊後、大量生産方式の弊害に喘いでいた日本の製造業には、大手の製造業者を中心に、トヨタ自動車の真似をして自社の工場にジャストインタイム（JIT）生産方式を導入

しようとする経営者が増えてきた。ジャストインタイム（JIT）生産方式は救いの神でもあった。ジャストインタイム方式は自動車だけでなく多分野のサプライチェーンに広がり、グローバルに拡大してきた。利益改善と小ロット化を代表しているJIT生産に取り組み始めたが、見込み生産品と受注生産品が混在する場合、生産が混乱するようになってしまったと嘆く企業関係者もいた。

　消費者ニーズの多様化が進んだことで、それに応じるため多様な製品が市場に投入されており、製品の多品種少量化が進んでいる。また、生産体制を効率化させる中で、企業は在庫の削減を進めているから、下請け企業に対する発注頻度を高めるとともに、発注一回当たりのロットサイズを縮小している。このような製造業の環境で、トヨタが発展し続けているのは、時代の変化によってジャストインタイム（JIT）生産方式を改革しつづけているからである。

2 生産管理の3本柱

　生産管理はモノをつくる企業にとって、欠かすことのできない重要な経営技術である。その内容は範囲も広く複雑だが、大きく分けると計画、手配、進捗という3本の柱で成り立っている。初心者にはわかりにくい生産管理も、このように大きく分けてとらえると容易に理解できるであろう。

（1）計画のアウトライン

　まず、一般的な「計画」の定義を考えてみよう。国語辞典では、これを「もくろみ、はかりごと、くわだて」と説明している。しかし、これだけでは計画の本質を十分にあらわしているとはいえない。

　もう少し突っ込んで考えると、どのような計画でも次の3点では共通している。
① 計画は立案者の意思を表明している
② 計画は現在と将来の間に橋を架けるタイムスケジュールである
③ 計画はそれ自体が整合性のある体系である

　これを生産管理に当てはめると、工場の責任者は生産計画によって各部門に、生産の具体的な内容を指示する。つまり意思の表明である。

　また生産計画では、納期どおりに生産するために、現時点から納期という将来までの時間帯に、関係者の仕事をすべて割り当てなければならない。いますぐやるべきこと、明日や仕事、来週から始める作業、さらに翌月、翌々月の仕事などしっかりしたスケジュールが必要である。

これらが仕事前に準備されることによって、はじめて生産を効率よく進めることができるのである。上記の第2点は、このように生産計画にぴったり当てはまる。

第3点についてはどうであろうか。モノをつくるには、さまざまな角度からアプローチしなければならない。たとえば、材料についてはどうな種類のものを、いつまでに、いくつ調達しなければならないか。使用する設備については、どの機械を使うか、何時間動かすべきか。また、配置しなければならない作業者は、何人でどのような職種かなどなど。

このような項目はきわめて多岐にわたるが、それらをばらばらではなく、すべて目的に合うように整合しなければならない。このように生産計画には、レベルの高い整合性が必要になる。

(2) 手配のアウトライン

生産計画の項目は多岐にわたるが、その内容は生産を担当する全員に知らされなければならない。計画立案者の手元にあるだけでは、その意図するところがさっぱり伝わらない。つまり計画された内容は、伝票やファックス、電話などの情報媒体を使って担当者に知らせる必要がある。

これを生産手配と言っている。手配のための情報は種類も量も膨大である。たとえば、材料の手配を例にとってみよう。まず、計画された材料は常備品として倉庫に在庫されているものか、あるいはそのつど注文して調達するものかの区別が必要になる。

もし、はじめの取引先に注文するのであれば、相手先をどこにするかを決定する。仮にA社だとすると、いよいよ注文書の発行になる。

注文書には計画された情報が記入される。相手先、品名、数量、単価、金額、納期、納品場所、支払条件などが主な項目だが、この他にもいろいろな情報が加えられることがある。外注工場に仕事を依頼するときも同じような注文書が必要になる。

生産手配は自社の工場内でも必要である。工程や作業者ごとの作業計画を伝達するために、作業指示伝票を発行する。また材料倉庫に対しては、計画に従って原料や部品を出庫させるために出庫指示伝票を発行する。

生産計画を立案しても、その内容が生産を分担する全員に伝わらなければ、仕事を進めることはできない。生産を分担する内外のメンバーの職種と人数は膨大な数にのぼるが、その一人ひとりに品名、数量、納期、製造方法などを具体的に伝える必要がある。しかもその内容は、詳細なだけではなくすべてが相互に整合しなけれ

ばならない。
　このように、手配情報の処理は量や種類が多いだけではなく精密さが求められるので、最近ではほとんどコンピュータで処理されるようになった。

（3）進捗のアウトライン

　いくら良い計画を立てても、それだけでは絵に描いた餅にすぎない。実行してはじめて効果が出るのである。
　生産計画の場合も、そのとおり実行されたかどうかを確認し、遅れていたらただちに挽回の手段を講じなければならない。生産管理ではこの活動を、進捗管理または進度管理といっている。
　進捗管理を行なうには絶対進度と相対進度の二つを把握しなければならない。
　絶対進度とは、いつ、何が、どこに、いくつあるか、を明確にすることである。往々にしてルーズな工場では品物の保管場所が曖昧で、この質問にはっきり答えることができない。言い換えれば現品管理がよくできていないのである。
　一方、相対進度とは計画と実績を比較したときの差異のことである。たとえば、納期が2月10日になっているのに、2月12日完成したら、計画と実績の差異は2日になる。つまり相対進度は2日の遅れである。
　絶対進度情報すなわち現品管理情報は、進捗管理にとって最も基礎的なものだから、正確性と迅速性が要求される。しかしこれだけでは、現品の実態がわかるだけで遅れ・進みを把握することはできない。
　進度を管理するには絶対進度情報のほかに、それと計画情報を対比した相対進度情報が必要になる。
　いずれにしても進捗管理には情報が欠かせない。旧世代の生産管理では、この進捗に関する情報を収集するのが、なかなか骨の折れる仕事だった。担当者は専ら工場の現場や外注先を歩き回って進捗状況を把握していたのである。今日では進捗業務のかなりの部分を、コンピュータに肩代わりさせるようになっている。

図4-2：生産管理のマネジメントサイクル

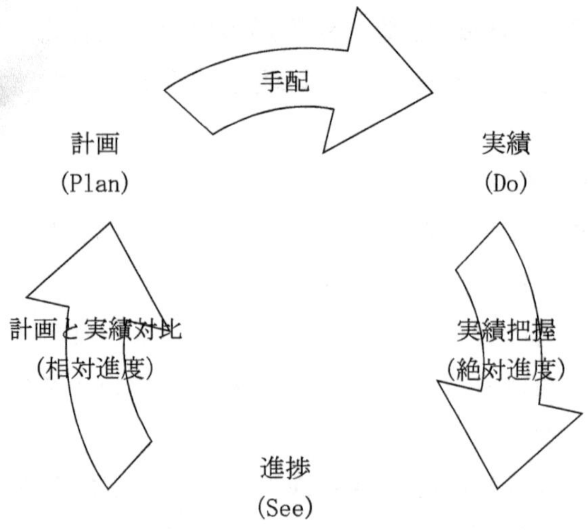

```
           手配
   計画  ────────→  実績
   (Plan)           (Do)
     ↑               ↓
   計画と実績対比    実績把握
   (相対進度)       (絶対進度)
           進捗
           (See)
```

3 在庫ゼロは理想か

(1) 在庫とは

在庫とは、企業・商店などが加工や販売するために保有する原材料・仕掛品・製品あるいは商品などの財貨を指す。

(2) 在庫過多の弊害

ご存知の通り、在庫が適正量よりも多いと、様々な弊害が生じる。「罪子」とも表現される在庫が、どのような問題を起こすのか。

① 資金繰りの悪化

まずは資金繰りの悪化だ。最近では、「キャッシュフローの悪化」とも言われる。商品の仕入や製造に掛かる費用は、それが売れても売れなくても関係なく、期日が来たら支払いをしなければならない。ところが、「商品が在庫として残っている」イコール「売れていない」という事だから、入金は当然見込めない。お金が出る一方で入って来ないので、資金が足りなくなる。

② 保管コストの増加

商品を保管するにはコストが掛かる。倉庫代や担当者の人件費、商品に掛ける保険代などである。また、場所をとるので作業効率や生産性が下がり、作業ミスや不正行為の可能性も増える。

③ 商品寿命の問題

商品はいつまでも売れるのではなく、「寿命」がある。寿命が迫ると価格が下がり、寿命が切れると売れなくなる。これは生鮮品、季節商品、流行商品などに顕著に現れる。

それ以外でも品質向上やマーケティング上の事情で、商品がバージョンアップされたりラベル表示が変更されたりすることもよくある。そうすると、その前の商品は販売できない「廃棄対象」になる。在庫が多ければ多いほど、このリスクが高くなる。

④ 心理的な影響

上記の問題は経営判断にも影響を与える。商品の投げ売りをして粗利益を自ら削ったり、押し込み販売をして、リベートや返品に苦しんだり、古い商品を販売して顧客からの信用を失ったりする企業は少なくない。また、在庫が多いと新商品導入の意欲が抑制されるので、販売戦略を間違える危険性もある。

(3) 在庫の過不足の場合

在庫に過不足があると、以下のような問題が発生する。

① 需要に対して製品在庫が不足すると、販売機会を喪失する。いわゆる「欠品」の状態。

② 原材料や部品の在庫が足りない場合には、製造が停止され、販売機会を喪失する。

③ 製品在庫が多すぎると、販売しきれずに売れ残りが生じる。売れ残った製品は倉庫のスペースを圧迫し、流通や他製品の保管などに齟齬をきたす。売れ残りを避けるために乱売を行った場合には価格下落を引き起こす。

(4) 在庫が必要になる理由

前言ったように、在庫がなければ工場でものを作るのは無理とも言える。つまり、在庫が必要になる。その理由は次のとおりである。

図は工場のごく一般的な生産プロセスを示したものである。

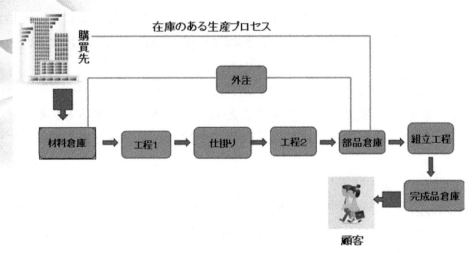

図4-3：在庫の生産プロセス

① 完成品倉庫

　まず、完成品の在庫があり、顧客の注文に応じて出荷することができる。その前の組立工程から完成した製品を入庫する。ここで、組立完成の瞬間にそれと全く同じ品目数量のオーダーがくるのであれば、完成品倉庫は不要になる。しかし、何百何千種類の製品を作る工場ではそれが期待できない。オーダーを待機するバッファーとしての完成品倉庫がどうしても必要になる。

② 部品倉庫

　そして、組立工程の前には部品倉庫がある。ここには部品の在庫があって、組立計画に従って出庫することができる。その前には社内工程や外注購買先があって、それぞれから部品が送られる。

　入庫品目、数量、納期が完全に組立計画と一致する場合、部品倉庫はいらなくなる。しかし、それは現実的に不可能である。

　例えば、ボルトやナットは端数で購入できない。多くは箱単位で購入できるが、この用な組立ロットと部品ロットのギャップを埋めるために在庫が必要になる。工程1と工程2の間にある仕掛り品も一種の在庫で、前後にある工程でロットの加工時間に違いがあれば、事情は全く同じである。

　例えば、熱処理工程やプレス工程の能率をあげるには、ある程度以上のロット量が必要である。しかし、旋盤や研削のように一個ずつ加工する工程もある。つまり工場内の工程でもロットギャップはかならず生じる。従って、それを埋めるには、在庫としての仕掛り品をゼロにできないのである。

③ 在庫ゼロの条件

在庫ゼロの工場を目指すならば、克服しなければならない条件が2つある。

その第一は、顧客に生産にかかる日数を待ってもらうこと。在庫ゼロ工場ではオーダーを受けてから、必要な材料や部品を発注し、その到着を待って社内加工や外注に取りかかる。しかし、長時間待たされることに、顧客は満足できないだろう。

在庫をゼロにする第二の条件は、材料や部品を納入する相手先が納得してくれることである。発注する品目や数量は常に変化する。ほとんどはごく少量で、端数になることも多い。しかも納期は極めて短くなる。いくら買い手市場といっても、そっぽを向かれる可能性がある。工場内の工程も負荷の凸凹をまったく無視しなければならないので、あまりの能率の悪さに現場は音を上げるだろう。

このように、在庫をまったく排除した工場は能率が低下するだけでなく、生産そのものが成り立たなくなる。

4 大量生産方式とセル生産方式との違い

(1) 大量生産方式

大量生産方式とは、ある期間において、単一の製品を大量に製造する方法である。大量生産を行う工場で製品の組み立て工程、作業者の配置を一連化（ライン化）させ、ベルトコンベアなどにより流れてくる機械に部品の取り付けや小加工を行う作業である。いわゆる流れ作業、「ライン生産方式」とも呼ばれている。

大量生産方式は自身の特色によって、三つの狙いを持っている。

① 生産設備の切り替え中の段取り時間などの各種損失を減らして生産効率を高める。

② 作業の細分化による各工程の単純化、簡素化により、安い賃金の労働力を活用できる。

③ 作業者のスキルに依存した部分を減らし、均一な品質の製品を大量に作れる。

これによって、商品ひとつあたりの生産にかかるコストを下げることができる。しかしながら、大量生産を前提としたラインでは大規模投資を行って製造ラインを構築するため、固定資産などの固定費が多くかかる。そのため、生産量が少ない場合など工場の稼働率が低い場合は製造単価が跳ね上がる。大量生産の効果を出すためには一定の生産量以上を確保しないといけない。その一方で、商品を大量生産して売れ残り、在庫が発生するという状況が生じるので、両者をいかに調整するかが問題となる。

大量生産方式はコストを引き下げるため、一定の生産量を確保しなければいけないから、在庫をもたらすことがよく見られる。その結果、いろいろな社会的問題を引き起こす。

① 物的側面

a.資源消費：大量生産は、大量の資源消費を意味しており、様々な資源が大量に消えていくことになった。

b.汚染問題：大量生産の過程では大量の汚染も発生する。動力源として使用する燃料の酸化物、製品を洗浄したりする過程で発生する化学物質や汚水などである。

c.無駄使い：大量生産された商品は大量消費されることになる。商品の大量購入が可能になった文化では「使い捨て」や頻繁な「買い替え」が容易になり、莫大なゴミが廃棄されることになる。

② 経済的側面

大量生産により、経済は需要を生み出す必要に迫られる。大量であっても価値が消費されるのであれば生産水準に問題が発生することはない。しかし、大量生産そのものが商品の消費に影を落とすことになる。

大量生産は一般的に大規模な初期投資が必要である。この初期投資は、乗数効果により大きな需要を生み出すため、大量生産の受け皿を大量生産自身がもたらすことになる。しかし、生産の拡張が一巡すると投資は終焉し、減価償却がはじまる。減価償却は、市場からの信用貨幣の消失を意味し、逆の乗数効果をもたらす。

③ 利用者の側面

大量生産は、同じ仕様の製品が大量に生産されることを意味する。すなわち、大量生産は一品生産や受注生産と異なり、消費者（製品を購入した以後は利用者となる）の個性への対応が難しくなり、平均値的な仕様にもとづいた製品が大量に作られることになる。その結果、障害者や高齢者など、市場サイズの小さな人々への配慮が失われることとなる。ユニバーサルデザインの動きは、この反省に基づいていることである。

（2） セル生産方式

セル生産方式とは製造における生産方式の一種である。1人、または少数の作業者チームで製品の組み立て工程を完成（または検査）まで行う。作業者または作業者チームの周囲に組付工具や部品、作業台が「コ」の字型に囲む様子を細胞に見立て、セル生産方式と呼ばれている。特に、1人の作業員が製品を完成させる方式を、作業台を屋台に見立てて「1人屋台生産方式」とも呼ばれる。

① 背景

1990年代以降、日本の製造業を取り巻く環境が一変した。すなわち、日本の製造業はa.消費者ニーズの多様化に応える多品種少量生産、b.タイムリーな製品供給、c.在庫圧縮、d.低賃金を武器とする日本以外のアジア諸国の製造業への対応に迫られた。

従来のライン生産方式では生産品目の切り替えに労力を必要とした。また、まとまった生産量が無いと生産効率が著しく低下することから必要以上の量を生産してしまい、部品在庫、完成品在庫ともに膨れ上がった。

そこで、それにとって代わる生産方式として、「セル生産方式」が提唱された。

② 特徴

a.多品種少量生産に適していること

各作業者チームがそれぞれ小さなラインとみなせるため、個々のラインに異なる品目を流しやすいこと、部品棚、工具棚を交換すれば別品目のラインへの段取りが終わることが理由である。さらに、既存ラインの別ラインへの改造も大規模工事を行わなくてもできるため、旧製品の製造終了から新製品の立ち上げも早く実施できる。

b.在庫圧縮

生産するにあたって、まとまった量の確保をしなくても生産可能であり、また、工程間在庫（仕掛品）の発生量も大幅に減らせる。

c.生産ボリ

需要が高まればセルの数を増やす、減ればセルの数を減らすなどの対応が容易になる。

d.作業者の責任感、士気の向上

最終的に消費者に渡る商品を実感しやすくなることや、自分のスキルアップが作業量、品質の向上につながることを実感しやすくなる。

③ 問題点

a.作業者が「高いスキルを有した集団である」という大前提がある。この前提がない場合、生産量と質が作業者のスキルに依存するため、作業者間での生産量の差が極端に大きくなったり、1人が見るエリアが広くなることにより製品の細かい不具合や対応漏れなどがむしろ発生しやすくなる恐れも出てくる。そのため、作業者の新人研修などは通常よりも長く設定する必要がある。

b.作業者1人のセルの場合、作業ノウハウの作業者間での水平展開は作業時間中にはあまり期待できず、別途時間を設けるなどの工夫も必要である。

c. 作業者のスキル向上に投資する必要があるから、作業内容やその教育の標準化が困d. 難な場合は作業者の長期雇用が前提となる。

　e. 設備に目を向けた場合、多数の高価な購入品を確保する検査措置が必要である。場合によっては各セル毎に設置する必要があるが、各検査装置の精度保障を大量に行わなければならないなどの問題も発生する。

　簡単にまとめれば、セル生産方式は一人、また少数人で製品の組立を完成まで受け持つ生産方式である。そのため、多品種製品の少量生産が実現し、在庫が減少すると、生産場所も活用できる。しかし、セルは個人のスキルに依存する程度が高いため、チーム間の差が生じ、また、新人研修と長期雇用が必要になることを考えると、コストが上がる。

(3) 両者の比較

比較	
大量生産方式	セル生産方式
少品種大量生産	多品種少量生産
作業の細分化	少数の作業者によって製品を完成させる
作業者のスキルへの依存を減らす 質の確保 新人研修期間が短い	個人とチームのスキルに依存する 作業者間での生産量の差 長い新人研修
在庫多い	在庫圧縮
生産規模を確保	なし
安い賃金の労働力を活用できる	長期雇用が前提になる
工程間に影響される	他の工程の遅れに影響されない
製造ライン建設への投資	設備投資
作業者のモチベーションの低下	作業者のモチベーションの向上
頻繁な生産品目の変更	生産変動への適応力が高い 生産ボリュームの変動への適応力が高い
作業の単純化によって流動性の高い環境に適す	作業者が頻繁に入れ替わるような流動性の高い環境には適さない

5 カンバン方式

　トヨタ自動車のカンバン方式というのは、一つの生産現場での管理方式である。カンバンというものは品名や数量、納期などを記入した伝票である。使用した部品の補充を知らせる「伝票」をカンバンということから、カンバン方式と呼ばてれい

る。生産過程の中で、発注、生産、運送など、それぞれの作業に関する情報は極めて詳しくカンバンに書き込む。これにより、省力化と在庫削減が実現できる。

（1）カンバン方式の仕組み

トヨタの生産資源すなわち生産インフラは、設備、技術従業員、情報システムなどいずれを取り上げても最高レベルと言える。しかし、いくら強大な生産インフラを持っていても、それだけでは他社を圧倒する競争力にはならない。自らの生産資源をフルに発揮させるため、特別な管理システムが必要である。

前に述べたように、カンバン方式というのは、このようなトヨタ生産システムの背景から成り立っているわけである。その意味で「カンバン」そのものは、作業指示や材料などの納入指示をするための情報媒体である。図から、カンバン方式の仕組みを説明しよう。

図4-4：カンバン方式の概念図

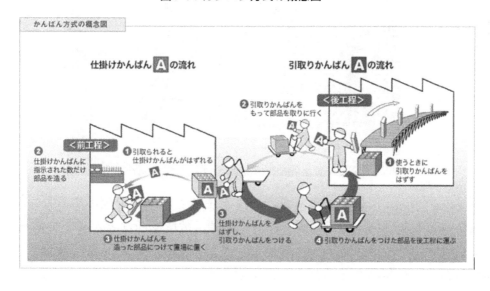

納入カンバンは外注工場から本工場に材料や部品を納品するために使用される。まず、外注工場ではカンバンが指示する品名、数量、納入場所、納入日時などを確認し、その指示どおりに該当品を梱包し、カンバンを添付する。本工場では加工担当者が納品された材料を使用するとき、添付されている納入カンバンを外して、特定の場所に保管し、材料だけを持っていく。

カンバン方式で、前工程はカンバン（生産指示標）を発注書として受け取り、製品を加工する。加工後、加工品はカンバンとともに後工程に渡される。この時、カンバンは納品書の役割を果たす。後工程は受け取った加工品を使ったら、そのカン

バンを前工程に戻す。カンバンが戻ってきた前工程は、再び次の加工をする。この一連の流れで、工程間の仕掛在庫を最少化することができる。

（2）カンバン方式の形式

カンバンにはいくつかのバリエーションがあるが、大きく分けて納入カンバン、仕掛けカンバン、引取りカンバンの三種類がある。納入の時のカンバンは納入カンバン、前工程のカンバンを仕掛けカンバン、後工程のカンバンを引取りカンバンと呼ぶ。

図4-5： 納入カンバン

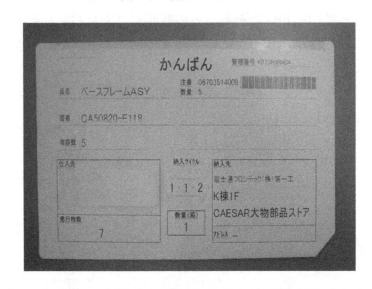

仕掛けカンバン：工場で一定数量の納品を生産する工程を指示するカンバン、普通は製品に必要な材料、加工設備、品名、種類、放置場所などが書いてある。

引取りカンバン：後工程の操作者はカンバンに記載された品名、数量により、前工程から加工した製品をとることを指示するカンバン。普通は品名、種類、放置場所、前工程と後工程の内容などが書いてある。

（3）特徴と意味

トヨタカンバン方式の特徴は、工程の間で、カンバンという媒体を通し、前工程は後工程から自分の生産内容を確認し、そして後工程は前工程に加工要求を提出する。前工程はカンバンに書いた納品の情報を見た直後、加工を実施する。この平準化、または同時化により、作業の流れは順調にできる。

カンバン方式では最大限に在庫を削減することができる。全ての工程がカンバンを見て前工程から製品を取り、そしてすぐ後工程で次の作業をする。カンバンが工

程作業をそれぞれに指示することで、製品が工程間に停留する時間を短縮し、在庫渋滞を徹底的に防止できる。

　また、トヨタカンバン方式の最も重要な要素は、工程と工程の隙間のない協力にある。特に前工程と後工程は時間を製品の数量に基づいて分配し、時間と材料を最大限に節約することがカンバンのおかげで実現できると言える。

6 日本的品質管理の特徴

　日本には、1960年代前後になると、統計的品質管理を導入して成功した企業では、同じ手法を社内の他の部門に活用できないかを模索する動きが出てきた。これは、製造現場でいくら努力しても、設計に問題があれば不良はなくならないからである。不良の原因を追究する過程で、設計を少し変更することでたちまち不良がなくなるというケースは非常に多かったのである。つまり、品質管理では、設計は絶対切り離せない部門といえる。そして、購買製造現場を加え、マーケティング、販売、サービスといった一見品質管理とは縁のなさそうな部門についても、実は品質管理と密接に関係している。設備やそれを使う作業者の採用や配置といった問題も品質問題に直接関わってくる。このような経緯から、全社的品質管理（TQC〕Total Quality Control）という概念が浸透した。

（1）TQCの導入

　TQCは当初アメリカのファイゲンバウムにより提唱された言葉で、ファイゲンバウムによれば、「TQCとは顧客に十分満足してもらえるかぎりにおいて、最も経済的で品質水準の高い製品を生産し販売していくために、組織内のいろいろなグループが品質開発、品質維持、品質改良に努力を払う組織である」と提唱した。

　TQC（Total Quality Control、トータル・クオリティー・コントロール）とは、統合的品質管理、または、全社的品質管理のことである。QC（品質管理）は主に工場などの製造部門に対して適用された品質管理の手法であるのに対し、TQCはこれを製造部門以外（設計部門、購買部門、営業部門、マーケティング部門、アフターサービス部門など）に適用し、体系化したものである。

　TQCの最大の狙いは、ある製品を企画設計する段階から、製造販売そしてアフターサービスまでの全プロセスで総合的に品質管理を行うことにある。また、企業の一部門だけが取り組むのではなく、企業全員（経営者、管理者、監督者、作業者など）が取り組むことが大きな特徴である。

QCとの大きな違いは、QCが製造現場に密接したハードウェア的な取り組みが中心であるのに対し、間接部門への適用を狙ったTQCではソフトウェア的な取り組みが中心である。すなわち作業プロセスや、各工程における品質への取り組みの規定などを改善していくことに主眼を置いている。

(2) 日本的TQC

既述のように、日本のTQCは、当初アメリカから導入されたが、その後、日本的経営に応じて変容していった。その特徴については、1969年に日本で開催された第一回品質管理国際会議(International Conference on Quality Control)において、当時の日本のQC関係者らにより次の6項目が示されている。

① 全社的品質管理の実施。
② QCサークル活動の展開。
③ QC診断。
④ 統計的手法の活用。
⑤ 品質管理教育及び訓練の実施。
⑥ 全国的品質管理推進運動の展開。

また同時に、それまでアメリカで用いられてきたTQCとは異なる意味で、全社的品質管理(Company-Wide Quality Control：CWQC)という呼び名を与えた。ところで、このCWQCという言葉は、現在においてはあまり一般的に使われておらず、日本的TQCもしくは単にTQCという言葉が用いられている。その後、1987年に開催された第44回日本科学技術連盟品質管理シンポジウムにおける討議の結果によると、上記の6項目に対して、さらに4項目が追加され、日本的TQC(以下TQC)の特徴が次表のごとく示されるように定着した。

① 経営者主導における全部門、全員参加のQC活動。
② 経営における品質優先の徹底。
③ 方針の展開とその管理。
④ QCの診断とその活用。
⑤ 企画・開発から販売・サービスに至る品質保証活動。
⑥ QCサークル活動。
⑦ QCの教育・訓練。
⑧ QC手法の開発・活用。
⑨ 製造業から他の業種への拡大。
⑩ QCの全国的推進。

7 TQCからTQMへ

　1980年代後半から1990年代初頭にかけて、TQM（Total Quality Management）が多くのアメリカの企業で導入され、アメリカ復活の原動力の1つとなったとも言われている。日本では、バブル崩壊後の不況下で、アメリカの復活の原動力の研究の中でTQMが注目されるようになり、マネジメントという考え方が浸透するにつれてTQCが徐々にTQMへと置き換えられていった。そして、TQCは1996年以降、TQMに改称され、内容にも大きな変化が見られた。TQMは日本のTQCを手本にアメリカで生まれたものだが、その概念はすでにグローバルスタンダードになりつつある。

（1）TQCとTQMの意味
① TQCとは何か
　日本語では、TQCを「全社的品質管理」と呼んでいる。生産部門だけでなく、営業や事務なども含めた会社全体で製品の質を高めるように努力することである。
　「品質管理を効果的に実施するためには、市場の調査、研究、開発、製品の企画、設計、生産準備、購買・外注、製造、検査、販売及びアフターサービス並びに財務、人事、教育など企業活動の全段階にわたり、経営者を始め管理者、監督者、作業者など企業の全員の参加と協力が必要である。」ということである。
② TQMとは何か
　総合的品質経営。企業で、従業員が製品の質の向上だけでなく、経営的課題に対しても組織的に努力すること。
　TQMの特徴は、企業のトップが制訂した経営戦略を、ブレイクダウンして（具体化して）品質目標、顧客満足度目標まで落とし込んで全社的に展開することである。

図4-6：TQMの全体像

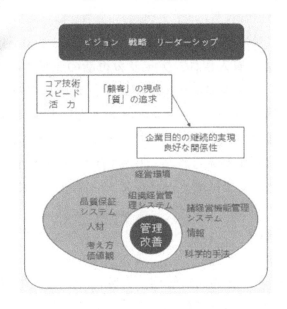

(2) TQCとTQMの違い

顧客満足を中心にする基本理念の面で、TQMとTQCの違いははっきりしているが、それを具体化するアプローチや手法の面でも違いはある。

① アプローチおよび環境の変化

TQCはボトムアップアプローチである。

TQCの主役は現場で仕事をする人たちであった。彼らの問題意識や改善活動によってコストダウンや高品質が実現し、経営に多大な貢献がもたらされた。ただ、現場改善の積み上げで大きな効果を生むには条件がある。それは、経営環境の安定である。具体的に言うと、生産する製品や工程に大きな変化がないことである。つまり、生産環境のライフサイクルが長いので、じっくり問題を探し、対策を考える余裕がある。

しかし、当時製品や工程が激変する環境では、時間の余裕がない。ぐずぐずしていると、改善する対象そのものが変化したり、なくなったりする。従来型のアプローチでは遅すぎる。

TQMは全く対照的なトップダウンアプローチである。このアプローチは経営環境が不安定な時に真価を発揮する。対象にするのは安定時代の遺物である現場環境ではなく、激動しつつある現在と近未来の経営環境である。

したがって、現場の改善ではなく、変化への適応策すなわち戦略を考えることに重点を置き、また立案作業には従来になかったスピードが必要になる。

② 手法の違い

かつてのTQCアプローチとはPLAN.DO.SEEというデミングサイクルを回すことであった。その過程で使われたのが、ヒストグラム、パレート図、特性要因図、散布図、チェックシート、管理図、グラフ化手法といったQCの七つ道具である。

TQMと共通いているのは実績データの分析が目的になっていることである。

表4-1：TQMの手法

活動要素	手法
品質保障	品質機能展開
	FMEA・FTA
	工程能力指数
変革と改善	QC的問題解決法
	QC七つの道具
	統計的方法
	言語データ解析法
維持と安定化	管理項目一覧表
	工程異常報告書
	プロセスフロー図
	作業標準書
	スキル評価シート
	エラープルーフ化

一方、TQMのアプローチには、データ分析のほかに新しいデザイン手法が加えられることになる。デザイン手法の目的は環境変化に伴う新しい経営課題の発見とそれに適応するための対策を創造することになる。

8 5Sで強化された日本的生産

(1) 5Sの内容と原理

① 5Sの意味とは

5Sは、整理（SEIRI）・整頓（SEITON）・清掃（SEISO）・清潔（SEIKETSU）・躾（SHITSUKE）の頭文字からの造語である。

「整理」とは、必要なものと不必要なものを区分し、不必要なものを取り除く。「整頓」とは、必要なものが必要な時に、すぐに取り出せるようにしておく。「清掃」とは、ゴミ・汚れ等をなくし、きれいに掃除し、点検する。「清潔」とは、整理、整頓、清掃された状態を維持する。「躾」とは、決められた事を守れる習慣づけを行う。

5Sの意味を3S（整理、整頓、清掃）と2A（清潔、躾）に分けて考えると、

3S（整理、整頓、清掃）：これは、現状よりも高い水準に目標を置き活動することであるから、改善活動である。

2S（清潔、躾）：これは、改善された状態を維持し、それを習慣づけすることであるから、維持活動である。

つまり、3S（整理、整頓、清掃）は改善活動である。2S（清潔、躾）は維持活動である。

② 5Sの原理

5Sには生産に関する重要な原理が少なくとも二つ含まれている。その一つは行動科学の原理である。生産の基本は人間の意欲にある。生産に従事する人間の意欲ないし行動力は最も大事なことである。5Sは生産のために優れた行動方針になる。しかも、5Sは日本の生活文化と深層の部分で融合している。16世紀に来日した宣教師が日本の市井の庶民を「貧しいが清潔である」と評した。5Sの実践はこのような日本人の生活態度そのものといえるだろう。また、「形」から入るのも日本的な躾の精神である。最初乗り気がなかった人たちも、実践を続けるうちに本気になっていく。結果として5Sは、行動科学に優れた検証事例をもたらしている。

5Sに含まれるもう一つの生産性原理は、最高の状態で生産設備が使えるように準備することである。現在のように、機械設備の自動化が進むと、人間の役割は機械の操作そのものよりも、故障や不測の停止を防止するメンテナンスが中心になる。それには設備や機械の清潔さと清掃は不可欠なことである。これを綿密に行うことで、機械の点検が行き届くことになる。また、現場には多種多様な仕掛品が置かれている。これらを乱雑に置くと、作業や運搬の邪魔になるし、品物を間違えて加工するケースもある。このようなミスやロスを防ぐために、仕掛品の整理整頓も重要である。そして、工具や治具の整理整頓も大事である。これらが乱雑になっていると、いざ必要なときにすぐ取り出せない。このように最善の状態で設備を動かすには5Sは不可欠である。

(2) 5Sの目的と効果

① 5Sの目的

5Sの目的には、「製造現場を清潔にする」「会社の風土を変える」の二つがある。

「製造現場を清潔にする」には、異物混入のリスクを低減させ、有害微生物による二次汚染のリスクを低減させるという目的がある。

「会社の風土を変える」には、ルールを守る習慣づけをする、仕事に対する責任感を強くする、異常と正常の判断が適切にできるようにするという目的がある。

② 5Sの効果

a. 仕事の効率UP

b. 場当たり的に置いた要らないモノは、社員の動きを邪魔し、仕事の効率を悪くし、ひいては売上低下を招きかねない。5Sの徹底により能率的な同線を作り出すことができる。

c. 在庫回転率のUP

d. 要るモノ、要らないモノをハッキリと分け、過剰在庫と過剰な置き場を排除することで、今まで見えなかった問題を表面化させる。

e. サービスの質のUP

f. 社員が会社にあるものを一目で見つけられ、使えて、戻せるようにすることで、お客様へのサービスも同じ意識でできるようになる。

g. 宣伝効果のUP

h. 「あの会社はいつもキレイだ」というお客様の評判は、人から人へ自然と輪になり、広がっていく。

i. 社員のモチベーションUP

j. 職場をキレイにすると、社員一人ひとりに「キレイな職場を維持しよう」という気持ちが芽生える。会社のキレイさは、社員一人ひとりの心のキレイさにつながる。

コラム4　トヨタ生産方式の本質

トヨタ生産方式とは

トヨタ生産方式（Toyota Production System、略称TPS）は、トヨタ自動車の生み出した、工場における生産活動の運用方式の一つである。今や、世界中で知られ、研究されている「つくり方」である。「お客様にご注文いただいたクルマを、より早くお届けするために、最も短い時間で効率的に造る」ことを目的とし、長い年月の改善を積み重ねて確立された生産管理システムである。

トヨタ生産方式は、「異常が発生したら機械がただちに停止して、不良品を造らない」という考え方と、各工程が必要なものだけを、流れるように停滞なく生産す

る考え方の2つの考え方が含まれている。つまりジャストインタイムと自働化を2本の柱として確立された。

　改善の精神はトヨタ生産方式の基礎になって、より良いものをつくり続けている。ジャストインタイムと自働化の二つの柱を重視し、多く論じられているのは「ムダ」という思想である。お客様から注文に対して、良い品質の物をタイミングよく生産しながら原価を下げていくには、製品に対して価値を生み出さない生産の諸要素、つまり「ありとあらゆるムダ」を徹底的になくしていくことが生産現場に最も重要な活動になってくる。

ムダという思想

　トヨタ生産方式では、ムダを「付加価値を高めない各種現象や結果」と定義している。このムダを無くすことが重要な取り組みとされる。ムダとは、代表的なものとして以下の7つがあり、それを「7つのムダ」と表現している。

① 造りすぎのムダ。
② 手待ちのムダ。
③ 運搬のムダ。
④ 加工そのもののムダ。
⑤ 在庫のムダ。
⑥ 動作のムダ。
⑦ 不良をつくるムダ。

　「加工」の「か」、「在庫」の「ざ」、「作りすぎ」の「っ」、「手待ち」の「て」、「動作」の「と」、「運搬」の「う」、「不良」の「ふ」、と頭文字を取れることから、「飾って豆腐」とも呼ばれている。トヨタ自動車はできるだけムダをなくして、市場に応じて生産の効率を高めている。ここではもう一つ重要な概念を紹介する。それはタクトタイムである。

　タクトタイムとは、製品一個または車両一台分がどれほどのペースで売れているかを表した時間で、次のように計算される。

　タクトタイム＝日当たり稼働時間/日当たり生産量

　このタクトタイムに従って生産して、ムダな生産をなくして製品の売れるスピードで造ることができる。そのことによって、在庫を少なくすることができるので生産のリードタイムをより短くすることができる。トヨタ生産方式ではムダを徹底的に排除すれば原価すなわちコストが下がると考えている。

カイゼンの精神

トヨタ生産方式は「今よりもっとよい方法がある」その改善の精神とともに、より高い目標を達成しつつある。社員は日々の活動すべてにおいて、常により良い方法を追求することに挑戦する。

子供が親に「なぜ？」「なぜ？」としつこく問うように、「なぜ」を繰り返していく形で、問題の発生原因を掘り下げていく。ムダな問題原因を徹底追究するために五回もなぜを尋ねる。

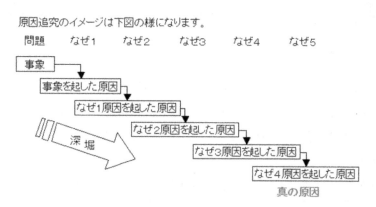

五回の「なぜ」を繰返すのは不具合等の問題にいくつもの関連要因や付随要因が存在しているため、初心者は問題事象を防ぐ対策で「再発防止した」と思ってしまうものである。事象を起こした原因を探し、ミスの再発を防止し、または真の原因を探した上で、トヨタは自らを改革しながら、高い目標を実現していく。これは永遠の改善の精神と言える。

トヨタ生産方式の本質は何

トヨタ生産方式は基礎一つ、柱二つ、目標一つこの三つの部分からなる。二つの柱の中に最も重要なことはムダという思想で、ムダなことをなくしてこそ生産効率を高めることができる。生産性が高いのは足りないが、基礎たる改善の精神があってこそ、作り出す製品がいくども改善され、もっと素晴らしいものがお客様に提供される仕組みを維持できる。トヨタ生産方式は、生産現場におけるムダの徹底的排除の思想に基づいて改善の精神を追い求め、生産全般をその思想で貫いたものである。その本質はリーン生産方式である。

リーン生産方式は製造工程におけるムダを排除することを目的として、製品および製造工程の全体にわたって、トータルコストを系統的に減らそうとするのが狙いである。

日本企业与经营

リーン生産方式の反面は、大量生産である。工業製品を流れ作業で大量に生産することで、略して「マスプロ」「量産」とも言う。その代表的事例がフォード社で、大量生産によって、大きな成功を勝ち取って、世界的な自動車メーカーになった。しかし、大量生産そのものは様々な問題を抱えている。大量生産は、大量の資源消費を意味しており、様々な資源が大量に消えていくことになった。大量生産の過程では供給は需要より多く、大量のムダを引き起こす。その結果、フォード生産方式は時代に捨てられただけか、フォード生産方式から参考して作り出すトヨタ生産方式は現在では多くの企業に取り入れられ、リーン生産方式が提唱されている。

参考文献

1. http://www.toyota.co.jp/jpn/company/.
2. 中山清考、秋岡俊彦，「トヨタ生産方式の基本的な考え」，『オペレーションズ・リサーチ：経営の科学』，公益社団法人日本オペレーションズ・リサーチ学会，1997年2月1日，pp.61-65。
3. 「トヨタ進化するカイゼン王国」，『週刊東洋経済』2003年2月22日。

専門用語解釈

生産管理（Production Management）

企業活動上要求される製品生産において，品目，数量，品質，納期，原価を，与えられた労働力，機械設備，原材料，副資材の枠内で達成するための，計画・統制を生産管理と呼ぶ。

生産管理：对企业生产系统的设置和运行的各项管理工作之总称。

ジャストインタイム生産方式

JIT（ジット）とも呼ばれる。「必要なものを、必要なときに、必要なだけ」生産（供給）するという思想で、トヨタ生産方式の原点といえる。在庫を圧縮し、短納期、多品種・少量生産、コストダウンの実現を目指すもの。

适时生产系统（Just-in-time System）：也称无存货（Zero Inventory）管理，20世纪70年代由日本人首先创设，随后被西方发达国家所采纳，并逐渐得到广泛的推广运

用。适时生产系统改变了传统的推进式生产方式（Push Production），采取需求拉动式生产（Demand-pull Production），使企业减少、甚至完全消除了存货，引发了存货管理和质量控制方面的重大变革，极大地提高了生产效率，降低了成本，提高了企业的经济效益。

リエンジニアリング（reengineering）

1990年代、アメリカで企業経営の立て直し策として生まれた考え方。コスト，品質，サービス，スピードなどの面において劇的な改善を遂げるために，ビジネスのプロセスを根本的に考え直し，徹底的に変革すること。

重组：20世纪90年代，在美国作为企业经营彻底重建政策而产生的观点。将重点放在彻底重新构筑业务流程（商务、程序）与组织构造上。

コンカレント・エンジニアリング（concurrent engineering）

製品やシステムの開発において、設計開発者から製造技術者まですべての部門の人材が集まり、諸問題を討議しながら協調して同時に作業にあたる生産方式。

并行工程：在产品或系统的开发中，从设计技术人员到制造技术人员所有部门的人才汇聚到一起，边讨论各种问题边协调，是一种同时作业的生产方式。

アウトソーシング（outsourcing）

社外から生産に必要な部品・製品を調達したり、業務の一部を一括して他企業に請け負わせる経営手法。

外包：将企业内的部分业务委托给外部公司。

バーチャルコーポレイション（virtual corporation）

仮想企業体。他企業と提携し、お互いをまるで自社の部門のように動かすことによって経営効率を向上させる。競争力や独自性を発揮できる分野に自社の経営資源を集中投下できるというメリットがある。

假想企业体：未来型企业模式之一，通过灵活运用信息通讯技术，集合两个或两个以上的企业或个人的技术、能力、资源等，使其事实上作为一个企业体而发挥其功

能和效用。

下請け企業
自社製品の製造ではなく親会社の注文により加工した部品・材料などを納入する企業。

转包企业：其制造的目的并不是在市场上销售本公司的该类产品，而是由于来自上面大企业的订货而进行制造、加工的企业。

生産計画（production plan）
生産管理の一環として策定される生産活動の計画。生産すべき製品の種類、数量、品質、生産時期を予定することであり、すべての経営計画がそうであるように、生産計画もまた長期計画と短期計画から構成される。

生产计划：生产计划是关于企业生产运作系统总体方面的规划，是企业在计划期应达到的产品品种、质量、产量和产值等生产任务的计划和对产品生产进度的安排。它反映的并非某几个生产岗位或某一条生产线的生产活动，也并非产品生产的细节问题以及一些具体的机器设备、人力和其他生产资源的使用安排问题，而是指导企业进行生产活动的纲领性方案。

MRP（material requirements planning）
資材所要量計画。生産計画に合わせ、製品の資材や部品の必要量をコンピューターで総合的に管理する、生産在庫管理方式。

物料需求计划：MRP是根据市场需求预测和顾客订单制订产品的生产计划，然后基于该类产品生成进度计划，组成产品的材料结构表和库存状况，通过计算机计算所需物料的需求量和需求时间，从而确定材料的加工进度和订货日程的一种实用技术。

資金繰り
一定期間について、資金の収入と支出とを対照させ、過不足を調整すること。通俗的には金繰りともいう。

资金筹措：为了顺利地经营而筹措资金。

投げ売り

小売店が不良在庫を償却する目的で赤字覚悟で商品を売り出すこと。これを大々的に宣伝することで大きな集客効果が見込まれることが多々あるため、逆に集客効果を見込む目的で赤字で販売することもある。

抛售：为甩货，明知亏损却仍以极低的价格出售。

粗利益

売上高から売上原価を差し引いた利益。営業費などが差し引かれていない点で純益と異なる。売上総利益。粗利。

毛利：从营业额中扣除直接费用后的利润，在未扣除间接费用这一点上与纯利的区别之处。

押し込み販売

小売業者が注文してきた商品の数量より多く、または注文していない商品も無理やり納入して販売すること。

填塞分销渠道：指销售低迷的公司在决算前对关联公司或客户强制销售商品等行为。从形式上看满足销售条件，但当约好下期买回商品，会计处理时不允许计入销售额。

リベート

支払い代金の一部を謝礼金・報奨金などとして支払人に戻すこと。また、その金。

回扣：把支付价金的一部分以手续费、谢礼等名目返还支付人，亦指返还的金钱。

減価償却

企業が導入した機器・設備などの固定資産は経年に伴い、その価値が減少していく。その目減り分を経費として計上すること。

日本企业与经营

折旧：将由于使用或时间流逝造成的固定资产（土地除外）价值的减少，按照一定方法在每一决算期计算在费用内。

乗数効果（Multiplier Effect）
経済現象において，ある経済量の変化が他の経済量に波及し，最終的にそれらの効果の全体が元の効果の何倍にも達すること。通常は，投資額の変化が何倍かになって国民所得を増大させることをいう。

乘数效应：是一种宏观的经济效应，也是一种宏观经济控制手段，是指经济活动中某一变量的增减所引起的经济总量变化的连锁反应程度。

信用貨幣
信用証券が債権・債務関係の当事者以外の第三者に広く受容されて、貨幣の代用物として機能するようになったもの。

信用货币：信用证券能够为除债权、债务关系当事人之外的第三人广泛接受而能够起到货币职能的证券。

ユニバーサルデザイン（universal design）
障害者・健常者、老若男女、国籍・文化の違いを問わず、すべての人にとって使いやすい製品・施設・環境を作ること。

通用化设计：又名全民设计、全方位设计或者通用化设计，系指无需改良或者特别设计就能为所有人使用的产品、环境及通讯。它所传达的意思是：如何能被失能者所使用，就能被所有的人使用。

フォード生産方式
フォード自動車会社が採用した生産合理化方式。製品の単純化、部品の規格化、生産手段や工場の専門化、コンベア-システムの導入などにより、合理的経営を確立しようとするもの。

福特生产方式：福特汽车公司始创的经营管理方式。通过产品单纯化、部件标准化、分工彻底化和采用流水线作业法，使大批量生产成为可能。

カンバン方式

「カンバン」は部品名・数量・納入日時など記載した作業指図表。1970年代半ばにトヨタ自動車が確立した生産管理方式。必要なときに必要な量だけ生産することを基本方針とし、在庫の徹底的削減を目標とする。

看板方式（适时供应作业法）：日本丰田公司独创的生产管理方式。工厂生产过程中，在必要的时间提供必要数量的部件，以减少库存，降低成本。

TQC（total quality control）

全社的品質管理。品質管理は企業活動に携わっている全ての従業員の責任であり、目的を効果的に達成するためには、各人が強い品質意識を持たなければならないとの考えに基づいて、製造部門だけでなく製品の設計、販売、サービス、さらに直接製造に関与しない人事や総務といった管理部門に至るまで、企業活動全般を通じて品質管理を行うというものである。

全面质量管理：指一个组织以质量为中心，以全员参与为基础，目的在于通过顾客满意和本组织所有成员及社会受益而达到长期成功途径。在全面质量管理中，质量这个概念和全部管理目标的实现有关。

TQM（total quality management）

総合的品質管理。米国でTQCから発展した活動であり、顧客が満足する品質を備えた品物やサービスを適時に適切な価格で提供できるように、企業の全組織を効果的・効率的に運営し、企業目的の達成に貢献する体系的活動である。

综合质量管理：是对一个组织以产品质量为核心，以全员参与为基础，目的在于通过让顾客满意和本组织所有者及社会等相关方受益而建立起一套科学严密高效的质量体系，从而提供满足用户需要的产品的全部活动，达到长期成功的管理途径。是改善企业运营效率的一种重要方法。

ISO9000シリーズ

ISO（国際標準化機構）が設定した国際的な品質管理基準。工場や事業所の品質管理システムを第3者期間によって、商品の設計から部品調達、製造、検査、出荷、アフターサービスに至るまで、生産に関するあらゆる側面で、その品質管理と

商品の保証体制を検査する。

ISO9000标准：ISO9000标准是国际标准化组织（ISO）在1994年提出的概念。随着商品经济的不断扩大和日益国际化，为提高产品的信誉、减少重复检验、削弱和消除贸易技术壁垒、维护生产者、经销者、用户和消费者各方权益，这个第三认证方不受产销双方经济利益支配，公证、科学，是各国对产品和企业进行质量评价和监督的通行证，以及作为顾客对供方质量体系审核的依据。

製造物責任（product liability）

製品の欠陥により消費者が生命・身体・財産に損害を被った場合、製造者などに賠償責任を負わせること。

产品责任：产品责任又称产品侵权损害赔偿责任，是指产品存在可能危及人身、财产安全的不合理危险，造成消费者人身或者除缺陷产品以外的其他财产损失后，缺陷产品的生产者、销售者应当承担的特殊的侵权法律责任。

ライフサイクル（life cycle）

商品が市場に投入されてから姿を消すまでの流れを表すもの。もともとは、人生の経過を円環に描いて説明したもので、商品を生物にたとえた表現。ライフサイクルは、「導入期」→「成長期」→「成熟期」→「衰退期」という4つの段階をたどる。ライフサイクルという考え方は商品だけではなく、情報システムや運用管理、改善計画など、最近では多くのビジネス現場で使われるようになってきた。

生命周期（商品寿命）：商品从进入市场到被其他商品淘汰的过程。

デミングサイクル

PDCAサイクルともいう。事業活動における生産管理や品質管理などの管理業務を円滑に進める手法の一つ。Plan（計画）→ Do（実行）→ Check（評価）→ Act（改善）の4段階を繰り返すことによって、業務を継続的に改善する。

戴明循环：也称PDCA循环。最早是由美国质量管理专家戴明提出来的，所以又称为"戴明环"。它是全面质量管理所应遵循的科学程序。全面质量管理活动的全部过程，就是质量计划的制订和组织实现的过程，这个过程就是按照PDCA循环，不停

頓地周而復始地运转的过程。

エラープルーフ化

作業システムを構成する人以外の要素、すなわち機器、操作手順、書類等について「人間をエラーに導くまずい作業方法を、人間に合うように改善する」ことである。

　　防错化：一种预测、检测潜在缺陷，防止顾客（内部与外部）收到有缺陷产品和服务的系统方法。

練習問題

　問題1：生産管理システムは、市場の変化に伴い絶えずに進化してきた。その代表的なものとして、大量生産を代表する「フォード生産システム」と、多品種少量生産を代表する「トヨタ生産システム」があるが、その特徴と違いについて述べよう。また、この二つの生産システムはそれぞれどの時代に発生し、それが発生する諸条件についても考えてみよう。

　問題2：近年、日本における中国人観光客の「爆買い」現象が広く注目されてきた。その背後には、日本製品——正確にいえば日本で販売される製品——の品質の高さと、消費者が安心して買い物できる良好な市場環境が挙げられる。特に前者は、日本企業の厳格な品質管理と深く関わっている。「爆買い」現象を材料として、中国企業における品質管理の問題点と日本企業の品質管理の特徴を考えてみよう。

附

生产管理

1. 生产管理的基本模式

生产管理在制造销售型企业内占据着十分重要的地位，与销售、物流等其他环节都有着紧密的联系，其顺利开展与否也直接关系到企业的销售额及利益。本章主要介绍了生产管理相关的概念、主要的生产方式，以及日本通过继承与发展创造出来的具有自身特色的生产管理模式。

根据产品、生产设备以及生产方法的不同，工厂的生产面貌也千差万别。从生产管理的角度来看，基本上可以分为3个模式。

（1）基本的模式

① 集约型生产与展开型生产：集约型生产指许多部件经由组装形成一个单一的完成品的这一系列工程。而展开型则恰恰相反，指的是从单一的材料原油，经过一个统一的中间未完成品过程，最后形成多种完成品的一系列工程。

② 备货型生产与订货型生产：订货型生产指在产品的生产形态时，根据顾客所希望的方式和数量接受预订并进行个别生产。备货型生产指事先设想出产品的需求量并进行生产，根据订购用库存产品发货。

③ 反复型生产与订制型生产：反复型生产指的是反复使用现有的数据库制造同一种产品的生产方式。订制型生产没有可以复制的设计和产品的数据库，因此，指的是包含了设计和生产技术等工程技术的生产方式。

最适宜的生产管理系统基本上是对以上的三种模式进行选择性地组合。这些模式的复杂组合使得根据产业和产品的不同存在多种生产模式。

（2）生产模式的活用——以适时生产制度为中心

适时生产制度可以说是一种对生产模式进行活用的制度。适时生产系统是作为"丰田生产方式"的代表要素而广为人知。适时生产方式强调"必要的东西在必要的

时刻使用必要的分量",换言之就是排除大批量生产,实现无库存经营。但也有人提出代表了小批量生产的适时生产,在备货型生产和订货型生产混杂的情况下,生产会趋于混乱。

2. 生产管理的3要素

生产管理对制造业而言,毋庸置疑是不可或缺的。虽说其内容包罗万象,但从大的方面来总结的话,可归纳为"计划""筹备""进展"三要素。如此分类,对于经验欠缺的初级管理者而言,可能更容易把握。

(1) 计划

一般意义上的"计划",我们看日语国语词典是如何定义的。在词典的解释中,把"计划"定义成"图谋""企图""筹划"等。然而,仅此却不能完全表达"计划"这一词语的实质性含义。

若是再进一步总结的话,无论何种"计划",以下三项内容都是相同的。

① 计划是计划制订者意图的真实体现。
② 计划是架起现在和未来桥梁的时刻表、
③ 计划有其本身的整体性、完整性,而自成体系。

如果把上述三点内容套在管理者身上,那就是工厂的相关责任人根据计划对各部门,下达具体生产指令时,就有了该计划"意图的具体体现"。

另外,在生产计划中,因为要根据交期的日程进行生产,所以在距离交期这一段时期内,相关工作必须有条不紊、按部就班地加以推进。现在必须做的工作、明天要做的工作。下周应做的工作,以及下个月和大下个月应做的工作等等的划分,要有一个明确的时间表。

因此,只有工作前准备充分,才可以提高工效率。可以说以上①和②两点,正是生产计划的实质性体现。

那么第③项内容又如何呢?当生产某种产品时,我们必须从多角度加以考量。比方说,我们在生产时,使用何种原材料、什么时候、调配多少,等等。在使用相关机械设备时,我们要考虑的是,使用什么机械、需要运转多少时间,等等。当考虑到员工配置时,我们就要考虑的是,需要什么样的工种、配置多少人合适,等等。

以上内容实施起来非常繁琐、多样,因此,我们必须具体内容具体对待,要有针对性,使整个过程要梳理成一个清晰地脉络。所以制订生产计划要注重其完整性、统一性。

（2）筹备

鉴于生产计划的多重复杂性，其内容必须要让从事生产的人员全部理解到位。其计划仅仅保留在制订者手头，当然不能将制订者的意图传达清楚。因此计划内容要通过指令函件、传真、电话等现代通信手段与现场生产者及时沟通，才能达到预期效果。

这就是"筹备"的真正含义。筹备阶段的信息量非常之大，是筹备的一大特点。就拿准备原材料来说，首先，计划中所需的原材料到底是库存中经常使用的常备品，还是每次需下订单的调配品，这两者就有很大的区别。

如果向最初的厂家下订单，就要先把握住这个厂家的具体情况，然后再下订单。

订单中要记载该计划所展示的详细信息。例如：厂家名、产品名、数量、单价、金额、交期、交货地点、支付条件等。除此之外，可能还有一些附加信息需要记载。同样，外包的情况亦如此，下订的订单也必不可少。

生产筹备是厂内必不可少的步骤。要使得整个工作流程能够顺畅进行，就必须使得从业人员清楚地了解整个工作计划。因此下达工作指令函件就不可或缺。另外，根据计划，需要原材料及零部件出货时，还需要向仓库下达出库的指令函件。

当计划制订者，不能将其内容准确地传达给现场的从业人员时，工作就无法顺利进行。由于工作现场的员工人数众多、所担当的工作种类繁杂，因此有必要让担当该工作的所有从业人员对生产产品的名称、数量、交期、制造程序有一个全面的认识。其内容仅仅停留于"详细"是不够的，它是一个按部就班的整体过程。

由此可见，"筹备"阶段的信息处理，不仅种类繁多，而且数量极大，因此更需要的是精细化作业。随着时代的进步，计算机处理这些业务，可谓适逢其时。

（3）进展

无论制订出怎样好的计划，如果不付诸实施，那就是仅仅停留在纸面上的东西，毫无意义。只有付诸实践，才是它的价值所在。

生产计划更是如此，我们在实施过程中，除了要确认是否按"计划"执行之外，还要注重各种补救措施。在生产管理上，此类活动被称之为进度管理或进展管理。

进展管理又分为"绝对进展"和"相对进展"。

所谓"绝对进展"是指，"何时""何物""哪里""多少"这些事项的具体化、明确化。很多管理混乱的工厂，对具体东西所在的地方非常随意，因此根本无法做到"绝对进展"。换言之，在这方面就是没有"管理"。

与之相对，所说的"相对进展"就是，计划和实际操作之间的差异。例如：如果交付期是2月10日，可完成日期却是2月12日的话，那么计划与实际操作之间的差异就

是两天。也就是"相对进展"上实际迟了两天。

"绝对进展"的信息,即生产该产品的现场管理信息,对进展管理是基础中的基础,其精确性和快速性毋庸置疑。然而仅仅停留于此,就大错特错了。只是了解生产地现场的实情是无法应对生产进度的。

除了要把握生产进度的"绝对进展"之外,还应该合理地比对生产信息的"相对进展"信息。

不管怎么说,在生产进度管理上,最重要的是信息。传统的生产管理层面,要收集"进展"的相关信息,极其费时费力。业务担当者需要专程往返外包工厂多次,才能把握其"进展"状况。时至今日,"进展"工作的相当一部分,已由计算机处理所代替,可谓此一时彼一时。

3. 零库存是否理想

(1) 零库存的概念

库存指的是企业、商店等,为加工及销售而保有的原材料、半成品、产品或是商品等货品。零库存顾名思义就是指上述库存都能够恰到好处地被消耗,形成库存为零的理想状态。

事实上,库存过多或是不足对企业来说都存在一定的弊端。

(2) 库存过多的弊端

① 资金运用的恶化;
② 保管成本的增加;
③ 商品寿命的问题;
④ 心理影响。

(3) 库存不足的弊端

① 面对需求,商品的库存不足的话,会丧失销售的机遇;
② 原材料和部件的库存不足会造成生产停止。

(4) 库存存在的理由

首先,作为等待订购的缓冲器,完成品的库存是很重要的。完成品有库存就可以随时根据顾客的订购发货。

此外,组装工程之前还有部件仓库。有部件的库存,就可以依照组装计划出库。

并且部件库存还可以填补组装批量和部件批量之间的差异。

那么，为了达到库存为零这一理想状态，工厂必须克服以下两个问题：

第一，顾客长时间的等待。零库存的工厂接受了订货以后，要订购必要的材料和部件，在等待材料到达的同时必须着手公司内部加工和外购。耗费如此长的时间，顾客难以得到满足。

第二，说服缴纳材料和部件的交易方。订购的品种和数量每次都有变化。多数情况下都是极少量，甚至有可能以"个"为单位订购。并且交货期会变得非常短。即便是买方市场，对方也有可能不合作。同时，必须无视工厂内工程和负荷的不均匀现象，现场的效率也会降低。

因此，完全排除库存的工厂不仅效率低下，生产本身也是不成立的。

4. 大量生产方式与单元生产方式的不同

（1）大量生产方式：

大量生产方式是在一定的时间内大量制造单一产品的方法。通常采取的是流水作业，因此也被称为"生产线生产方式"。

采取大量生产方式为达到的目标可以总结为：提高生产效率；有效利用廉价劳动力；减少技术依赖，大量制造品质统一的产品。

但是，这一生产方式也存在一定的缺点。例如，为了建造流水线花费大量的固定费用，因此必须确保一定的生产量。另一方面，大量生产便会出现销售剩余，产生库存。这些情况都是亟待解决的问题。

问题：

具体来看大量生产方式的弊端，可以细化为以下几个方面：

① 物质方面：大量生产方式为了降低成本，必须确保一定的生产量。这样一来就会产生资源消耗、污染、浪费等诸多问题。

② 经济方面：大量生产就需要一定的消费需求，这本身会对消费产生不利影响。大量生产的初期投资会给需求带来乘数效应，但当一轮生产扩张过后投资结束，折旧现象同样会带来乘数效应。

③ 使用者方面：多样性不足。大量生产意味着会大批量生产同一种产品。因此很难应对消费者的个别性，只能够以基于平均值的手段大量制作产品。

大量生产方式最为有代表性的便是福特生产方式。这体现在福特生产方式的三个特征上面：产品的标准化——例如T型福特车种；部件的规格化——由亨利·李兰

德主导并普及到底特律的方式；制造工程的细化（流水作业化）；传送带方式的采用——不再需要熟练工。

（2）单元生产方式：

一个人，或是有少量从业人员的团队负责从产品的组装到完成（以及检查）的全过程。从业者或是从业团队，被周围的工具、部件、作业台以"コ"字形包围，样子看起来像细胞，因此称之为细胞生产方式（即单元生产方式）。

背景：
20世纪90年代以来，多品种少量生产、适时的产品供给、库存压缩、应对低租金亚洲各国制造业的需求高涨。

特点：

① 适合多品种少量生产

各个作业者团队可以看成是一个个小的流水线，每个流水线更容易生产不同的品种，只要交换部件架、工具架，就可以转换成其他品种的流水线了。因此，旧产品的制造完成到新产品的开始也可以尽快实施。

② 库存压缩

生产的时候，即使不确保统一的生产量也是可以生产的。而且，工程期间库存（半成品）的产生量也大幅减少。

③ 生产调整

需求增加就增加工作台，降低就减少工作台等，很容易应对这些变化。

④ 从业者的责任感、士气上涨

可以切实感受到最终要交到消费者手中的商品，并且也更容易感受到自己技术的提高，与产品质量上升有着密切联系。

问题：

① 生产的数量和质量依赖于作业者的技术，如果从业者之间生产量的差距变大的话，一个人的工作量就会变大，这样一来就容易发生产品有瑕疵或是应对不来的情况。因此有必要延长作业者的新人培训等。

② 一个从业者一个工作台的情况下，工作期间作业者之间无法互相交流作业的技术诀窍，因此有必要设置另外的时间以便他们相互交流。

③ 长期雇用员工才能为员工技术的提升进行投资，使工作内容以及教育标准化。

④ 必须要大量进行各种设备检查以确保设备精度的问题。

(3) 两者的差异

比较	
大量生产方式	单元生产方式
少品种大量生产	多品种少量生产
工作的细化	少数从业者完成产品的生产
依赖于从业者技术的部分减少 确保质量 没有新人培训	依赖于个人或是团队的技术 从业者之间有生产量的差距 时间较长的新人培训
库存多	库存压缩
确保生产量	无
可以活用廉价的劳动力	长期雇用成为前提
各工程之间相互影响	不受其他工程延迟的影响
频繁的生产种类变更	对生产变更的适应力高 对生产量变动的适应力高
工作单一化适合流动性高的环境	不适宜频繁更替从业者的流动性高的环境

5. 看板方式

丰田公司的看板方式是一种生产现场的管理方式。看板指的是记录了产品名、数量、交货期的票据。

(1) 看板方式的构成

通过看板方式，前期工程会把看板（生产指示文件）当作订购单接收，加工产品。加工之后，加工品会连同看板一起交给后期工程。这个时候，看板的作用就是缴纳单。后期工程使用接收的加工品，把看板还给前期工程。拿回看板的前期工程再进行下一次加工。这一连串的流程，可以使工程期间的半成品库存最少化。

(2) 看板方式的形式

①缴纳看板；②半成看板；③返回看板。

(3) 特征和意义

丰田看板方式的特征在于，工程和工程之间，通过看板这个媒介，前期可以从后期工程那里确认自己的生产内容，后期可以向前期工程提出加工要求。这种水准化和同时化使得作业得以顺利开展。

而其意义在于,可以最大限度地削减库存,防止库存滞留。不过要做到这一点最重要的因素就是工程和工程之间无间隙地合作。

6. 日本质量管理的特征

(1) TQC的导入

TQC这个词语最早是由美国的菲根堡姆提出,他倡导"TQC是在尽量充分地满足顾客方面,为了生产并销售最具有经济质量水准的产品,在组织内部设立一些致力于质量开发、质量维持、质量改良的团队的组织。"

TQC是统一性质量管理,也就是全公司质量管理。其最大的目的,就是从一个产品的企划设计阶段,到制造销售以及售后服务所有的阶段,都进行综合的品质管理。其一大特征就是并不仅仅涵盖企业的一个部门,而是包括了企业的全体职员。

(2) 日本的TQC

日本的TQC最初是从美国导入的,但是在那之后为了顺应日本经营而发生了一些改变。

根据1987年召开的第44次日科技连质量管理研讨会的讨论结果,日本TQC的特征可以总结为如下10点:

① 经营者主导的全体部门、全体员工参与的QC活动;
② 在经营方面贯彻品质优先;
③ 方针的开展与其管理;
④ QC的诊断与其活用;
⑤ 从策划、开发到销售、服务的质量保证活动;
⑥ QC小组活动;
⑦ QC的教育和训练;
⑧ QC手法的开发和活用;
⑨ 从制造业向其他产业的扩大;
⑩ QC的全国性推行。

(3) 从TQC到TQM

TQC活动随着泡沫经济的破灭逐渐衰退,变得形式化。究其原因,是20世纪90年代开始逐渐显著的TQC的地基下沉,以及面对激烈变化的经营环境TQC不能够很好地应对。

1986年，国际标准化组织ISO把全面质量管理的内容和要求进行了标准化，并于1987年3月正式颁布了ISO9000系列标准（基于由第三方机构进行质量系统认证的制度）。1SO9000系列以欧洲为主导迅速在美国及日本拓展，形成了无视这个系列就无法进行质量管理的现状。

从1994年左右开始，一些十分热心于质量管理活动的企业，开始着力于解决TQC的现存问题，并利用一直以来的TQC的优点，进行TQC的重新构建。爱信精机在1994年6月先于其他公司把自己公司TQC的名称改成了TQM。在这之后，通过1996年4月日科技连的TQM名称变更，TQM时代正式到来。

转变之后的TQM的重心可以总结为以下6点：
① 重视经营战略的立案、对策以及达成；
② 与所开发新商品的市场营销的融合；
③ 积极地活用快速进步发展的信息技术以及方法质量的提高；
④ "以人为本"，人才养成要重视创造性的发挥；
⑤ 强化对产品责任预防的应对；
⑥ 与国际规格（1SO9000系列、1SO14000系列等）的融合；

7. TQC怎样转变为TQM

（1）TQC与TQM的含义

TQC在日语中被称为"全公司品质管理"。指的不仅仅是生产部门，囊括营业以及办公等部门的公司上上下下都在为提高产品质量而努力。

而TQM则是综合品质经营，指在企业内部，员工不仅要努力提高产品的质量，还要有组织地努力应对经营课题。后者是在前者基础上的继承与发展。

TQC与TQM的差异

TQC大多采取自下而上管理模式。因为TQC的主体是在现场工作的人员。通过他们的问题意识和改善活动，可以实现成本的节约和产品的高质量，为经营带来巨大贡献。但实现这一点的条件就是经营环境的安定。而TQM则是采取完全不同的自上而下管理模式。这个方式在经营环境不安定的时候能够发挥其真正的价值。其对象正是在激烈变动中的现在以及近期未来的经营环境。因此，TQM体制下要思考的并不是改善现场，而是应对变化的策略，以及在立案工作上的速度。

手法差异。过去的TQC模式采取的是PLAN.DO.SEE这一戴明质量循环模式。在这个过程中使用的是，柱状图、帕累托图、特性要因图、散布图、校验单、管理图、图表化手法这7个QC道具。它与TQM手法的共通点是两者的目的都是分析实践数据。但

TQM的方式中，除了数据分析，还加入了新的设计手法。设计手法的目的不是改善，而是创造随着环境变化，新经营课题的发现以及与之对应的对策。

8. 5S强化过后的日本生产

（1）5S内容与原理

含义：

5S是，整理、整顿、清扫、清洁、素养这五个日语单词取其首字母而造出来的词语。具体来说，"整理"就是区分必要和不必要的东西，并剔除不必要的东西；"整顿"是使必要的东西在必要的时候能够迅速拿到所做的准备；"清扫"是去除垃圾、污渍等，打扫、检查干净；"清洁"是维持整理、整顿、清扫过后的状态；"素养"是养成遵守决定的习惯。

前3S（整理、整顿、清扫）可以看作改善活动，而2S（清洁、素养）则是维持活动。

原理：

5S与生产相关的原理至少包含两个层面。

一是行动科学原理。对于从事生产的人来说，积极性和行动力是最重要的。5S则成为了优质的行动方针。这一点与日本的生活文化密不可分。5S的实践可以说就是体现了日本人"安贫乐洁"的生活态度。并且，从"形"到"里"也是日本式的素养精神。

二是生产性原理，指的是做好充分准备使生产设备可以以最好的状态使用。机械设备的自动化进一步发展，比起操作机械，防止机械出现故障或停止等保养工作，成为了人们工作的中心。因此，设备和机械的清洁、清扫是不可缺少的。并且，现场半成品的杂乱堆放，会阻碍作业以及搬运工作，为了防止这样的错误以及疏忽，半成品的整理整顿也是很重要的。除此之外，工具的整理整顿也是为了需要的时候能够做到手到擒来。

（2）5S的目的与效果

5S的目的可以总结为两点："使制造现场清洁"即降低异物混入的风险，并且降低有害微生物引发的二次污染的风险；"改变公司的习惯"，使员工习惯于遵守规定，增强对工作的责任感，能够恰当地做出异常和正常的判断。

有效地贯彻实施5S生产管理方法，可以为企业带来诸多好处。例如：①工作效率提升；②库存周转率上升；③服务质量提升；④宣传效果提升；⑤社员热情提升等。

第五章　マーケティング

学習目的
1. マーケティングの役割は何か？
2. 戦略的セグメンテーションは何か？
3. マーケティング・ミックスとは何か？
4. マーケティングリサーチはどのように行うのか？
5. ブランド戦略とは何か？
6. 日本企業のマーケティング戦略の特徴は何か？
7. 日本の流通機構の特徴は何か？
8. 日本企業のマーケティング活動の歩みはどのようになったのか？

1 マーケティングの役割

(1) マーケティングの定義

マーケティングの定義について多くの書籍や論文で使われるのは、以下のアメリカ・マーケティング協会（AMA）の定義である。アメリカ・マーケティング協会によると、「マーケティングとは、顧客、依頼人、パートナー、社会全体にとって価値のある提供物を創造・伝達・配達・交換するための活動であり、一連の制度、そしてプロセスである」と定義される。

一般的な企業活動のうち、商品・サービスそのものの企画・開発・設計やブランディングから、市場調査・分析、価格設定、広告・宣伝・広報、販売促進、流通、マーチャンダイジング、店舗・施設の設計・設置、（いわゆる）営業、集客、接客、顧客の情報管理等に至る広い範囲においてマーケティングミックスの4Pや4Cの活動が行われている。企業活動のうち、対顧客視点での活動が行われない製造ライン、研究、経理、人事などの部門は、マーケティング活動とはやや遠い位置づけに

なる。

(2) 「売れる仕組み」づくり

「売れる仕組み」とは、マーケティング概念を日本語で平易に言い換えた言葉である。

背景としては、日本において、マーケティングという言葉がカタカナ語で馴染みが無く、マーケットという言葉が、為替市場などを連想させ、また宣伝活動など企業の活動のうちのごく一部分をマーケティングと捉えてしまう誤解が根強い。

しかし、顧客のために企業活動を最適化するという概念自体は、現代のビジネス活動には不可欠なため、わかりやすい表現を目指し「売れる仕組み」という言葉が登場したと思われる。

日本語で「売れる」という言葉は、「セリング」と「マーケティング」の二つの意味に捉えられる。「セリング」とは、顧客が欲しくない商品でも（極端に言えば）詐欺的ないし強迫的に売りつける意味合いを持つ。対して「マーケティング」とは、商品について顧客に知ってもらい、関心を持った顧客にはよく理解してもらうための情報を提供することである。また、商品を欲しい顧客にはその商品を容易に入手し、顧客のいる段階に対応した状態を作り出すことである。これらを区別するために「マーケティング」という言葉が使用されている。

商品・サービスが「売れる」ためには、顧客のニーズを知り、ニーズを満たす商品をつくり、顧客がその商品の存在を知り、特徴を理解し、手に入る場所に商品が置かれ、入手できる適切な価格で提供されている必要がある。これらの一連のプロセスが「売れる」という言葉に集約されている。

また、これら顧客を意識した一連のプロセスは、企業内で意識して統合・調整しないと成し得ないため、「仕組み」と表現されている。マーケティング意識がまだ十分に醸成していない組織のためには、しばしば「売れる仕組みづくり」と組織の変容を促す表現で使用される。

「売れる仕組み」は、以上のような背景がある含蓄のある言葉だが、あまりに平易すぎる日本語のため、ビジネスの現場で聞く人の心に刺さらず、無視される危険性を孕んでいる。

(3) マーケティングの両面性

市場・顧客という常に変化する対象を相手にするマーケティングには、二つの視点が求められる。一つは「科学性」で、もう一つは「感性」である。

「科学性」：「マーケティングとは科学（サイエンス）である」という考え方に基づき、市場動向の変化や顧客の購買行動などを可能な限り論理的、定量的に解明し、理屈に合ったマーケティングを行うことである。

「感性」：消費者は理屈に合わない直感的、非合理的な購買行動も取る。そのゆえ、「マーケティングとは芸術である」という考え方に基づき、消費者の感性に訴えかけるというアプローチである。

こうした両面性は、商品やサービスの特性によって、ウエイトが異なる。例えば、日常的に消費する食品や日用雑貨品などは科学性、合理性が強く求められる。それに対して、嗜好品は感性のウエイトが高いと考える。しかし、同じ商品でもそれぞれの企業が目指しているポジションニングによって、そのウエイトのかけ方は違ってくる。「科学性」と「感性」の両方を視野に入れたマーケティングの展開が求められている。

（4）マーケティングのプロセス

効果的なマーケティングを行うためには、そのプロセスを理解し、一貫したステップを踏む必要がある。市場や顧客はつかみにくいものである。少しでもその実態を理解し、市場の視点、顧客の目線でマーケティング活動を行うことが重要である。通常、マーケティング活動は以下の図のように、四つのステップを踏んで行われる。

図5-1　マーケティングの4つのステップ

① マーケット・セグメンテーション（細分化）

マーケット・セグメンテーションとは、市場細分化の意味で、特定商品（サービスを含む）における市場を異質とみなし、顧客市場を細分化することによって特定カテゴリーに対して集中的にアプローチすることを目的に行われる。例として自

動車のラインナップ（高級セダン市場、低価格スポーツ車市場等）などがあげられる。

細分化するカテゴリーの一例として人口統計的、地理、社会、消費者の心理などがある。また、細分化した消費者集団のことをマーケットセグメントといい、製品を売り込もうと狙いを定めたマーケットセグメントのことをターゲットセグメントということがある。

② ターゲティング(ターゲットの特定)

自社製品を市場に投入する際、どの顧客層(セグメント)を標的市場にするかを決めること。

企業の経営資源は限られており、すべての顧客に対応することは現実的ではない。そこで、自社製品が訴求しやすく、競争力を持つ顧客セグメントをターゲットとすることが求められる。

ターゲティングに際しては、「市場規模」「自社の強み/弱み」「製品ライフサイクルの段階」「参入障壁」「競合の戦略」「環境要因」などに留意し、総合的に判断をするべきである。

③ マーケティング・ミックス(4P)

マーケティング・ミックスは、マーケティング戦略において、望ましい反応を市場から引き出すために、マーケティング・ツールを組み合わせることである。つまり、企業や非営利組織が顧客や生活者に商品やサービスの販売をしたり、何かを遂行したりするために、マーケティングの使用可能な複数の手段を組み合わせて戦略をたて、計画、実施すること。

「4P」を用いてマーケティング・ミックスが語られることが多い。これ自体は顧客志向のマーケティングであり、その教育的効果が高く評価されている。4Pが売り手側の視点に基づいたツールであると言われるようになったのは、1970年代の終りにコンシューマリズムが台頭し、その視点と比較されたためであり、もともとの4Pは双方の視点である。

図5-2　4つのP

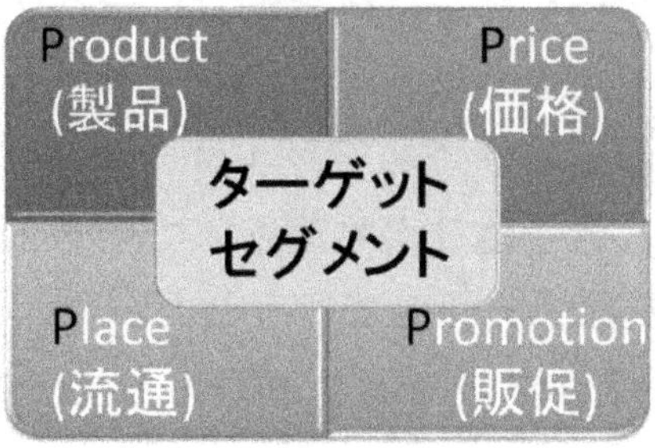

Product（製品）:製品、サービス、品質、デザイン、ブランド等。
Price（価格）:価格、割引、支払条件、信用取引等。
Place（流通）:チャネル、輸送、流通範囲、立地、品揃え、在庫等。
Promotion（プロモーション）:広告宣伝、ダイレクトマーケティング等。
これら4つに分類されるツールを組み合わせていく。

④ 実行と評価（検証と学習）

図5-3　実行と評価

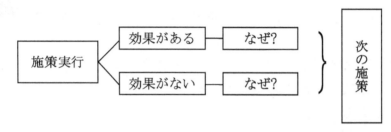

　マーケティング・ミックスに、上の図のように、どの施策は効果がある・ないのか、その原因を徹底的に検証し、次の施策を反映していかなければならない。
　マーケティングにおいてもっとも重要なのは、日常的な施策を通じて、市場や顧客から「学習」し、より効果的な施策につなげていくことである。

2　戦略的セグメンテーション

（1）セグメンテーションの概念

　セグメンテーションとは、市場細分化とも言い、マーケティング対象を類似の購買行動を持った集団（セグメント）に細分化することである。近年では、万人向けの商品を万人に対して売りこむ事は効率的でないため、世代的な特性や地理的な特性に応じた戦略を組み立てている。

（2）セグメンテーションの意義

　マーケット・セグメンテーションは効果的なマーケティングを実行するための入り口としてきわめて重要である。マーケットをどのように「切る」かによって、自社のターゲットが明確になるだけでなく、ユニークなセグメンテーションはそれ自体が差別化の源泉となる。競合他社が見落としているようなセグメントを発掘することによって、効果的な施策を先行して行うことができるのである。
　セグメンテーションを行う際の「切り口」として一般的なのは、「人口動態」

と「地理的分類」である。人口動態は市場を年齢、性別、所得、家族構成、職業などの変数で分類するものである。地理的分類は、地方や県、気候、人口密度などの変数で切ったものである。地域特性による違いを明確にするためのアプローチという。

この二つの切り口に加えて、最近では顧客の「価値観」や「購買行動」によるセグメンテーションの重要性が増している。インターネットの普及などによって情報格差が小さくなり、さらに交通手段が進歩し、人口動態や地理的分類だけでは市場の多様性がつかめなくなってきたからである。

(3) セグメンテーションの落とし穴

① 2つの注意点

マーケティングを行ううえで、セグメンテーションは極めて重要だが、注意しなければいけないことが二つある。

一つ目は「過度に細分化しすぎないこと」である。市場を深く見れば、細かい違いに目が行きがちになる。しかし、実際のビジネスとして考えるうえでは、ビジネスとして成り立つセグメントの規模が必要である。小さな「差異」を見るのではなく、「共通項」を見つけることによって、適切なサイズのセグメンテーションが可能となる。

二つ目に重要なのは、セグメンテーションは「あくまで仮説」と考えることである。人口動態や地理的分類は絶対的なハード・データに基づく分類だが、価値観や購買行動は顧客が複数の価値観を持つこともあるし、その人の価値観が将来変わることも考えられる。常に仮説としてのセグメンテーションを検証しながら、進化させていく努力が求められるのである。

② よいセグメンテーションの例

a. 識別可能なこと

ある顧客を任意に選んだときに、どのセグメントに属しているのか明確であることが重要になる。すなわち、抜けや漏れのないようにセグメンテーションをするということである。

b. 潜在顧客も含んでいること

既存顧客だけでなく、これまで取引のない顧客、競合の顧客なども含めるようにセグメンテーションすることで、機会損失を防ぐことができる。

c. 実質的なこと

セグメントが細かすぎたり、ある特定のセグメントにだけ集中して顧客が存在し

たりするというセグメンテーションではあまり意味を成せない。適度な数（5～10個程度）に分けられていて、かつ適度に顧客がバラけることが重要になる。

d. 測定可能なこと

せっかくセグメンテーションをしても、測定できなければ意味がない。セグメントの顧客の数を数えられ、さらにセグメントの規模や成長性、購買力や取引コストなど自社にとっての意味が測定可能であることが重要になる。

(4) イノベーター理論について

消費者を分類する際のひとつの考え方として、製品やサービスの購入に対する態度をもとに分類するのがイノベーター理論である。

いくら素晴らしい新製品を開発しても、それに対する消費者の反応は一様ではない。新しいものにすぐ反応する人もいれば、周りの様子を見ながら購入を決める人もいる。

① イノベーター理論に基づく消費者の分類

図5-4　iPhoneのイノベーション

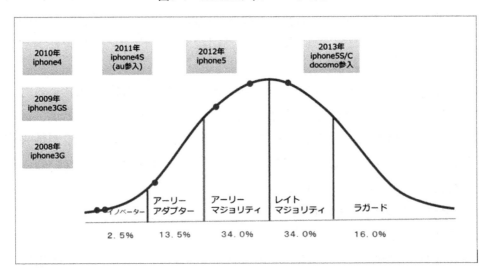

図のグラフをもとに説明すると、イノベーター理論では、消費者を5つのタイプに分類している。製品やサービスによって、市場に浸透するスピードは異なるが、新しい製品やサービスの普及はまず少数のイノベーターの購入から始まる。5つのタイプは以下のようになる。

イノベーター（革新者、2.5%）とは、新しいものに深い興味を持ち、社会的通念にとらわれず独自の判断をするタイプである。

アーリーアダプター（初期少数採用者、13.5%）とは新しい製品やサービスに対する主観的評価を初期の段階で仲間に伝え、広く普及する生地をつくるタイプである。

アーリーマジョリティー（初期多数採用者、34.0%）とは、アーリーアダプターが使用しているのを見て、購入を決めるタイプである。

レイトマジョリティー（後期多数採用者、34.0%）とは、新しいものに対して慎重で、広く普及するまで購入を見送るタイプである。

ラガード（伝統主義者、16.0%）とは、伝統的、保守的なライフスタイルに固執し、新しいものを受容しないタイプである。

② iPhoneの例の分析

これからiPhoneの例を参考に、詳しくイノベーター理論を検討する。2008年と2009年、iPhone第三代が新しいブランド品として発行された時、値段が高かった。機能が把握できず、深い興味を持つ人は少なかった。この初期の段階でiPhoneを購入した人たちがイノベーターと呼ばれる。

次に、2010年からiPhone第四代が発売された後、アーリーアダプターがiPhoneとこのサービスに対する基本的な評価を仲間に伝え、どんどん広く普及するようになる。

そして、2012年以降、iPhone第五代が売られると、iPhoneを使用している周りを見て、購入を決めるタイプが増えていく。この時にiPhoneを購入した人たちがアーリーマジョリティーに当てはまる。

現在でも、iPhoneに対して慎重で、さらに普及するまで購入を見送る人、受容しない人もいる。この人たちがレイトマジョリティーである。

3 マーケティング・ミックス

（1）マーケティングミックス、「4P」とは

ターゲットとするセグメントに対して効果的な働きかけをするための具体的なマーケティング施策を組み合わせて展開することである。つまり、企業や非営利組織が顧客や生活者に商品やサービスの販売をしたり、何かを遂行したりするために、マーケティングの使用可能な複数の手段を組み合わせて戦略をたて、計画、実施すること。その組み合わせは4つのPに基づいて行われる。

$$4P \begin{cases} \text{Product「製品」} \\ \text{Price「価格」} \\ \text{Place「流通」} \\ \text{Promotion「販促」} \end{cases}$$

ちなみに、4Pの各要素は独立したものではない。4Pはそれぞれが、密接にかかわっているので、「整合性がとれているかどうか」に注意しながら施策を考える必要がある。

(2)　「4P」に関連の成功実例——花王株式会社の「ヘルシア緑茶」

花王株式会社が茶飲料市場への新規参入として、2003年5月に発売した「ヘルシア緑茶」について紹介する。

ヘルシア緑茶はターゲット層「中高年のビジネスマン」に「健康によい」という特別価値を提供したが、どのようにその価値を提供したか、これから4Pを用いて説明する。

① 製品 (Product)

お茶に含まれるカテキンは体脂肪を燃焼させる効果があるが、茶カテキンを高濃度に含んだ緑茶は苦味が強く、飲みにくいことが製品の欠点と考えられる。そこで、花王はこの問題を解決し商品化してきた。さらに、花王はヘルシア緑茶の健康機能を積極的に宣伝するために、「特定保健用食品」の認可を厚生労働省から受け、パッケージでは「体脂肪が気になる方に」という、分かりやすいコピーを打ち出す。

② 価格 (Price)

350ml入りペットボトルで180円と緑茶飲料としては高価格だが、特保の認定を受け、有効性や安全性を提供することにより、ターゲット層に受け入れられるという見込みに基づい、販売した。また、普通の緑茶より多少割高な方が有効性を感じることもあり、価格と製品の相乗効果が生まれたと言える。

③ 流通 (Place)

多忙なビジネスマンでも、コンビニエンスストアの店頭で販売されているのであれば、毎日手にすることが容易であると考え、あえて販路をコンビニエンスストア限定販売商品とした。コンビニエンスストアの支援を受けて、店内の目立つ場所に大きなスペースをとって陳列され「CMの代わりに陳列してあることで商品が認知された」という策も現れた。この工夫は、流通と販促の相乗効果が生まれたと言える。

④ 販促（Promotion）

ヘルシア緑茶をコンビニエンスストア専用商品として発売、一方で積極的にテレビ広告を投入し、これが販売促進の追い風となった。当時、花王がヘルシア緑茶の購買者に対して行ったアンケートの結果では、テレビ広告でヘルシア緑茶を知ったと答えた人が3割ぐらい、店頭で陳列されているのを見て手に取ったと答えた人が6割だったそうだ。

こうして、花王にとって新規参入の茶飲料市場でありながら、2003年5月にヘルシア緑茶を発売後から、2004年までの10ヵ月ほどの間に、ヘルシア緑茶は約200億円の売上高を達成した。四つのPに基づいてのマーケティングミックス戦略が大成功したと言える。

（3）「4P」に注意のポイント

成功実例があっても、マーケティングミックス「4P」の戦略は予想どおりにうまくいくことは必然といえない。次は「4P」実行するときの注意点を話す。

① 要素の矛盾を解消すること

4Pの要素間で整合性のとれていない所がないか確認し解消する必要がある。たとえば、高品質、高価格の製品を低価格志向の市場で売った場合、その市場の顧客は「安いものが欲しい！」と思っているわけだから、失敗する可能性が高い。

② 要素のバランスをとること

大きな矛盾点を解消できたら、次は各要素のバランスがとれているかを確認する。

4Pのバランスがとれていない場合、次のようなことが起こる。

製品価格が安く利益率に乏しい製品で、大々的にマス広告を展開したら、商社の利益を確保のことができない。一方、製品価格が高い方には広告費用の確保ができないと、ブランドの宣伝ができず、販売量は低くなり、結局失敗する。このような組合せではマス広告の展開については再度検討する必要がある。

③ 相乗効果を実現すること

マーケティングミックス（4P）で相乗効果が実現できるという例をあげる。青山スーツのマーケティングミックス戦略では低価格戦略を実現できた背景に、製品の幅を絞り込んでPB商品に特化したことで、ローリスクかつ効率よく商品を販売できたと考えられる。これは、4Pの相乗効果が出ている例といえる。

4 マーケティング・リサーチ

(1) マーケティング・リサーチの定義

企業は売れる商品を開発、製造し、有効な流通チャネルを使って市場に流し、売上拡大とシェアの確保・拡大を目的としている。企業などの組織が、商品・サービスを提供するために、顧客を知り、顧客にあった商品・サービスをつくることで、様々な経営資源を効率的に運用できる。この顧客を知る活動がマーケティング・リサーチである。マーケティング・リサーチ(市場分析)は、これら企業の目的を効率的に達成するために行うものである。

(2) マーケティング・リサーチの意義

商品・サービスの享受者である顧客(消費者など)側からみれば、マーケティング・リサーチが行われることで、自らの望む商品・サービスを利用することができるようになり、欲しくない・必要でない商品などの開発による無駄なコストが価格に転嫁されることを防ぐというメリットがある。

(3) マーケティング・リサーチの具体的手法

市場の変化やニーズに対応するための情報を得るには、組織の目的意識や問題点をはっきりさせて、適切な方法を選んで取り組むことが必要である。マーケティング・リサーチにはいろいろな具体的な手法がある。ここでは四つの手法を紹介する。

① 質問法

調査法の一つで、質問項目を調査対象者に質問して、回答を得る方法である。質問の方法としては、直接対面しながら行う面接(個別・集団)や、質問項目を用紙にあらかじめ印刷しておき、用紙に回答を記入してもらうなどがある。アンケートなどによる質問法は、電話や面接あるいは郵送により、質問紙の回答をもらうもので、質問紙の作成がポイントである。

調査対象者の属性や意見等を収集するツールの一つが質問紙であり、マーケティング・リサーチにおいて非常に重要な位置を占めている。質問紙の出来が悪ければ、後でどのような分析手法を駆使しても、得られる結果は不十分なものとなる。

質問紙作成の留意点の一つに「ワーディング(質問紙に記載する言葉・表現)」がある。ワーディングは、「特定の考えに誘導するような表現は避ける」「専門用語等の一般的でない表現は避ける」といったことに留意する必要がある。また、回

答に何時間もかかるような質問紙だと、「協力率の低下／回答内容へのバイアス／調査一般への非協力態度の原因」といった悪影響も懸念される。

② 観察法

文字通り対象者を直接現場で観察し、そこから事実データを得るデータ収集法の一つである。例としては、「小売店の来店客数は何人か」「ある商品の小売店の店頭価格はいくらか」といったことをリサーチするのによく使われる。

観察法のメリット

観察調査のメリットは、事実情報の精度の高さにある。例えば商品陳列が来店客に与える影響を知るには、アンケートで商品陳列について質問することで収集することもできますが、観察調査を実施することによって、より事実に即した正確なデータを得ることができる。

また、調査担当者がその現場を観察することによって、現状を深く理解できたり、思いがけない発見を得られることも期待できる。近年、情報技術の発達の後押しもあって、観察調査は様々な方法が高まることが予想される。

観察法のデメリット

反面、調査担当者は、「なぜそのような事実が起こったのか」「どのような理由によって、そのような行動が引き起こされたのか」などという、事実を引き起こす背景や理由に関するデータは、観察調査から直接得ることはできない。そのため、そうした部分は調査担当者の解釈にゆだねられる部分が多くなり、調査担当者の力量によってデータの価値が決まってしまう傾向にある。

また、「来店客の具体的な行動パターン」といったように、個々のデータをパターン化し情報化するような場合にも、どのレベル、どの内容までを情報コード化すべきかといったことは、調査担当者の判断に依存することになる。

③ 面接法

面接法とは調査者が調査対象者と直接面接しながら調査を行なう方法である。調査者が面接する事で調査を実施するので、調査回答に高い信頼性が得られるとともに、調査項目を多く設定できるメリットがある。

しかしながら、調査者が直接、調査を実施することになるので、人件費コストの増大、調査者の社員教育、そして近年では調査対象者が非協力的な傾向にあることや一度に多くの調査を実施できないなどの理由から、面接調査が採用されるケースは減少している。

④ 実験法

実験法はリサーチと実際の販売をかねたもので、実験的な小売店であるアンテナ

ショップをだして反応を見たり、地域を限定してテスト・マーケティングをして調査する方法である。

たとえば、店舗内において複数の陳列方法を試し、陳列の仕方による売り上げの違いを測定したり、同条件において複数の価格を試し、価格の違いによる反応率を測定したりする。

また全く同じ広告ながら一部分のみを変えた広告をだし、その相違部分による認知率の違いを測定する方法や異なる表現を用いた複数の広告の中に資料請求などの項目を入れ、それを見て照会してきた人数の違いで広告効果を測定する方法なども実験法にあたる。

これらのデータは数値を用いて統計学的に評価され、売り上げや認知率などとの因果関係を明らかにすることに用いられる。

実験法は最も科学的な裏付けのある調査方法であるため信頼性は高いが、外部要因の影響を受けやすいというデメリットもある。

（4）マーケティング・リサーチのポイント

どんなに膨大なデータがあっても、目的意識や問題点が明確でなかったり、データそのものが整理されていなければ、せっかくのデータもゴミ同然になってしまう。だから、まえの四つのマーケティング・リサーチの方法で得られたデータをきちんと整理して、科学的な分析を行ってから、顧客のニーズを満たすマーケティグ提案を提出する。マーケティング・リサーチはマーケティングのために行う活動である。

5 ブランド戦略の内容

（1）ブランドの概念

① ブランドの意味

ブランドはもともと企業や製品につけられているただの名刺であった。しかし、時代の発展につれて、ブランドは、それ以上の重要性を持つようになった。今の時代におけるブランドとは、顧客に対して一定の価値を提供していること示すものになり、顧客にとっては信頼の証となるものである。ブランドは育てるのが難しい一方で、一度育つと貴重な経営資源となる。

② ブランドの発展歴史

ブランドがマーケティングの世界で重要な問題になったのは1980年代の終わりご

ろの米国である。ブランドという現象に対する考え方は、もちろんそれ以前からあった。しかしマーケティングや経営の問題としてブランドと向き合い、正面から取り上げていこうという動きが強まったのはこの頃からである。90年代は「ブランドの10年」と呼ぶにふさわしい。この間、ブランド論で主導的立場にあったデビッドマーカーは著書『ブランドリーダーシップ』の冒頭で、80年代後半にブランドエクィティ概念が米国で注目された最初は「数年しか続かない一時的なマネジメントの流行」と思われていたと述べている。

③ ブランドマトリクス

より体系的にブランドを理解するためブランドマトリクスという概念が創出された。ブランドを考える上でまず重要なのは、その対象がマスマーケットなのか、それとも特定のセグメントを狙ったものであるのかを規定することである。そして、もう一方の軸として、その企業や製品の持つアピール力、すなわち価値の大きさを考える必要がある。それぞれのブランド戦略の実行実態によって、企業や製品が四種類に分けられている。それは、「マグネット」、「金看板」、「落ちた偶像」および「単なる知名度のある企業」である。

④ ブランド構造

企業にとってブランドは一つとは限らない。企業自体の持つブランド（コーポレートブランド）、複数の製品群を括るブランド、成分ブランドなど様々な組み合わせが考えられる。どのような組み合わせが良いのかは製品の特性やそれぞれの企業の戦略によって異なる。ブランドの構造を理解した上で、最適なブランドマネジメントを行う必要がある。

コーポレートブランドはすなわち会社名そのもののブランドである。例えば、トヨタやリッツカールトンなどは会社名そのものがブランドとして認知されている。製品ブランドは、製品に付与されているブランドである。例えば、ウィンドウズやウォークマンなどが挙げられます。成分ブランドは、最終製品に内在されている部品に対するものである。例えば、シマノやインテルが代表例として挙げられる。

(2) ブランドのマネジメント

① トレードマークのマネジメント

トレードマークのマネジメントはブランドマネジメントの第一のレベルで、ブランドパワーを戦略的に行使するための必要条件である。主に言えば、登録商標管理、ブランドデザイン管理及び偽ブランド管理が含まれている。

② ブランド単位のマーケティングマネジメント

ブランド単位でマーケティングの意思決定が進められ、マーケティングの施策が実行される。P&Gが、同じカテゴリーのブランドのポジショニングをはっきりさせ、お互いに「喰い合い」を起こさないように、1930年代からブランド単位管理制度を始めた。

③ ブランド価値マネジメント

ブランド価値マネジメントとはブランド価値を高めるためのマネジメントである。ここで管理しようとしているのは、顧客のブランドへの知覚である。つまり、いかに顧客がブランドの価値を認め、より高い評価をブランドに対して持ってもらうかを考える。ブランドが重要なのは、「その場ですぐ売れる」からではなく、「売れ続ける環境を作り出す」からである。

6 日本企業のマーケティング戦略

(1) 流通への支配

日本企業のマーケティング戦略は、製品流通を行うにあたって、そこに介在する多数の商人を自らの陣営に引き入れ、製品流通のプロセスを支配しようとするところに一つの特徴がある。たとえば、松下電器が、ほかのメーカーに先駆けて、地場の有力な卸店や小売店を自社の系列点として押さえたのが、1950年代前半のことである。自動車産業でも、トヨタがいち早く小売ディーラー網を作り上げた。トヨタとそれ以外のメーカーの流通にかけるコストは大きく違っているのだが、その理由の一つは、トヨタがいち早くディーラー網を確立し、有力な地場資本を活用していることが重要である。自前でディーラー網を作っているメーカーに比べて、トヨタは流通に沈下しているコストが大幅に低くなっている。

業界他社に比べて、広く(つまり、多数の商人にわたって)しかも深く(専売・専属という制約の強い関係を作り上げているという意味で)流通を支配しているというのは、松下電器やトヨタだけではない。日本の各業界のリーダー企業はいずれも、いち早く自らの製品の流通プロセスをそうした形で管理しているという点に共通している。このように、流通への支配は、日本企業のマーケティング戦略における重要な特徴であるといえよう。

(2) 製品ラインの広さ

日本企業のマーケティング戦略におけるもうひとつの特徴は、幅広い製品ライ

ンを有することである。この点については、トヨタの事例を見ればわかりやすい。トヨタは、カローラから始まってクラウンに至るフルラインの製品を持っている。松下電器も、他の家電メーカーに比べて、AV機器や情報家電から白物家電に至る、広い製品カテゴリーを抱えている。松下電器の場合、それだけでなく、たとえば、VTRという1つの製品カテゴリーを取り上げても、他のメーカーより多品種を取り揃えているという意味で、品揃えの深さも豊富である。

これにはいくつかの理由があるが、マーケティング戦略において特に重要なのは、流通支配との関係である。流通において自らの専売店を持つメリットは大きいが、それとともに制約も与えられる。例えば松下電器の場合、系列小売店を自らの専売店に組み入れると、そこでは他のメーカーの商品は販売できない。系列店にとっては、他メーカーの製品を仕入れることができないので、当然、松下電器に対しては、製品ラインの総合化を要求することになる。言い換えると、松下電器にしてみれば、有力な小売店を専売店としてつなぎ止めておくためには、包括な製品ラインがどうしても必要となる。

(3) 絶えざる製品革新

更に、絶えざる製品革新も、日本企業のマーケティング戦略の重要な一環である。例えば、トヨタは、4年に一度のメジャーなモデルチェンジと毎年のアニュアル・モデルチェンジを次々と行うことで、市場需要を刺激してきた。また、家電メーカーは、需要期を狙って一年に一度、モデルチェンジが試みられる。情報機器、例えばワープロ機については、ボーナス期を狙って年に二度、新モデルが開発された。こうした頻繁なモデルチェンジを通じて、新しい技術や機能、あるいは新規の消費者ニーズを新しい製品の中に具現化してきた。

この点においても、やはり流通支配との関係が強い。専売店制を維持するためには、他社の新製品に大きい後れをとってはならない。あえて先行する必要は無いものの、競争者が開発した新機能や新フィーチャーは追いかけなければならない。当然、業界においては、革新と模倣のサイクルが早くなる。それに対応すべく、開発プロセスが時間的に短縮される。ある時期、松下電器が「マネ下電器」と言われたことがあったが、そうした競争事情と松下電器の戦略事情を語る象徴的な言葉ではないだろうか。

(4) 日本的営業組織

以上の戦略要素に、「義理と人情と浪花節」で形容される、独特の日本的な営業

体制を加えておけば、高度成長期に最も典型的に現れた、日本企業のマーケティング戦略のモデルが浮かび上がるのである。日本的営業組織には、次の二つの特徴が重要である。

　一つは、有能な商人的センスをもった営業マンを軸とした営業組織だということである。有能な「商人的」営業マンたる条件は、組織の内外に、最大限の融通を聞かせることが出来る点にある。その表れとして、売れ行きの鈍い商品を、顧客に引き取らせるだけの融通を利かせることが出来ることがあげられる。しかし、融通をつけてもらって、顧客に損ばかりかけるわけには行かない。ときには、売れ筋の品不足の商品を、融通を利かせて、その顧客のところへ持っていくことも必要である。つまり、顧客に融通を利かすことと、自らの組織に融通を利かすことが可能となってはじめて、以前、無理を言って商品を引き取ってもらった顧客にお返しができる。

　有能な営業マンが持つこうした特定顧客との厚い関係が、その顧客のニーズに対する、彼の高い感度を育てる。それが、いっそう、彼の承認的行動を刺激する。例えば、「売れそうだ」という判断のもとに、予め大量の発注を出しておいて、ほかの営業マンを出し抜くといった具合である。つまり、日本的営業組織における「有能さ」とは、組織の内外に融通をつける能力、そしてそこから作り出される需給への鋭い感覚にほかならない。

　二つ目の特徴として、顧客である流通業者との属人的な「付き合い」あるいは「信頼関係」が、営業取引の核となっていることがあげられる。日本のベテラン営業マンの口癖は、「ものを売り、人を売れ」である。ひとまず、顧客との間に、「かけがえのない(他の誰にも変わることの出来ない)信頼」関係を結ぶことが先決めで、それができれば、後は自然と取引が深耕し、ときには、様々な新たなビジネスチャンスも広がる。つまり、長期にわたるそして発展性のある取引関係が、かけがえのない信頼関係の上で構築される。

　こうした営業組織は、「絶えざる製品革新」の方針のもとに次に開発される新製品、新モデルを遅滞なく売りさばいていく上で、重要な役割を果たす。次に開発される新規の製品やモデルの売れ行きを正確に予測することは難しく、そのためにこそ、取引関係の中のこうした融通性は不可欠な要素となるからである。

(5) 投機型市場戦略

　以上の四つの要素は、一つの戦略パッケージを構成している。それを「投機型マーケティング戦略」と呼ぶ人もいる。名の通り、それは市場のリスクの扱い方に着

目した名前である。

　市場リスクとは、基本的には、見込み生産された生産量と市場需要量とのギャップの発生に伴うリスク、つまり売れ残りと品切れのリスクである。一般的には、他メーカーとの競争によって強いられた過剰生産の中での、売れ残りリスクがここでは重要であろう。そのリスクは大規模な見込み生産体制と差別化された競争によって発生する。言い換えると、現代の資本主義が持つ「宿命」でもある。それはこういうことである。

　あらかじめ需要を見込んで大規模生産を行えば、市場需要との間で、きめの細かい数量調整が働かないのは明らかである。そのとき、売れ残りが発生する可能性が大きくなる。すなわち、一度に生産されるロット量が大きくなり、その結果として、流通在庫量が大きくなれば、それだけ売れ残りのリスクは大きくなる。

　また、例えば、アパレル業界のように、製品が企業ごとに差別されていれば、そのリスクはいっそう生まれやすくなる。逆説的になるのだが、メーカーが、自らの製品を他のメーカーの製品と異なることを訴えれば訴えるほど、そのメーカーの製品だけが売れ残るというリスクが大きくなる。というのは、同じように他のメーカーも競争上、同じように訴えているはずである。その結果、消費者として、「似ているだけでは購買する理由にはならない。欲しいのはこのメーカーのこの製品なのだ」ということになってしまうからである。

　「投機型マーケティング戦略」とは、こうした市場リスクへの1つの対処法でもある。その第1の特徴は、もちろん、市場のリスクの分担のための制度であり、第2の特徴は、それを前提とした規模の経済性の追求である。

　投機型戦略は、大規模な集中生産と物流施設、そして大量の流通在庫といった姿をとって現れる。このメリットは「規模の経済性」に尽きる。つまり大量生産による規模の利益と、大量物流体制に伴う注文処理や輸送費用のコスト節約である。加えて、大量在庫態勢による品切れ防止（一般に、リスクのプール化）も、メリットとしてあげることができる。しかしその一方でコストもある。大規模な見込み生産によってもたらされる膨大な在庫量の存在は、多額の在庫保有コストを要求するだけでなく、売れ残りのリスクもその分だけ大きくする。目に見えるコストとして、例えば、製品が値崩れの商品として売れ残り、割引価格での販売が余儀なくされたりするコストがある。また、流通業者や営業マンに向けて高い販売促進費を準備したりするというのも、売れ残りに対処する直接のコストである。

　売れ残りの市場リスクに対するコストを軽減するために、メーカーは上記の「投機型マーケティング戦略」で対応した。たとえば、流通への支配（流通系列化）

（本章第7節を参照）によって、メーカーには、製品開発や製品ラインの制約など、さまざまな負担がかかってくる。しかし、メーカーはそうした犠牲を払っても系列店制度を維持することができれば、制度的・資本的に独立した卸・小売商人と、売れ残りのリスクを分担しあうことができる。商人に対して、徹底した同調を求めながらも、なお、それらを統合せずに市場取引の関係を継続する大きい理由の1つは、まさにここにある。

7 日本の流通機構の特徴

（1）小売業の特徴

企業のマーケティングは、言うまでもなく、それぞれの販売地域（マーケット）の流通機構の特徴に強く規定される。日本企業のマーケティング戦略を理解するためには、それが生まれる風土、すなわち日本の流通機構の特徴を理解しなければならない。

日本の流通機構の特徴は、「零細性」、「多段階性」、「生業性」という三つのキーワードでまとめることができる。

「零細性」とは、流通機構において、規模の小さい卸売企業と小売企業が圧倒的に多いこと、即ち産業構造として中小零細企業のシェアが圧倒的に高いことである。図5-5をみればわかるように、戦後日本の小売業において、従業者4人以下の小売業がほぼ一貫して最大なシェアを占める。時系列的にみれば4人以下の商店のシェアは低下傾向にあるが、2007年においてもなお7割弱である。卸売業の構造も小売業に近い。確かに、卸売業・小売業は開業が容易なため、その産業の特徴から小規模企業が多いのが一般的だが、日本は他国に比べて小規模性が特に顕著であることは、多くの国際比較によって明らかにされた。

図5-5 従業者規模別小売業の店舗数シェア

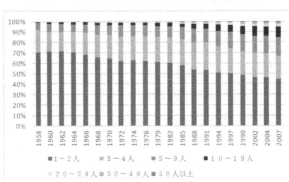

（出典：経済産業省『商業統計表』各年版より作成。）

次に、「多段階性」とは、メーカーから消費者までの流通段階が長いことを指す。その原因は、消費者とメーカーに多くの問屋（卸売業者）、特に消費地問屋の多さがしばしば指摘される。これは、特に農林水産物や繊維製品等の業種において顕著である。「多段階性」の一つの指標として、「W/R比率」、即ち小売業の販売額に対する卸売業の販売額の倍率が広く使われる。高岡美佳（1999）の推算によると、1970〜1980年代の日本のW/R比率は、大体1.6〜2.0である[1]。これを、国際比較でみれば、日本のほうが欧米諸国に比較して高いと言われる。

最後は、「生業性」である。「生業（せいぎょう）」は、日本語では「なりわい」とも読まれるように、「成り行きに任せる」ような職業のことである。前述のように、日本の小売業は、常時従業者4人以下の商店の多さにその特徴がある。これら常時従業者4人以下の商店は、ほとんど雇用者を雇わずに、家族だけでやっている家族経営の商店である。これらの家族経営の商店は、まさに「生業」という言葉のように、経営の目的は主に家計の維持にあり、事業を拡大する意欲が乏しいため、生産性が比較的低い。それが日本の流通機構の非効率性につながると言われる。[2]

以上のように、伝統的な日本の流通機構は、「零細性」、「多段階性」、「生業性」と言われるように、流通機構の非効率性がしばしば指摘され、それが日本の特殊性とまで言われ、特に1980〜90年代は海外から批判を浴びていた。

こういう特徴はただちに日本の流通機構の非効率性と結論付けることが可能なのかどうかはともかく、それが日本企業のマーケティング活動を大きく規定することが確かであろう。この点について、以下では日本企業の取引慣行と流通系列化の二点に分けて見ていこう。

（2）日本的取引慣行

「取引慣行」とは、取引の双方（買い手と売り手）の間に成立した、従来の慣行に基づくルールのことである。最終消費財、中間財、サービスなどいずれにおいても、その取引は単純な売買関係だけで終わらないことが多い。財やサービスの販売にともなって、様々な付帯サービスがついた取引や、売買関係において複雑な取引が見られる。これは、ある意味では買い手と売り手の間に複雑な分業関係が成立し

---

1 高岡美佳，「高度成長期のスーパーマーケットの資源補完メカニズム：日本の『流通革命』の実像」，『社会経済史学』65巻1号，1999年，4頁。

2 ただし、近年は、家族経営の強みを強調する研究も増えている。代表的なものとして、石井淳蔵，『商人家族と市場社会』，東京：有斐閣，1996年がある。

ているものと解釈できる。

　一つの例として、百貨店における衣料品の委託販売や返品性を取り上げてみよう。百貨店で販売している背広や婦人服などは、そのかなりの部分がメーカーや問屋が派遣した派遣店員によって販売されている。また、その販売価格においても、その決定にメーカー側が深く関与している。さらには、店で売れ残ってしまった商品についても、メーカーが引き取るケースが多い。これがすべてワンセットで行われている場合には、百貨店はメーカーや問屋に場所を提供しているだけで、その場所を利用してメーカーや問屋が販売しているとも解釈できよう。

　更に、より広く存在する取引慣行として、「リベート制」があげられよう。「リベート制」とは、一定の条件を満たす場合、メーカーが卸売業者や小売業者にリベートを支払う慣行である。リベートの条件によって、数量割引リベート、専売リベート等が存在する。前者は商品の販売量に基づき支払うリベートのことだが、後者は「専売率（販売額に占めるメーカーの商品の比率）」を基準に支払うリベートのことである。それ以外にも、数多くのリベートが存在する。これらのリベートは、流通業者の販売意欲を引き出すものや、メーカーによる流通チャンネルの支配力を強めるものとして、日本企業のマーケティング活動に大きな役割を果たした。

　また、小売店の販売領域を設定し、小売店間の競争を制限する慣行として、テリトリー制も存在する。どのようなテリトリーを設定するかで小売店の独占力が変わってくるため、メーカーは間接的に小売りマージンをコントロールすることができる。したがって、テリトリー制は小売りマージンをコントロールすることによって、流通チャンネルを間接的に支配する手段であるといえよう。

（3）流通系列化

　以上のような取引慣行を含めて、日本企業が間接的に流通機構を支配しようとする活動は、一般的に「流通系列化」と呼ばれる。マーケティング・チャンネルにおけるメーカーの関与の度合いはいろいろだが、ほぼ完全なコントロールをめざす場合は、流通活動を直接行うか、子会社に担当させることになるだろう。しかし、このような直接なコントロールには、様々なデメリットがある。たとえば、特定メーカーの専門店では、比較購買ができないため、消費者にとって魅力が薄い。更に問題なのは、直接専門店を開設することは、自ら多大な費用とリスクを負うことになる。こうした理由から、日本企業は国内市場において、直接な支配よりも、資本的に独立している卸売業者や小売業者を組織化し、彼らの活動をある程度まで管理コントロールしようとする。

第五章　市场营销

　では、なぜ日本企業が流通チャンネルに対して間接的な支配を選好するのか。これは、前述の日本の流通機構の特殊性と深く関わっている。伝統的な日本の流通機構の特徴として、生業的な零細企業が膨大な数として存在していることは、前述の通りである。このような市場環境のもとで、日本企業が直接流通チャンネルを構築することは、多大な費用とリスクを伴うだけではなく、ただでさえ流通産業の「過当競争」を激化し、反発を受ける可能性が高い。それよりも、既存の流通機構を利用し、間接的なコントロールをしようとするのが得策であろう。

8 日本企業のマーケティング活動の歩み

(1) 日本におけるマーケティングの起源

　日本の企業で最初に市場創造の技術、マーケティングを導入したのは、明治初期にアンパンを売りだした東京の木村屋だと言われている。顧客取得のため市場調査をし、客の好みの商品開発と価格設定をし、アンパンは明治の大ヒット商品になった。そのほか、1910年に創業した阪急電鉄も有名だ。鉄道客を増やすため、沿線に住宅地、遊園地や宝塚歌劇団で知られるレジャー施設の開発をした阪急の小林一三翁はその後の鉄道経営やレジャー開発のマーケティングの元祖といわれている。また、サッポロビール、味の素、森永製菓、雪印乳業、松下電器産業なども早くから広告、商品開発などマーケティング的手法を取り入れていた。

　しかし、近代的なマーケティング体系の考え方が企業に浸透したのは第二次世界大戦後だ。1955年に日本生産性本部会長の石坂泰三氏（東京芝浦電気社長）を団長とするアメリカ視察団は戦後の日本の企業経営の基礎ともなるもののほとんどすべての経営技術を持ち帰り、「昭和の遣唐使」といわれるほどだった。

　関心事項は経営管理の中のインダストリアル・エンジニアだ。組織論、管理論、つまり、予算、資材、工程、原価、在庫管理などである。このなかでも、QC（品質管理）や提案制度、ZD（ゼロ・ディフェクト＝無欠点）運動などその後の日本企業の強さの根源といわれた、生産技術の流入が最大の成果である。

　それとほぼ重要度が匹敵するのがマーケティング技術である。翌1956年にはマーケティングの専門視察団がアメリカに派遣されている。経済白書が「もはや戦後ではない」と宣言した年だった。その後日本は高度成長時代を迎えた。

(2) メーカーによる流通支配

　戦後は高度経済成長のなかで、市場の急拡大とともに、メーカーのマーケティ

ング活動も最盛期を迎えた。その最も典型的な事例は、家電産業である。1955年の家電製品の生産額は400億円だった。それが59年の白黒テレビの爆発的な普及をはじめ、電気冷蔵庫、電気洗濯機が家庭電化の波に乗って飛躍的に普及した。64年には、生産額は6646億円と55年の16.5倍もの驚異的な成長を果たした。

60年代に入ると白黒テレビなど家電製品で普及率9割を超えるものが次々に出てくる。当然、家電メーカーは大量の製品をさばくための販売店政策の確立を迫られる。

東芝は、空前の家電ブームに対応するため53年、販売を担当する東芝商事を分離独立する。そして急増する在庫を減らすため、販売四原則を作る。その第一は主力商品の絞込みであった。当時3000種もの製品の中から、上位10品目にしぼり販売を集中させた。第二は、販売網の強化で、月賦制度を導入した。第三は、回収の原則で、問屋に売った段階ではなく、手形を回収した時点で売上を建てるということ。第四が商品管理の徹底であった。

56年に月賦会社を設立、月賦契約を結んだ小売店を組織した。東芝は月賦制度による販売網作りや、テレビ、冷蔵庫など「三種の神器」を主体にした商品の重点販売が功を奏し、50年代後半にトップだった松下を抜く勢いを示す。

更に爆発的な売れ行きの中で、家電の卸売業者がその成長に乗っ取っていく資金力がなかった。そのため、東芝は卸売業者に金を貸したり、更に進んで過半数の株式を取得し自社系列にしたりした。これが、まさにメーカーによる流通機構の支配である。大量の製品を最終消費者まで結びつけるため、流通パイプを自ら太くする必要があったからである。こういうメーカーによる流通支配は70年代以降、スーパーや家電量販店の登場までつづいた。

(3) 流通主導権の争奪戦

しかし、1970年代以降、スーパーをはじめとする小売業者の台頭は、それまでのメーカーによる流通支配の局面を動揺させ、メーカーと小売業者をめぐる流通主導権の争奪戦が幕を上げた。その最も典型的な事例は、当時最大な小売業者としてのダイエーと、日本の家電産業をリードした松下電器との争いであろう。

1994年、「ダイエーと松下電器の歴史的和解」というタイトルのニュースが飛び交じった。三十年にわたって、直接取引がなかった両者が取引に合意したからだ。とはいっても、実際はダイエーが子会社を吸収合併する際、その子会社が取引していた形態をそのまま引き継ぐだけの話だった。両者の30年にわたる確執は、この時にも依然として続いていた。

松下とダイエーの対立は1964年に遡る。当時、ダイエーが松下製品をメーカー希望小売価格の20%安で販売していたが、松下側は出荷停止などの対策をとった。ダイエーは対抗策として卸売業者、現金問屋からひそかに製品を仕入れていたが、今度はこれらの業者も出荷停止処分を受けてしまった。

そこで1967年、ダイエーの社長中内功は松下電器など家電メーカーを、製品に秘密番号をつけて流通ルートをチェック、安売りを防止しているとし、これは独占禁止法違反ではないかと公正取引委員会に提訴した。当時中内功はメーカーの流通支配に対して、より消費者に近いものが価格主導権をもつべきだという哲学で、松下以外にもキッコーマン、花王、資生堂など有名ブランドメーカーと独禁法提訴など闘争を繰り広げていた。さらに、自らメーカーを買収し、ダイエーブランドのカラーテレビ「ブブ」を製造・販売すらした。

メーカーの流通支配に対して、仕入れを確保しながら「価格破壊」を進めていくという中内功の哲学に対し、メーカー側は「新製品を開発し、宣伝・広告などブランドイメージを高めたりする、市場創造のマーケティングはすべてメーカーがやっている。安売りすれば研究開発費も取れない」と反論した。ただ、メーカーは最終的には商品がはければいいわけで、スーパーや量販店が大きくなれば力関係が逆転し、価格支配力が弱まらざるをえない。こうして、メーカーによる圧倒的な支配力を誇る高度成長期までの流通構造は、小売業者の台頭とともに一変したのである。

コラム5　マーケティングの4Pから考えるジュンク堂のO2O

本という商品は、どこのお店で買っても同じデザイン、同じ文章である。また、書籍は小売業者が商品の販売価格を変えることができない再販制度の適用商品となるため、どこで買っても同じ価格である。さらに、再販制度により、他の小売業では一般的な割引やクーポンで集客することもできない。

これをマーケティングの4Pに当てはめてみると、

① Product（商品）：製品、品質、デザイン、ブランドなど。（どの店で買っても同じ。）

② Price（価格）：販売価格、割引など。（再販制度によりどの店も定価で販売。）

③ Place（場所・流通：チャネル、流通範囲、品揃え、店舗立地、在庫、輸送など。
④ Promotion（販売促進）：販売促進、マーケティング、広告、コミュニケーションなど。

このようになり、他社との差別化を図ることができるポイントは「Place（場所・流通）」と「Promotion（販売促）」に絞られる。

ジュンク堂は「Place（場所・流通）」と「Promotion（販売促進）」を最大限活かすため、O2O戦略に取り組んでいる。

ジュンク堂は北海道から沖縄まで全国に100店舗を展開、ネットショップも運営し、十分なPlaceを持っている。そこで、これらPlaceを連携させ、ユーザーの利便性を向上させて店舗に来てもらおうとO2Oシステムを構築した。

ジュンク堂のO2Oシステムのポイントは2点である。
① 各店舗の在庫状況をオンライン（ECサイト）で確認できる
② オンラインで在庫の取り置きを依頼、店舗で書籍を受け取ることができる

非常にシンプルなO2Oの仕組みだが、ネットから店舗の在庫状況を確認できることで「店舗に行けば"今日、確実に"ほしい本が手に入る」という安心感を消費者に持ってもらうことができる。すると「どうしても今日あの本がほしい」「東京駅付近で商談があるから、ついでに本を買って帰ろう」というニーズに応えることができ、利便性が高まる。店舗に来店してもらえれば、平台のディスプレイや店員の手書きポップで実際の店舗でしか醸し出せない「書店の雰囲気」を楽しんでもらうことができ、ついで買いによる客単価の向上が期待できる。

ジュンク堂O2Oインフラの仕組み1：注文して最短1時間で本が手に入る

ジュンク堂はECサイトを基盤にO2Oインフラを構築している。ジュンク堂ネットストアでは、主に下記の3点がでる。
① ネットで注文、指定場所（自宅など）に配送
② ネットで注文、店舗で受け取り
③ ネットで店舗の在庫を確認、店舗で購入

では実際にどのような仕組みで店舗取り置きが実施されるのか、その仕組みを見よう。
① まず、ネットストアから店舗取り置きの注文が入ると、ユーザーが受け取りを指定した店舗にメールが届く。
② 店員はメールに添付されているスリップを印刷し、本をピックアップして、スリップを挟み込み取り置き棚に置く。

③ 店舗での取り置きが完了すると、注文者に取り置き完了メールが送られ、いつでも受け取れることが通知される。

② で出てくるスリップとは、書籍のなかに破産である二つ折りの細長い短冊のようなシートのことである。専用スリップを活用することで、本をピックアップした店員以外のスタッフでもネットからの注文であることを把握しやすくなり、ユーザーが来店したときにすぐに書籍を渡すことができる。O2Oの仕組み作りでは店舗スタッフの運用負担を下げることも重要である。

ジュンク堂O2Oインフラの仕組み2：日本全国とことん探す

ジュンク堂では、O2Oの他にもPlace（店舗・チャネル）を活かしたサービスを実施し、他店との差別化を図っている。それが出版社に無い絶版本まで日本全国を総ざらいに探してくれる「トコトンお探しサービス」である。

もう絶版になってしまった本は、ヤフオクなどのオークションサイトやAmazonのマーケットプレイス、古本屋で見つけることはできるかもしれないが、希少本のため定価よりも高値で取引されている。しかし、本屋さんの棚で発見すれば、定価で購入できる。

「トコトンお探しサービス」は日本全国のジュンク堂の店舗の在庫をすべて検索し、見つかれば定価で販売してくれるという愛書家にとっては夢のようなサービスである。

このサービスは、WEBで依頼を受けてから、4つのステップで日本全国を探していくカスケード処理と呼ばれるシステムで動いている。

ステップ1：自社倉庫と取次倉庫を探す。

まずファーストステップだが、丸善&ジュンク堂の自社倉庫のデータを引き当てにいき、見つからなければ取次の倉庫を探す。取次倉庫にあればそれを引き当てて注文者に配送するが、なければSTEP2に進む。

ステップ2：大規模店（倉庫点）を探す

セカンドステップでは、ジュンク堂書店の店舗を探す。

池袋本店、渋谷店、丸善丸の内本店といった大店舗に在庫があるかプログラム上で検索し、あればその店舗にトラックが行って受けとって配送する流れとなる。この大規模店はそのフロア面積の広さから倉庫店舗とも呼ばれている。

ステップ3：出版社を探す。

倉庫にも大規模店にもない場合は、アナログですが電話で出版社に問い合わせ、あればそこから取り寄せる形になる。

ステップ4：日本全国のジュンク堂100店舗から探す

　出版社でも見つからなかった場合、全国の丸善&ジュンク堂100店舗を隈なく探す。ジュンク堂では、ビジネスや料理など各カテゴリに精通した店舗スタッフが書籍を取り揃えているため、出版社にないような本でも、どこかの店舗の棚に並んでいることがある。

　商品や価格で差別化できなくても、消費者ニーズをとらえて利便性を高めれば、「ネットで買う」より「店舗で買う」ことを優先してもらえる仕組みをつくることができる。今後、O2Oは消費者に選ばれるお店になるために欠かせないインフラとなるであろう。

（『週刊東洋経済』2013年12月7日号に掲載）

専門用語解釈

マーケティング（Marketing）

　消費者の求めている商品・サービスを調査し、供給する商品や販売活動の方法などを決定することで、生産者から消費者への流通を円滑化する活動。

　　市场营销：市场营运、行销、促销、营销。通过调查消费者需求的商品与服务，并决定供给的商品或销售办法，来使得从生产者到消费者的流通得以顺畅进行的一种活动。

セリング（Selling）

　有価証券募集や売り出しを不特定多数に対して行う業務。

　　销售：卖，销售产品。对不特定多数的人开展募集或售出有价证券的业务。

マーケット・セグメンテーション（Market segmentation）

　市場を消費者の特性の違いに応じて細分化し、それぞれのセグメントに適したマーケティングを行うこと。市場細分化。

　　市场细分化：将市场根据消费者特性的不同进行细分，开展适合其各自分类的市场营销活动。

ターゲティング（Targeting）

ユーザーが事前に登録した情報やユーザーの行動分析に基づき、嗜好や興味にあわせた広告を配信すること。

~~~

目标细分化：根据用户之前登记的信息及分析用户的行动，配合用户的嗜好与兴趣发送广告。

マーケティングミックス（Marketing mix）

製品、価格、広告、販売経路、物流など、マーケティングの諸手段の組み合わせのこと。

~~~

市场营销组合：指产品、价格、广告、销售路径，物流等各种行销手段的组合。

マーケティングツール（Marketing tool）

マーケティング活動において用いることができる手段。製品、価格、広告、販売経路、物流など。

~~~

销售手段：指产品、价格、广告、销售路径、物流等各种用于市场营销活动的手段。

コンシューマリズム（Consumerism）

消費者主義。欠陥商品、不当表示、不当値上げなどに対抗して、消費者が自らの利益擁護のために行う運動、活動。

~~~

消费者主义：消费者为抵制缺陷商品、不当标识、不当提价等为维护自己的利益而开展的运动、活动。

ダイレクトマーケティング（Direct marketing）

従来の広告、販売よりも、より直接的に消費者に広告、販売をする活動。ダイレクトメールによる広告、通信販売など。

~~~

直接销售：直接市场销售。比起以往的广告销售，更为直接地对消费者进行的广告销售活动。如直接邮寄的广告、邮购等。

日本企业与经营

セグメンテーション（Segmentation）
市場を分類し、その性格にあった商品の製造、販売活動をすること。

市场细分：划分特色销售法。对市场进行分类，制造和销售适合该市场特性的商品。

販促
（販売促進の略）製品・サービスの販売を刺激するためのマーケティング政策。

促销：（促进销售的略语）为刺激产品、服务的销售而采取的市场营销政策。

マーケティングリサーチ（Marketing research）
企業が製品の開発や販売に関して行う消費者の動向や市場の分析などの調査。

市场调查：企业就产品的开发或销售所做的消费者动向或市场分析等调查。

アンテナショップ（Antenna shop）
新商品を試験的に売り出す小売店舗。消費者の反応を探るアンテナの働きをもつことからいう。パイロットショップ。

试销店：厂营门市部，试卖店。试验性卖出新商品的小店铺，因具有试探消费者反应的天线作用而得名。

トレードマーク（Trademark）
登録した会社が専用する標識。登録商標。

注册商标：经过注册的公司专用标识。

モデルチェンジ（Model change）
商品などのデザインや性能を変えること。

产品更新：转型。改变商品设计或性能。

独占禁止法

公正で自由な競争を基調とする民主的な国民経済の確立を図るための法律。1947年（昭和22年）公布。企業の私的独占、不当な取引制限·不公正な取引方法の三つを禁止することを基本とする。その運用機関として公正取引委員会がある。独禁法。

~~~~~~

《反垄断法》：以公正自由竞争为基调，为确立民主的国民经济而制定的法律。日本1947年（昭和22年）公布，以禁止企业的个人垄断，限制不正当交易，取缔不公正的交易方法三项禁止条款为基本内容，并设立了运营机构公正交易委员会。

練習問題

問題1：無印良品の中国市場におけるマーケティング戦略を、4Pの観点から分析してみてください。

問題2：欧米流通大手のウォールマートやカルフールが、2000年前後に日本市場へ進出したが、撤退を余儀なくされた。日本市場の流通機構の特殊性からその失敗の原因を考えよう。

附

市场营销

1. 市场营销的作用

（1）市场营销的定义

关于市场营销的定义，一般而言多采用美国·市场协会（AMA）对其所下的定义。

市场营销是指创造、传达、配送、交换对于顾客、委托人、合伙人、社会全体而言，有价值的事物这一活动。同时也泛指一系列的制度及过程（AMA）。

（2）建立"畅销机制"

日语中的"マーケティング（市场营销）"一词用片假名书写，用发音来标记英语marketing，让人容易联想到外汇市场等，也容易被误会成企业的宣传等活动的一部分。但由于站在顾客的角度来进行企业活动这一概念本身是对现代商业活动不可或缺的，于是后来日语中就出现了让顾客一目了然的新词"売れる仕組み（畅销机制）"。

日语中的"売れる（畅销）"包含两层意思，即"销售（selling）"与"营销(marketing)"。"销售"一词极端而言，含有在不触及法律的前提下，迫使顾客购买其不想要的商品的意思。与之相对，"营销"是指提供给顾客商品信息使其更加感兴趣而购买商品。另外，有即时回应、及时应对顾客而做好准备之意。

为了使商品与服务达到"畅销"的目的，有必要了解顾客的需求。当该产品成为客人必需之时，不断生产，为使顾客知晓商品的存在，并理解其特征，放在顾客容易着手的地方，提供合适的价格。这一系列的过程都包含在了"畅销"一词中。

另外，这一系列以顾客为主的过程，需要企业整体统一协调，因而出现"机制"一词。对营销意识还不十分成熟的组织来说，经常会使用"建立畅销机制"及组织调整一说。

"畅销机制"包含以上内容，虽说不太显眼，然而其作用不容忽视。

(3)市场营销的两面性

市场营销,是以市场为对象,以顾客为主体,但这两者却都不稳定。因而有必要做到以下两点:一是"科学性",二是"感性"。

科学性:基于市场营销即为科学的思考方法,尽可能理论的、定量的,弄清楚市场动向的变化与顾客的购买行为,进行合理的市场营销。

感性:消费者也会凭直觉采取不合理的购买行动。因此,基于"市场营销是种艺术"的思考方法,市场营销也是一种注重分析消费者感性的研究。

由于存在两面性,根据商品及服务的特征,侧重点不同。例如,对于日常用品的食品及日用杂货等来说,侧重于科学性合理性。与此相对,嗜好品侧重于感性。但针对同一商品不同企业的着眼点不同也会造成侧重点不一样。市场营销需要同时兼备"科学性"与"感性"。

(4)市场营销的过程

进行有效的市场营销,需要理解其过程,应采取稳扎稳打的策略。因为市场与顾客都难以把握,所以把握现状,站在市场与顾客的角度来进行市场营销非常重要。

通常市场营销有以下四步骤:

① 市场分类(详细划分);
② 目标市场选择(目标选定);
③ 市场营销组合(4P);
④ 执行与评价(检验与学习)。

① 市场分类

市场分类,是指详细划分市场。对于特定商品(服务)所潜在的市场进行区分,将顾客市场进行详细划分,以此对特定范围进行集中研究为目的来进行分类。例如汽车的类型(高级轿车市场与紧凑型跑车市场)。

详细分类的范围包含人口、地理、社会、消费者心理等。另外,将详细划分的消费者团体称为"市场细分化",将目标锁定的市场细分化称之为"目标细分化"。

② 目标市场选择

将自家商品投入市场时,应锁定于哪些顾客层?

企业的经营资源有限,不能回应每位顾客的需要。因此,需要将目标锁定于对自家商品感兴趣,在对比中有竞争力的顾客群。

目标市场的选择,需要留意"市场规模""公司的优势与弱点""产品周期""竞争合作战略""环境因素"等,需要进行综合的判断。

③市场营销组合

市场营销组合是指在市场营销战略中，为了拉动市场效应，会采取多种组合销售手段。即企业与非盈利组织对顾客贩卖商品与服务时，使用多种营销手段。

用"4P"进行市场营销组合的情况占多数。其实质是顾客需求的营销，教育性效果非常受好评。在20世纪70年代的末期消费者主义抬头之际，与其相比较就产生了4P是站在卖方的视角来进行营销的手段这一说法，原本的4P是基于买卖双方的。

目标细分化

Product　产品：产品，服务，质量，设计，品牌等；
Price　　价格：价格，折扣，支付条件，信用交易等；
Place　　渠道：途径，运送，流通范围，选址，商品种类，在库状况等；
Promotion　促销：广告宣传，直接销售。

④执行与评价

实施政策　　　　－有效－原因
　　　　　　　　－另外的政策
　　　　　　　　－无效－原因

市场营销组合必须有上图所示步骤。市场营销最重要的是通过日常的政策实施，从市场与顾客出发，从中学习以制订更有效的政策。

2. 战略性市场细分

（1）市场细分的意义

市场细分作为实行有效的市场营销的"切入点"，非常重要。

如何划分市场，不仅能明确自家公司的目标，独特的市场细分本身更是相区别的源头。挖掘出领先于竞争对手的市场细分，能领先有效的政策实施。

①市场细分化的概念

Segmentation称作市场细分化，即对与营销对象类似的持购买行动力的集团进行细分化。以往，那种只考虑针对所有顾客销售商品，并未将顾客群加以细化的做法，造成了预期目标难以达成的后果。而近年来，对以往的实施战略加以变通，开始将年龄层和地理等因素纳入考虑之中。

② 营业模式

对大规模公司的服务细致周到，但对中小企业的服务态度恶劣。于是，针对商品种类不齐全，交货期缓慢，价格居高不下等这些中小企业的抱怨时，开始认真对待。并将这种考量纳入整体商业运营之中。中小企业这一细分本身是原来的市场细分的思考模式。重要的是要着眼于市场细分没能满足的需求，并考虑采取措施去解决。发现消费者对当今商品及服务的不满及顾客感到不便的地方时，便能抓住更大的商机。

③ 进行市场细分化的"切入点"

商品种类趋于齐全，市场趋于成熟化，我们谋求的不是以往的一般的市场细分，而是在更深入理解顾客需求之后，再找"切入点"。

进行市场细分化时，作为"切入点"，一般是指"人口动态"与"地理性分类"。人口动态又将市场基于年龄、性别、收入、家族构成、职业等变数进行分类。地域分类则是基于地方、气候、人口密度等不确定因素进行分类，是根据地域特征的不同而进行的研究。

在这两个切入点的基础上，现在根据顾客的"价值观"与"购买行动"来进行市场细分变得越来越重要。伴随着网络的普及等信息差别的缩小，交通改善，仅靠人口动态与地理性因素已经不能满足市场的多样性。

（2）市场细分的陷阱

① 两个要点

一是"市场细分过度"。对市场分析越深入，容易着眼于细微的差别。但实际上商业需要划分的区块有一定规模。应该寻找"共通点"而不是"差异"，以此进行合理规模的市场细分。

二是"市场细分只是假设"。虽人口与地理基于实际数据进行市场划分，但价值观与购买行动是抽象的，需考虑到人们价值观会变化这一点。

② 成功的典范

A 识别可能

B 涵盖潜在客户

C 实际性的

D 预测可能

（3）创新理论

创新理论是指对消费者进行分类时的一种思考方式，基于对产品与服务的态度进

行分类的理论。

新产品上市，消费者的反应是不一样的。有人对新事物非常感兴趣，也有人观察他人再决定入手新产品与否。

① 基于创新理论的消费者分类

图1

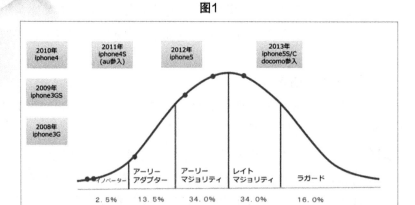

图1显示了创新理论下将消费者分为五种类型。虽然根据产品与服务的不同深入市场的速度也不一样，但新产品与服务的普及是从少数创新者的购买开始的（五种类型如以下所示）。

Innovator（革新者，2.5%）是指，对新事物深感兴趣，不受社会常识约束有自己独立判断的类型。

Early adapter（初期少数使用者，13.5%）是指，对新产品与服务的主观评价在初期向同伴传达，使其迅速普及的类型。

Early majority（初期多数使用者，34.0%）是指，看着"初期少数使用者"的使用来决定自己入手的类型。

Late majority（后期多数使用者，34.0%）是指，对新事物非常慎重，在广泛普及前持观望态度的类型。

Laggard（传统主义者，16.0%）是指，固执于传统保守的生活方式，不接受新事物的类型。

② 以iPhone为例进行分析

以下以iPhone为例详细探讨创新理论。2008年与2009年，第三代iPhone作为新品牌发行之时因其价格居高，质量不被人了解，对其深感兴趣的人非常少。那些对其感兴趣的人被称为创新者。

接下来在2010年第四代iPhone发行之后"初期少数使用者"对其基本评价在同伴

之中传开来，并不断广泛普及。

而后，在2012年iPhone第五代发行之后，看着身边的人使用iPhone决定自己也入手iPhone。这类人称为"初期多数使用者"。

现在，也存在对iPhone非常慎重任其广泛普及也不为之所动的人。这类人被称为"传统主义者"。

3. 市场营销组合

（1）市场营销组合中的"4P"指什么

"4P"是指为了对目标范围起有效作用，而组合具体的市场营销策略这一过程。即企业与非盈利组织对顾客贩卖商品与服务，为此实行的，使市场营销成为可能的多种手段的组合战略并实施。

$$4P\begin{cases} Product「产品」\\ Price「价格」\\ Place「渠道」\\ Promotion「促销」\end{cases}$$

另外，4P的各要素并不是独立的。4P的各个部分紧密相连，在实施政策措施时有必要注意"是否具有整合性"。

（2）与4P相关的成功案例——花王株式会社的"HERUSIA绿茶"

花王株式会社在2003年5月推出"HERUSIA绿茶"加入茶饮料市场。

"HERUSIA绿茶"的目标层为"中老年公司职员"，为其提供"利于健康"的特别价值。下面用4P说明。

产品（product）

茶所包含的儿茶酸，有燃烧体内脂肪的功效，但儿茶酸含量高的绿茶苦味重，比较难喝是其缺点。因此，花王解决了这一问题并使其商品化。另外，因花王积极的大力宣传儿茶酸绿茶的健康机能，花王得到了厚生劳动省"特定保健用食品"的认证，包装上有着易懂的广告词——"专门提供给介意体内脂肪过多的人饮用"

价格（price）

350ml的瓶装卖180日元，作为绿茶饮料价格偏高。但因其有特定保健用食品的认证，向顾客提供有效性及安全性，作出了目标人群能接受此价格的判断而开始贩卖。另外，与一般的绿茶相比价格相对较高给人一种品质感，达到了价格与产品相呼应的双倍效果。

渠道（place）

即便工作繁忙的公司职员也会步入便利店，因此每天购买茶饮料是件可行的事。为此将销售渠道限定为便利店限定贩卖商品。得到便利店的支持在店内显眼之处大面积陈列，"通过这种方式代替广告提高商品认知度"。

促销（promotion）

儿茶酸绿茶作为便利店专卖商品销售，另一方面积极地投入广告，促进销售。当时，花王针对儿茶酸绿茶做的市场调查结果显示，从广告得知绿茶存在的仅占三成，从便利店得知的占到六成。

2003年5月"HERUSIA绿茶"开始贩卖之后到2004年为止的大约十个月的时间内，"HERUSIA绿茶"达到了200亿日元的销售额，可以说是基于4P市场营销组合战略取得了巨大成功。

（3）"4P"应注意的要点

虽存在成功的案例，但市场营销组合"4P"战略并不一定能按预期取得成功。下面是实施"4P"战略应该注意的要点。

要点1：解决各要素的矛盾

例如将高品质、高价位的商品投入喜欢低价位的顾客市场，失败的可能性极高。

要点2：取得各要素间的平衡

四要素不平衡容易出现以下问题：

薄利的产品再加上投入巨大广告费用不能保证公司的盈利。另外，价高的产品如若不能确保广告费用，那就不能进行有效的品牌宣传，其结果因销量低，最终导致失败。

要点3：达到事半功倍的效果

市场营销组合（4P）另外一个成功的案例如青山正装基于低价销售策略，定义为PB商品，实现了零风险且畅销的效果。

4. 市场调查的实施方法

（1）定义

市场调查的目的是企业开发制造畅销商品，利用有效渠道使其流向市场，扩大销量，确保并扩大市场份额。企业等在提供商品与服务时，需理解顾客需求，了解顾客需求这一过程称之为市场调查。

（2）意义

从消费者角度出发，通过市场调查可以得到自身想要的商品与服务。另外，可以节省不必要的成本转移到售价。

（3）具体方法

① 题法

调查法的一种，对调查对象提问的方法。有直接面对面提问，及填问卷用纸的形式。问卷等问题法通过电话、面试或者邮件的方式让调查对象回答问题。关键在于制作问卷。

问卷制作需注意的一点是"用词"。用词需要注意以下要点：避免诱导调查对象出现特定的思维、避免使用专业词汇等。另外，填写费时的问卷会出现不良影响，如合作意愿低下，回答内容偏激等。

② 观察法

如字面意思直接对消费者观察并从中收集数据。是数据收集法的一种。例如，经常用"零售店的来店人数为多少""某商品在零售店的价格为多少"进行调查。

观察法的优点

观察法的优点在于信息的准确度高。例如要调查商品陈列对顾客产生的影响，比起问卷调查实际观察更能得出准确数据。

另外，调查人员观察现场能深入了解情况，有时会有意想不到的收获。近年随着科技的发展调查法出现越来越多的新形式。

观察法的缺点

观察调查不能直接得到事实的背景和理由。因此，此种情况数据的价值多取决于调查人员本身。

另外，将个别的数据模式化、信息化的情况下，能完成到什么程度也依赖于调查人员的判断。

③ 面试法

面试法是指调查人员对调查对象直接面试而进行的调查。此种方法的优点是可信度非常高，并且可以设立多个调查项目。

但是，此方法耗费的人工等成本增多，调查人员的公司内部教育不到位，及近年调查对象不合作，及不能一次性开展多项调查等原因，采用直接面试法调查的例子在不断减少。

④ 实验法

实验法集调查与实际销售为一体。推出试卖店来看市场反应，另外，定点进行市

场调查。

例如，尝试多种商品陈列方式，根据陈列方式的不同来看销售的状况，或者同种条件下尝试不同的价格来看市场反应。

实验法还包含改变广告中的小部分来看消费者对变化的感知度，以及在多支不同广告中植入填写资料的项目，根据填写资料的人数来判断广告效果。

此方法得出来的数据被评价为实践营销统计学的具体体现。可以运用到解释销售与认知度等之间的因果关系上。

实验法是最科学的调查方法，因此可信度高，但缺点是容易受外部因素影响。

市场调查的要点

任何庞大的数据，只要目的意识与问题点不明确，数据没有整理好，也会如同垃圾一样。因此整理前面四种市场调查方法得出的数据，对其进行科学的分析，提出满足顾客需求的市场营销提案。市场调查是为了市场营销。

5. 品牌战略的内容

（1）品牌的概念

① 意义

原本品牌只是企业与产品的"名片"，但随着时代的发展品牌有了更重要的意义。品牌表示对顾客提供一定价值和信誉，对顾客来说是信赖的保证。构建一个品牌很难，但品牌形成后会成为宝贵的经营资源。

② 发展历史

品牌在市场营销中成为了重要问题是出现在20世纪80年代末期的美国。品牌现象原来也出现过，但逐渐占重要地位是在此时期。90年代可以成为"品牌的10年"。其中，品牌论者戴维·迈克在他的著作《品牌领导力》的开头部分指出，80年代后半期品牌平衡法在美国开始被重视是"短时性的管理的流行"。

③ 品牌矩阵

为了更好地理解品牌创造了品牌矩阵这一概念。考虑品牌时重要的是增加消费者市场还是锁定特定范围，并对此作出决定。另外一方面需要考虑企业产品价值的大小。根据不同的品牌战略，所实施的形态也不同，创业与产品分为四类，分别为"磁石""金字招牌""过气的偶像"及"仅有知名度的企业"。

④ 结构

企业的品牌不限于一种。它有企业本身所持有的品牌（团体品牌），包含多样的产品的品牌，成分品牌等各种组合。使用哪种组合进行营销由产品特征与各企业的营

销战略决定。我们需要在理解品牌结构的基础上选择最合适的品牌管理。

"团体品牌",即公司名为团体品牌名。例如,丰田与Ritz-Carton酒店等公司名即为他们的品牌名。"产品品牌"是指产品名即为品牌名。例如,Windows和Walkman等。"成分品牌"是针对包括最终成品在内的零碎商品。例如,SHIMANO INC和Intel。

(2) 品牌的管理
① 注册商标

注册商标的管理为品牌管理的第一弹,是战略实施品牌影响力的必要条件。主要包含登陆商标管理、品牌设计管理以及假冒伪劣管理。

② 品牌单位的市场营销管理

品牌单位中市场调查决策的开展及政策实施。P&G明确同一范围的品牌定位,为了不引起恶性竞争在20世纪30年代开始实施品牌单位管理制度。

③ 品牌价值管理

品牌价值管理是指提升品牌价值的管理。在此要实行管理的是顾客对品牌的认知。也就是即使顾客认同品牌的价值也需要进一步提升。品牌重要的不是"快速销售",而是"创造持续畅销的环境"。

(3) 品牌战略在当代社会的重要性
① 品牌战略的定义

品牌战略是指相比较市场营销的目标更优先品牌的价值,策划市场营销活动并实施。另外,品牌即商标通过广告宣传对外推销,区别竞争者与自家相同的产品,创造竞争中对自身有利的环境的市场营销战略的一种。

② 全球化的品牌战略

进入21世纪以来,众所周知品牌越来越全球化。因此追求世界知名度的企业为了构筑全球化规模的品牌,应考虑采取什么样的战略。解决方法的重点是要活用全球品牌化的经验的资源,使顾客对品牌的认知在世界范围内尽可能的相同。

6. 日本企业的市场调查战略的特征

(1) 对商品流通的支配

日本企业的市场营销战略引入介于产品流通之间的多数商人自身的阵营,支配产品流通的过程之时有一特征。例如,松下电器在20世纪50年代的前半期就领先其他的

厂家，将当地有名的批发商与零售店作为松下的系列店。汽车行业则由丰田领先打造了零售经销商网。丰田与其他汽车公司在产品流通方面花费的成本有很大不同，其中一个理由是丰田领先确立了经销商，活用当地资源。与其他自费打造经销商网的公司相比，花费在流通的成本大幅降低。

与同业界的其他公司相比做到广泛且深层次的支配商品流通这一点的不仅限于松下电器与丰田。日本各业界巨头企业都有共通的一点——领先行业将自身产品的流通过程以上述的形式进行管理。对商品流通的支配可以说是日本市场营销战略的一个重要特征。

（2）产品线的广度

日本企业的市场营销战略的另一特征为，拥有范围宽广的产品线。例如，丰田有从花冠到王冠的实线产品。松下电器与其他的家电生产商相比，从复合端口到信息家电再到白色家电，有着广泛的产品范围。电器的话即使是VTR这一类产品，也比其他生产商要多一些种类选择。

有几点原因造成了此种现象。市场营销战略中最重要的是与流通支配的关系。流通中拥有自家专卖店虽有益处但同时也存在制约。例如松下电器将系列零售店当做自家的专卖店，因此不销售其他生产商的商品。对系列店来说不能从其他生产商进货，为此，要求松下电器进行产品线的综合化。换言之，即松下电器为了停止将有一定影响力的零售店作为专卖店，需要多种产品线。

（3）不间断的产品革新

不间断的产品革新也是日本市场营销战略中重要的一环。例如丰田每4年更改一次主造型，同时每年改变型号产品更新来刺激市场需求。另外，家电厂商瞄准需要期尝试一年一度的产品更新。信息机器例如文字处理机瞄准奖金发放期进行一年两次的产品更新。（奖金发放：日本有夏季奖与年终奖两次发放数额较大的奖金的时期。）通过频繁的产品更新，将新技术与功能或新的消费者需求体现在新产品中。

这一点与流通的关系也非常紧密。为了维持专卖店制度，不能落后于其他公司的新产品太多。虽然没有必要走在行业最前线，但必须赶上竞争者开发的新功能与新特征。业界的革新与效仿的循环飞快，为此开发过程要缩短时间。松下电器有段时间被戏称为"仿下电器"，正是对行业竞争与松下电器的战略实施的象征性的语言。

（4）日本的营业组织

日本的营业组织的以下两点特征非常重要：

第一点，以有能力的且具有商人敏锐性的营业员为中心的营业组织。成为有能力的"商人特质"的营业员的条件是，在组织内外都能灵活变通。具体表现为，能使顾客购买不畅销的商品，但不能使顾客一直遭受损失。有时还需要在畅销商品量不足的情况下将产品带给顾客。即能在顾客与自身组织之间灵活变通使两方受益，才能使从前被迫购买商品的顾客得到回报。

有能力的营业员与特定顾客之间的深厚关系能培养他们对顾客需求的敏锐度。并因此刺激他们的认可性行为。例如，基于"应该能畅销"，预先大量订购抢先于其他营业员。即日本营业组织的"有能力"是指在组织内外都能灵活变通的能力，并由此培养出的对供求的敏锐观察力。

第二点，营业交易的核心是，以顾客至上理念为基础与顾客之间的交流或者是跟顾客形成的信赖关系。日本专业的营业员的口头禅是"销售商品，销售人情"。首先与顾客形成"无可取代的信赖"关系，进而一切将会水到渠成。有时还会带来新的商机。事态紧急以及有发展性的贸易关系是建立在无可取代的信赖关系上的。

这些营业组织，在基于"不间断的产品革新"的方针所开发的新产品，新型号迅速推向市场方面，占有重要作用。为了正确预测接下来要开发的新规模的产品以及型号的销路，贸易关系之中不可欠缺这种灵活性。

（5）投机型市场战略

以上四要素构成一种战略包装。姑且称为"投机型市场营销战略"。如其名，着眼于市场风险。

市场风险指按预想所生产的生产量与市场需求量不相符所带来的风险，即滞销与供不应求的风险。一般来说，在与其他厂商的竞争中所带来的生产过剩，滞销风险在此非常重要。滞销风险具有与大规模预期的生产体制区别化的竞争特性。换言之，是现代资本主义的"宿命"。

预期市场需求进行大规模生产，与实际市场需求之间少量的调整不起作用之时，商品极有可能滞销。换言之，一次性的批量生产规模巨大会造成流通库存量增加，扩大滞销风险。

另外，服装行业这类产品因企业不同而有巨大差别的公司更容易产生此类风险。举个反论，生产商越是倡导自家商品与他家不同会增大商品滞销的风险。因此其他厂商也效仿此法，造成消费者产生"产品相似不能构成构买的理由，我想买的就是那一家的那种商品"的想法。

因此，"投机型市场营销战略"是应对此类市场风险的一种方法。它的第一特征是分担市场风险的制度，第二特征是追求以此为前提的规模的经济性。

投机型战略有大规模的集中生产，大规模物流设施，大量的流通库存。优点在于"规模的经济性"。即大量生产带来的规模利益与伴随大量物流体制的订购和运费成本的节约。另外还有防止脱销的优点。但其代价是大规模的预期生产带来的大量库存，不仅需要花费库存成本费用还会增大滞销风险。如我们看到的，产品滞销贬值，不得不折扣出售等。另外，应对滞销的直接花费是对顾客以及营业员的高额销售促进费。

为了减少应对滞销带来的直接花销，生产厂家采用上述市场营销战略。例如流通的支配即"流通系列化"使生产厂家有产品开发、产品线等制约的负担。但，为此能维持系列店制度，就能在制度上与资本上使批发商与零售商分担滞销的风险。

7. 日本的流通机构的特征

（1）日本的流通机构的特征

毋庸置疑，企业的市场营销在不同的区域（或者说市场）都有不同的特征。若要深入认识日本企业的市场营销策略，就必须要对孕育其成长的环境，也就是说要深入认识日本流通机构的特征。

总的来说，日本流通机构的特征有三点，那就是"小规模性""多阶段性""生业性"。

"小规模性"意思就是在日本的流通机构中，小规模的批发企业以及零售企业数量占压倒性优势，也就是说中小企业在产业结构中所占比例占绝对优势。如图2所示，战后在日本的零售业中，四人以下的零售企业长年占最大比例。尽管随着时间推移，其比率有所下降，但2007年4人以下的零售企业仍占总数的约70%。批发业的情况与零售业相近。当然因为零售与批发企业较容易起步，故小规模企业较多也是理所当然，但对比其他国家，日本在流通机构中小规模企业所占比例仍然相对较大。

第二个就是"多阶段性"。其意思是指从厂家流通到消费者所经历的阶段周期较长。其原因在于商品从厂家流通到中间消费者时要经过较多的批发商。特别是在农林水产以及纤维制品等领域更是如此。"多阶段性"的其中一个指标便是W/R比率，也就是说批发业贩卖额相对于零售业贩卖额的倍率。根据高岗美佳的推算，20世纪七八十年代日本的W/R比率大概在1.6和2.0。这个数字相对欧美要高。

最后便是"生业性"。"生业"在日语里面可以读成"nariwai"，这正如其所表达的意思一样，是指顺其自然发展的职业。上面也提到过，日本的零售业中，从业人员为四人以下的商店占大多数，其中的大部分商店都是没用雇主，家庭经营的商店。

这些家庭经营的商店就像"生业"这个词汇本身所包含的意思一样，是为了维持生计，并没有太大的扩大事业经营想法，并且生产率较低的商店。这一点也牵涉到日本流通机构非效率性这一点。

如上所述，传统的日本流通机构有着"小规模性""多阶段性""生业性"的特征。而且"效率低"也常常被认为是日本流通机构的特殊性质，特别是20世纪八九十年代在世界范围内常被诟病。

日本流通机构的这三点特征是否会导致效率低下，我们暂且先不作结论，但这些特征在很大程度上构成了日本企业市场营销活动，这一点是毋庸置疑的。下面，我们就从日本企业交易习惯以及流通系列化来展开讨论。

（2）日本的交易惯例

"交易惯例"就是指在买卖双方间成立的一种旧有的惯例规则。在最终消费资料、中间产品、服务等方面的交易并不止是单纯的买卖关系。在产品与服务交易中会附带各种各样的服务，在买卖关系中会有复杂的交易。这在某种程度上可以解释为买方和卖方间存在着复杂的分工关系。

举一个例子，拿百货店中纺织品的委托销售以及退货来说。在百货店中贩卖的纺织品大多都是有厂家派遣到店的外派店员进行销售。所以其贩卖价格与厂家直接挂钩。另外，卖剩的产品也是由厂家处理。所以可以解释为百货店是在为厂家提供交易场所。

另外，有一种更加盛行的交易惯例就是"回扣制"。"回扣制"就是说在满足一定条件的情况下，厂家给予批发商与零售商回扣。回扣的条件分为满足一定数量的回扣以及专卖回扣。除此之外，还有很多回扣制度。这些回扣制度是为了激发流通业者的贩卖意欲，强化产家对流通渠道的支配力度，在日本企业的市场营销活动中发挥着重要的作用。

另外，设定零售店的贩卖区域从而限制零售店间的竞争，在市场营销活动中也存在着销售区制。通过设定零售店不同的势力范围，零售店的垄断力也会随之改变，厂家也能够间接地对零售差价进行控制。因此，销售区制也成为厂家间接控制流通渠道的手段之一。

（3）流通的系列化

以上的这些交易惯例，以及日本企业间接支配流通机构的活动，一般被称为流通系列化。因为企业直接参与到市场营销渠道的管理中会有很多的不便之处和缺点（例如设立子公司和直销店），所以日本企业在国内市场运营时，一般组织资本相对独立

的批发商和零售业者，然后对其进行一定程度的管理。

那么为什么日本企业偏好于间接管理流通渠道呢？这和上面所提到的日本流通机构的特殊性有很大关系。传统的日本流通机构中存在着大量的主要为维持生计而存在的小企业。如果在这种情况下，要实现对流通渠道的直接控制会产生不少的费用和风险，而且会激化流通产业过度竞争，反而会赔了夫人又折兵。所以，利用现有的流通机构，对流通渠道进行间接的控制才是上策。

8. 日本企业的市场营销活动的历程

（1）日本企业市场营销的起源

据说日本企业最初导入市场营销策略的是明治初期东京的木村屋面包店。为了赢得客源而开展市场调查，根据顾客喜好而进行商品开发与价格设定，于是该店主打商品带馅面包就成为明治初期的人气商品。另外，1910年创业至今的阪急电铁，以及札幌啤酒、味之素、森永制果等也都在广告、商品开发中导入了市场营销手法。

近代的市场营销体系开始在企业中生根定型是在第二次世界大战后。其形成和发展是在1955年访美团回国后，将所有优秀的经营技术都带回国，日本企业的经营基础才渐渐地开始定形。

此次访美团带回来的经营技术中最重要的便是经营管理中的产业工程。统称组织论或者是管理论。也就是说预算、资财、工程、原价、在库管理等。而在其中，职工合理化建议制度、ZD运动以及被认为是日本企业强大根本的生产技术的导入等都是这次访美团带回来的重要成果。

与上述同样重要的便是市场营销技术。在第二年即1956年中日本又再次派遣了访美团，其后便迎来了日本经济的高度成长。

（2）厂家支配的流通环节

战后经济的高度成长，市场的急剧夸张，厂家的市场营销活动迎来了最活跃的时期。这其中最典型的事例便是家电产业。当时，家电业界成长率快速，后来不得不出台处理大量制品的贩卖点营销策略。

东芝当时为了应对空前的家电狂潮，将经营销售事业的东芝商事独立出来。同时为了减少急剧增长的库存量，制订了销售四原则。其中第一点就是集中精力优先发展主打商品。第二就是强化销售网络，导入按月分期付款购买制度。第三个就是回收原则。要在回收票据的时候就开始创造收益，而不是在卖给批发商的时候。第四点就是对商品管理的彻底性。

东芝于1956年设立按月付款购买制度，并与零售店签订合约。此后，东芝在此制度的作用下，在扩大销售网、电视机销售以及冰箱销售中取得成效，在50年代后半期开始超越一直占据第一的松下。

（3）流通主导权间的争夺战

70年代以后，以超市为首的零售业者的抬头，在这之前一直有厂家主导的流通局面开始动摇，围绕着厂家和零售业者间的流通主导权争夺战拉开帷幕。其中最典型的就是当时最大的零售商大荣与引领日本家电产业的松下电器之间的竞争。

"大荣和松下电器的历史和解"。1994年，这样的标题在日本各大媒体报纸上随处可见。这是因为在30年来都没有直接交易关系的两公司之间就交易问题达成共识。可是，持续了30年的两公司间的争执，却依然存在。

松下与大荣的矛盾可以追溯到1964年。当时，大荣以松下制品的建议零售价格的80%的价格销售松下的产品。可是松下却停止了对大荣的供货。大荣为了应对松下抛出的策略，暗中从批发商以及零售店进货。而牵涉到该事件的供应商也受到了应有的停止发货的惩罚。

为此，1967年，中内功就此种现象是否违反了反垄断法，向公正交易委员会提起诉讼。围绕厂家的流通支配问题，当时中内功就是否应该拥有更倾向于消费者的价格主导权与花王、资生堂等名牌厂家进行了反垄断法诉讼的斗争。

围绕着厂家的流通支配问题，中内功主张在确保进货的同时进行价格破坏（使价格大幅度下降）。与此同时，也有人持不同意见，主张厂家要不断开发新商品，通过广告宣传等提高品牌形象，而市场营销也应该由厂家来做。如果产品卖得太便宜，研究开发费都赚不回来。可是，最终来说厂家还是要卖掉产品，而超市或者说量贩店如果规模够大其形势就会逆转，厂家的价格支配能力就会相对减弱。这样随着零售业的发展，在高度经济成长期一直由产家支配的流通局面也就开始发生变化。

第六章　経営戦略

学習目的
1. 経営戦略とは何か？
2. 経営資源とは何か？
3. 全社戦略はどのように策定するのか？
4. 事業戦略はどのように策定するのか？
5. 三つの基本戦略とは何か？
6. 日本企業の経営戦略の特徴は何か？

1 経営戦略について

（1）経営戦略の定義

　経営戦略とは、簡単にいうと企業を経営するための戦略である。ここで「戦略」とは、行動原理の意味であり、戦略的な行為とは、場当たり的な振る舞いではなく、なんらかの「計画」にしたがって行動することである。経営戦略論は、経営者にとって非常に重要なことで、組織論とならんで経営学の両輪の一つをなした。

（2）経営戦略の役割

　経営戦略は、企業の経営活動に重要な役割を担っている。具体的にいうと、「経営理念の策定」、「事業領域の設定」、「経営資源の配分」、「実行計画の策定」という四つがあげられる。

　① 経営理念の策定：自社の現状分析を行い、将来のあるべき姿である経営目標を明確にする。企業のなかで、人と人との意思疎通は最も重要な課題の一つと同時に、最も困難なことでもある。そうした状況で、経営理念を策定し、人々の考え方を一致させるように努力することが重要になってくる。

② 事業領域の設定：事業領域とは、自社が事業を展開する領域のことである。事業領域の明確化は、自社の社会的意義を明らかにするとともに、自らの位置づけを鮮明にすることでもある。そうすることによって、市場の存在を確保し、環境変化をモニタリングすることができる。また、事業領域の設定は、組織内の方向付けにもなり、意思疎通に大きく役立つ。

③ 経営資源の配分：経営活動を効率的に展開できるかどうかは、経営資源を適切に配分できるかどうかに大きく関わっている。経営戦略の策定は、経営理念と事業領域を明確にすることができるため、経営資源をどこに、どのように配分するのかに大きく役立つ。

④ 実行計画の策定：経営戦略は、具体的な施策計画の指針となる。実行計画の策定は、まず自社の状況をしっかり把握することと、経営目標を設定することが重要で、それにおいて経営戦略の果たす役割が非常に大きい。

(3) 経営戦略の構成要素

経営戦略を考える上で、重要になるのが「領域」「資源展開」「競争優位」「シナジー」という4の構成要素である。経営戦略をよりわかりやすく説明すれば、「企業の事業領域（ドメイン）を設定し、その設定された事業領域に働きかける為に、経営資源（人・物・金・情報）を展開させ競争優位を確立しシナジー効果を得る」ということである。

図6-1　経営戦略の構成要素

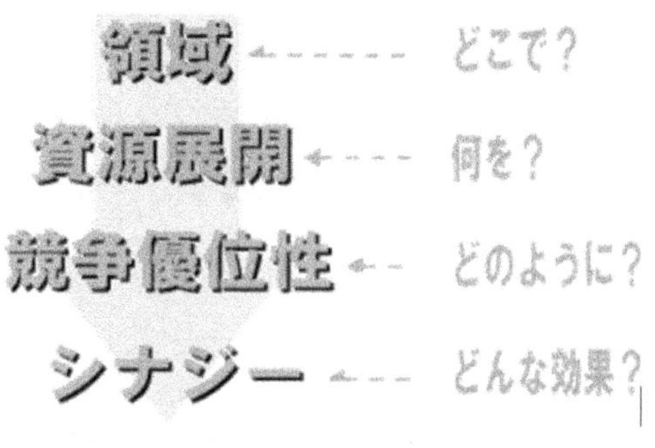

領域　　　　←------　どこで？
資源展開　　←----　何を？
競争優位性　←--　どのように？
シナジー　　←---　どんな効果？

① 領域（ドメイン）

企業の事業領域（生存領域）と言われるものである。「我社は〜〜〜をもって地域に貢献します！」のような経営理念を掲げている企業はこの「〜〜〜」の部分が事業領域となる。この領域は企業の「現在」および「将来」の活動領域を表わし、領域の設定によって企業は将来の活動が方向付けされ、競争相手が決定される。

② 資源展開

経営資源についてはすでに紹介した通りであるが、これらの経営資源は無限に企業に存在するものではない。経営戦略の課題のなかで企業がどこに力を注ぐべきかを決定し、効率的に経営資源を配分することが必要である。

③ 競争優位

現代企業の経営戦略は競争の視点が必要不可欠である。競争優位とは同業他社との市場における顧客獲得競争においての優位性であり、同業他社と比較し顧客が「何故（Why）」自社の製品もしくはサービスを選択してくれるのか、また選択される価値を生み出す資産は「何（What）」ということである。

④ シナジー

2つ以上の活動が単独・独立的に効果をもたらすのではなく、お互いに関連することにより当該活動から得られる以上の効果をもたらす事をシナジー効果と呼ぶ。特に多角化経営など2つ以上の事業を営む場合においてシナジーを計画的に策定しておくと、効果が大きい。

シナジーには、「販売シナジー」「操業シナジー」「経営シナジー」などが考えられる。たとえば、既存の事業において開拓した販売先を利用して、新規事業の製品を販売していくのは販売シナジーが生まれているだろう。また、既存のノウハウを利用して新規製品の製造に着手するのは操業シナジーが生まれていると考えられる。

2 経営資源

経営資源とは経営学用語の一つであり、エディス・ペンローズによって提唱された。しかし、時代の変遷と共に、経営資源の概念、内訳と特徴も変わっていく傾向が見せている。

(1) 経営資源の概念

企業の業種にかかわらず、企業が活動するためには、土地、建物、原材料、資金、人間などを必要とする。これらのいずれの要素や能力に欠ければ、企業は活動を続けることはできなくなる。なので、経営資源とは、企業を経営していく上で必要不可欠なものである。さらに言えば、経営資源とは、企業が経営活動に対して投入可能な有形、無形の存在物のすべてを含むものである。一般に、ヒト、モノ、カネといわれるが、このほか情報なども重要な経営資源とされている。

（2）経営資源の主な要素とシステム

　企業は、モノ、カネ、ヒトという三つの要素を日々の活動の中に投入して利用し、加工したり、処理したりする。その結果として、アウトプットを効果的に生むというシステムであるということができる。このシステムの中心には言うまでもなく人間である。人間がいて、人間が協力し合いながら、ものやカネを動かしていくのである。経営活動が実際に有効に動いていくため、三つの経営資源が結びついて有効に成果をあげるためには、組織と経営が不可欠だ。その意味で、組織も経営も大切な、無形の経営資源といってよい。

　しかしながら、時代の発展とともに、他にも経営資源とみなすべきものがある。情報、企業文化、時間、技術といった要素である。今日は、情報技術（いわゆるIT）の発展もあって、情報の戦略的利用の優劣が、企業が生きるか死ぬかの決め手にすらなっている。また、企業は人間と同じように、個性がある。企業の個性となる企業文化は、無形のものとはいえ、働く人々を一つにし、活性化かつせいかさせ、また顧客を獲得する上で重要な資源になっている。さらに、別の視点からいえば、コンビニという業態は他の店が利用してこなかった時間帯を捕らえて新たなビジネスを展開し、うまく成功させた例がある。この場合も、やはり決め手は「時間」という要素である。あと、新しい技術や経営資源の新たな結合がなければ、企業は新しい製品やサービスを生み出すことができない。技術が資源といわれる理由は、ここにある。

（3）経営資源の特徴

　経営資源については、二つの特徴がはっきりとみてとれる。一つは、具体的な形があることである。一口に物的資源といっても多様である。工場、機器、設備、だけでなく、車両搬運具、土地、材料、原料などがある。同じように、人的資源の方も常用労働者、マネージャ、専門スタッフ、管理スタッフ、臨時・有期労働者、さまざまである。貨幣的資源にしても、資本金、利益準備金などの自己資本と支払手形、買掛金、借入金など他人資本に分かれる。

　もう一つの特徴がある。どの経営資源は重要なのか、時代とともに変わっていることである。封建時代までは「土地所有」が決定的に重要であった。当時は農業生産が中心であり、資本需要も低く、労働力確保もむずかしくはなかった。こうした農業の重要性と土地の希少性が、土地所有者の社会支配につながったという。しかしながら、やがて機械が発明され、石炭、鉄鋼、鉄道、機関車などの生産が行われるようになり、農業生産の地位が低くなる時代が到来する。かくして、経営資源と

しての資本の重要性、希少性とともに、資本家支配の時代に移行することになる。そして、更に時代が進む。情報とか知識とかも重要になっているわけである。要するに、経営資源は、時代とともにその範囲を広げて認識され、捕らえ方や位置づけも変わってきた。

(4) 経営資源の獲得、蓄積と配分

経営資源論において、経営資源は企業の外（外部環境）から投入されたものだけではなく、内部にも問題意識を置かなければならないということである。まとめていうと、「①経営資源をどのようにして外部から獲得するのか」「②経営資源をそのように内部に蓄積していくのか」「③獲得し・蓄積された経営資源をどう配分するのか」という三つの問題が出てくる。

最初の資源獲得については、資源市場での有利で応急的な調達からはじまって、企業提供、M&A (mergers and acquisitions) などの長期的戦略にまで及んでいる。つぎの資源蓄積では、人材開発、組織開発、文化の変革、管理能力の蓄積、戦略的情報システムの構築、R&D（研究開発）管理が問題となる。

最後の資源配分では、一つの企業が、複数の事業を持つようになったとき、または複数の事業を持っているとき、これらの事業間における資源の配分の問題が浮上してくる。ある事業で一生懸命稼いだ資源を、その事業だけで再利用するのが、必ずしもベストとは言えない。ある事業で稼いだ資源を、他の事業に配分した方がいいときもある。ただし、注意すべきは、ここで資源という場合、「お金」に着目することである。人や情報の場合、転用が可能であったり、同時に利用できたり、使っても減ることはないからである。このようなタイプの資源を配分するのはさほど困難なことではない。しかしお金の場合はそうはいかないのである。

① 経営資源の獲得と経営戦略

経営資源の獲得には、スポット市場での調達（当面の応急的な購入）から企業提携、M&Aなどの長期的戦略にまで及ぶ問題が含まれていることについては、すでに述べた。

とくに最近注目されてきているのが、企業提携やM&Aである、激しい技術革新や合理化競争、販売競争に打ち勝つためには、自社の持つ既存の経営資源や事業分野だけでは生き残りが困難な場合が生じる。そこで、これに対しては、技術提携、業務提携、販売提携、資本提携などの方法で補うか、M&Aによって不足事業を追加するかが追求されることになる。

提携戦略とか、M&Aとかいわれるものは、このような経営資源の獲得に関係して

いる。

② 経営資源の有効な利用・蓄積と経営戦略

既存の資源や新たに獲得した経営資源は、有効に利用し、蓄積することが必要である。そして、未利用の内部資源やビジネス・チャンスの新たな発見とその利用が課題となる。

例えば、人的資源管理（ヒューマン・リソース・マネジメント、HRM）を通じて、働く人々の自己実現欲求を満たし、高い意欲と能力を開発・活用することが目指される、また。組織開発は、企業文化や意識の変革と活性化を通じて、組織の効率を高めることになる。

そうしたことを推進するための経営能力の蓄積、情報共有の蓄積は、重要である。さらに、戦略的情報システムの構築、R&Dによる技術蓄積など、蓄積すべき経営資源は、いろいろ考えられる。これらは、人材開発戦略、組織開発戦略、情報戦略、研究開発戦略などとよばれる。

③ 経営資源の最適配分と経営戦略

企業は企業目的を達成するために、持っている企業資源と企業環境の両方を考慮しながら、発展を意図して両者を適合しようと努める。現在及び予想される将来の環境の下で、企業はどのような独自の事業活動（「ドメイン」や「生存領域」ともいう）を追求すべきかを決定しなければならない。ドメインというのは、日本電気のマルチメディア、東芝のE&Eといったような「柱」とすべき事業活動の範囲のことである。

ドメインが決まれば、それに対応して経営資源をどう調達し、蓄積し、具体的にどのように活用するかというプロセスがあとに続くことになる。どの事業にどれだけの経営資源を重点配分して育成するのか。また、どの不採算事業を見直したり、撤退・売却したりすべきなのか。

では、どのような計算にも基づいて配分していけばいいのだろうか。それを知るために、ポートフォリオ・マネジメントが開発された。ポートフォリオ・マネジメントは二つの部分から構成されている。一つは、各事業の資源の必要度、貢献度、発展性についての全社的な全体像を描く部分。もう一つは、その全体像の中で、望ましい資源配分のあり方を提示する部分である。

3 全社戦略の策定

(1) 事業ドメインの設定

「事業ドメインの設定」とは、自社が事業を行う領域を指す。別の言い方をするなら、自分たちが戦う「戦場」(バトル・フィールド)を明らかにすることである。

限られた経営資源を効果的かつ効率的に使い、優位性を構築するためには、あれもこれもと手を広げることはできない。企業は、どの戦場であれば、自分たちは競争相手を打ち破ることができるのか、さらにはどの戦場には出てはいけないのかを明らかにする必要がある。

自分たちの戦場を明確にするうえで必要なのは、自社の「コア・コンピタンス」、すなわち中核となる強み、得意技を明確にすることである。他社が追随できないような独自の技術力や商品開発、物づくり、販売・マーケティングなどにおける圧倒的な組織能力がコア・コンピタンスとなる。

注意しなければならないのは、今行っている事業の周辺にある一見似たような事業であっても、往々にして求められるコア・コンピタンスは異なる点である。たとえ使っている技術が同じでも、製品開発のノウハウや販売チャネルが異なれば、簡単に成功するという保証はない。

例えば、日本の大手電機メーカーはこぞって半導体事業に参入した。これらの企業は、培ってきた技術力をもってすれば製品開発が可能だが、需要変動の激しい半導体市場において設備投資などの意思決定を迅速に行えないことや大手顧客へ食い込む販売力などに問題があり、海外メーカーほどのプレゼンスを確立できないでいる。

技術的な側面だけでなく、どの事業ドメインなら自社が持続的な優位性を構築し、成長することができるのかを多面的に検討する必要があるのである。

(2) プロダクト・ポートフォリオ・マネジメント (PPM)

複数の事業を営んでいる企業は、限られた経営資源を最適に配分する必要がある。その技法としてよく使われるのが、ボストン・コンサルティング・グループ(BCG)が考案したプロダクト・ポートフォリオ・マネジメント(PPM)である(図6-1)。これは「事業の魅力度」と「競争上の優位性」をそれぞれの事業ごとに評価して、キャッシュを生み出す事業と投資が必要な事業を区分したうえで、全社戦略を明らかにしようとする考え方である。

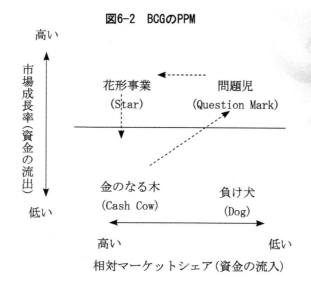

図6-2　BCGのPPM

　「金のなる木」(Cash Cow)は相対的シェアが高いため、資金の流入が大きく、一方で、市場成長率が低いので、資金の流出は少なくてすむ。したがって、このセグメントの事業からは潤沢なキャッシュが期待できる。

　「花形事業」(Star)は相対的シェアが高いので、資金の流入は大きいのだが、市場成長率も高いため、資金流出も大きくなる。あまり大きなキャッシュの創出は期待できないが、将来の「金のなる木」に育てる必要がある。

　「問題児」(Question Mark)は相対的シェアが低いため、資金の流入は小さいが、市場成長率が高いので資金流出は大きくなる。成長性に期待はできるが、金食い虫でもあるので、一気に投資をしてシェアを獲得するか、思い切って撤退するかの判断が求められる。

　「負け犬」(Dog)は相対的シェアも市場成長率も低いので、事業として成功する見込みが低いと判断するべきセグメントである。

　PPMにおいては、「金のなる木」から得たキャッシュを「問題児」に投入し、その「問題児」を「花形事業」に育て上げ、将来的に新たな「金のなる木」を育成するというステップが理想となる。

4　事業戦略の策定

(1) 事業特性の把握

　個々の事業において、どのように優位性を構築し、差別化された付加価値を創出するのかのシナリオが事業戦略である。

事業戦略を策定するためには、まずそれぞれの事業の持つ特性をきちんと理解することが重要である。分かりやすく言うと、それぞれの事業の「ゲームのルール」を把握することである。ゲームのルールを理解しないで、ゲームの勝者になることは困難だ。

事業特性を理解するうえで効果的なのは、アドバンテージ・マトリクス（図6-3）、事業ライフサイクルという二つのコンセプトである。

図6-3　アドバンテージ・マトリクス

競争要因（戦略変数）の数	分散型事業（個人商店）	特化型事業（医薬品）
	手詰まり型事業（セメント）	規模型事業（自動車）

優位性構築の可能性

① アドバンテージ・マトリクス

このコンセプトはBCGによって考案されたフレームワークである。事業の競争要因（戦略変数）の数と優位性構築の可能性という二つの軸をもとに、事業を四つのタイプに分類している。それぞれのタイプによって、事業の経済性は異なり、優位性構築のポイントも異なる。

A. 特化型事業

優位性を構築する競争要因が複数存在し、事業規模に関係なく特定の分野でユニークな地位を築くことによって勝ち組となることが可能である。医薬品業界が典型例で、ある分野に特化した独自の新薬開発でユニークなポジションを占めている企業が多数存在する。

B. 規模型事業

事業の規模が優位性を構築する最大のポイントとなる事業である。シェア拡大により規模を追求することが、このタイプの事業の基本戦略となる。自動車業界が典型例で、グローバル化での合従連衡の動きは規模の拡大による優位性構築を目指したものである。

C. 分散型事業

競争要因が数多く存在するが、圧倒的な優位性構築にまで至らない事業である。例えば、個人経営の飲食店は独自の味、店の雰囲気、立地、サービスなど差別化を考えうる要素は多数考えられるが、どれも他のお店を圧倒するまでにはなかなか至らない。こうした業界が真の優位性を構築するためには、規模型事業への転換を図らなければならない。デニーズなどのファミリー・レストラン業界は原材料の仕入れ、店舗開発、セントラルキッチンの導入などによって、分散型事業であった飲食業界を規模型に変えた例と言える。

D. 手詰まり型事業

成熟期・衰退期にある事業の中には、優位性構築が困難な事業が存在する。事業規模も優位性構築が困難の事業が存在する。事業規模も優位性の源泉にならず、ユニークな付加価値の創出も困難な事業である。セメント業界が典型例で、どの企業も低収益にあえぎ、撤退を考慮する必要も出てくる。

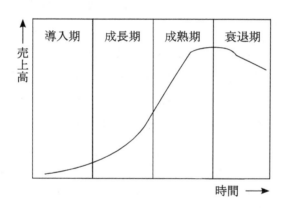

図6-4 事業ライフサイクル

② 事業ライフサイクル

事業には「寿命」がある。どのステージにいる事業なのかによってゲームのルールは変わり、その特性は変わってくる。

事業のライフサイクルは、導入期、成長期、成熟期、衰退期の四つのステージに分けられる。ただし、事業によってライフサイクル自体の長さには大きな差がある。エレクトロニクス分野のように技術革新が頻繁に起きる事業ではその寿命は短く、一方自動車などは比較的長い寿命を有している。

導入期は事業の黎明期であり、ユニークなアイデア、新しい技術を持った企業が市場を切り開いていく。しかし、成長期においては、豊富な経営資源を持った企業が市場を育て、絶対的なポジションを確立していく。成熟期から衰退期にかけては競争が激化して収益性が低下していく。そして最終的な淘汰が始まり、優位性を

失った企業は撤退していく。

　競争要因は、事業のライフサイクルのステージによって変化する。このため、あるステージで優位性を構築したからといって、同じ企業が次のステージでも同様に勝ち組となれるかどうかは分からない。

　パーソナル・コンピューター（PC）事業において、市場を開拓したのはユニークな技術力を持ったアップル・コンピューターだった。しかし、その後大手のIBMや日本企業が次々に参入し、市場規模を拡大させていった。やがて、市場は成熟期を迎え、競争は熾烈になり、IBMは中国の聯想集団（レノボグループ）への事業売却を決断した。

（2）経済性分析

　事業特性を把握するには、それぞれの事業の持つ経済性を正しく認識する必要がある。これは事業をコスト面から把握し、どのようなコスト構造を持っているのか、どのような工夫をすれば、コストダウンは実現するのかを理解するための分析である。

① 規模の経済（エコノミーズ・オブ・スケール）

　企業のコストは固定費と変動費に分解できる。固定費は規模が大きくなればなるほど、下がる傾向がある。また、変動費についても、原材料の仕入れを大量に行うことなどによって、規模によるメリットを享受することが可能である。こうした規模の増加によるコスト効率の向上を規模の経済と呼ぶ。

　規模の経済がどれほど大きいのかは、それぞれの事業や商品によって異なる。スケールが大きくなればなるほど、コストダウンのインパクトが大きなものもあれば、あまりコストメリットがないものもある。それぞれの事業・商品ごとに定量的にコストカーブを分析し、どの程度の規模を追求すればコストメリットが得られるのかを把握することが重要である。

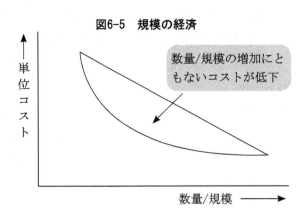

図6-5　規模の経済

② 経験曲線（エクスペリエンス・カーブ）

事業活動における累積の経験量が増えるほど、コストが低下し、コストメリットを享受できるという考え方が経験曲線である。規模の経済がものを対象にしたコストダウンであるのに対し、人の学習効果に着目したコストダウンである。もともとは航空機の組み立てコストにおける作業者の習熟のインパクトを分析したものであり、製造業のみならずサービス業においても、人の生産性を測る考え方として有効である。

図6-6　経験曲線

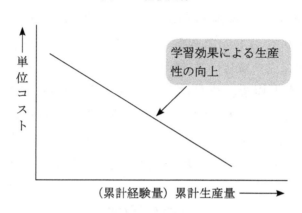

③ 範囲の経済（エコノミーズ・オブ・スコープ）

単一の事業ではなく、複数の事業を営むことでコストインパクトがもたらされるものを範囲の経済と呼ぶ。自社固有の技術、販売網、ブランドなどを最大限に活用し、同じプラットフォームを活用しながら多様な展開を行うことによって、単位あたりのコストを下げることができる。花王が自社の強みである家庭用品の流通網で化粧品を販売したり、ソニーがそのブランド力を活用して生命保険事業に参入したりするのが例として挙げられる。

ただ、一つ注意しなければならないのは、思ったようなシナジー効果を上げられない例も多いという点である。理屈の上では範囲の経済が効くと思っても、実際には事業特性の違いや顧客の購買行動の違いによって、想定していたような範囲の経済が効かないことがある。

半導体事業に参入した大手電機メーカーが思うような成果を上げていないのは、要素技術としては範囲の経済が効くが、販売やブランド構築では効果が小さく、さらには意思決定の速さなど求められる組織能力が異なるため、技術面での範囲の経済だけでは優位性の構築に至らないのである。

(3) 経営環境分析

事業特性の把握とともに、経営を取り巻く環境の実態を把握するために行うのが経営環境分析である。経営とは「生き物」であり、「環境の産物」である。自社を取り巻く環境を適切に把握しなければ、実効の上がる事業戦略を策定することはできない。

経営環境を把握する上で、効果的なフレームワークとして、3C分析とSWOT分析が挙げられる。

① 3C分析

企業を取り巻く環境を、顧客(Customer)、競合(Competition)、自社(Company)の三つのCに分けて分析するものである（図6-6）。シンプルな分析だが、自社を取り巻く環境を客観的、かつ総合的に整理するうえで有効なフレームワークである。

顧客分析では、市場規模、成長性、収益性、事業特性、顧客のニーズの変化などが分析対象となる。総合分析では、競争企業の数、それぞれのポジショニング、強み・弱みの把握、新規参入の有無などを分析する。また、自社分析では、自社のポジショニング、収益性、経営資源、技術力、ブランド・イメージなどを棚卸しする。

図6-7　3C分析

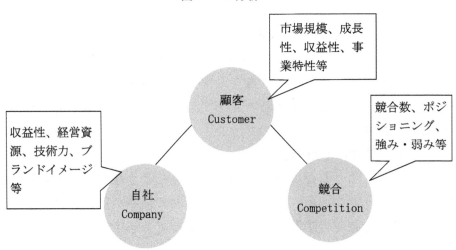

② SWOT分析

3C分析と類似しているが、市場での自社の優位性構築の可能性に力点を置いて、経営環境を整理するフレームワークがSWOT分析である。SWOTとは強み(Strengths)、弱み(Weaknesses)、機会(Opportunities)、脅威(Threats)の四つの要素を指す。

第六章 経営戦略

図6-8 SWOT分析

	好影響	悪影響
外部環境	機会 Opportunities	脅威 Threats
内部環境	強み Strengths	弱み Weaknesses

　具体的には、自社を取り巻く外部環境を把握した上で、市場における機会と脅威を整理する。その際、優位性構築の鍵、すなわちKSF（Key Success Factors）をつかむことが重要である。次に自社と競合を分析し、自社の強み、弱みを整理する。優位性構築のために何が武器となって、何が足りないのかを明らかにする。

5　三つの基本戦略

　ハーバード・ビジネススクールのマイケル・ポーター教授によると、個々の事業において優位性を構築するための基本的な戦略は三つに分けることができる。「企業のとりうる戦略は三つに集約される」とも言える。

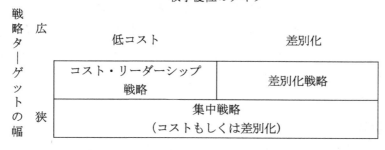

図6-9　ポーターの3つの基本戦略

　実際、こうした基本戦略が不明確で、優位性構築に結びついていない企業が数多くある。まずは、自分たちがどのような戦い方を目指すのかの軸足をしっかり定めることが重要である。

（1）コスト・リーダーシップ戦略

　この戦い方はコスト競争力を徹底的に磨き、コスト優位性の構築を主眼に置いた戦い方である。似たような付加価値を持つ製品・サービスが多数存在するのであれば、より安いコストを実現することが優位性構築の鍵となる。そのために、規模を追求して、より大きなスケールメリットを享受するなどの徹底したコスト削減を実現しなければならない。

自動車業界においては、トヨタ自動車がこれに該当する。トヨタでは新しい技術の追求、他社と差別化された商品の開発ももちろん行われているが、戦略の根幹にあるのはあくまで規模の追求によるコスト・リーダーシップの戦略である。成長を求めて海外に大きくシフトしたり、国内でもダントツのシェアにこだわったりするのは、スケールを追求して「品質は高いが、値ごろ感のある車」を提供することがトヨタの最大の付加価値であることを認識している証なのである。

(2) 差別化戦略

　コストではなく、あくまで差別化されたユニークな製品やサービスを生み出すことによって付加価値を生み出そうとするのが、差別化戦略である。そのユニークさは競争相手が簡単には真似のできないものでなければならない。しかも、差別化された商品やサービスを単発ではなく、次から次へと生み出すことができる組織能力を持っていなければならない。ウォークマンなどの革新的な製品を開発したソニーや、ポストイットなど独自技術に裏付けられたユニークな製品を生み出す3Mなどが代表例として挙げられる。

　自動車業界ではホンダの戦略がこれに該当する。ホンダは国内ではトヨタ自動車に次ぐ二番手の位置を占めているが、生産台数はトヨタの半分以下のスケールしかない。この規模ではどんなに頑張っても、コスト面でトヨタを凌駕することは困難である。トヨタの真似のできない差別化された、ユニークな商品を出し続けることこそがホンダにとっての生命線なのである。

(3) 集中戦略

　コスト・リーダーシップ戦略は、差別化戦略が広いターゲットを対象にした戦略であるのに対して、経営資源の限られた企業はより狭いターゲットに絞って優位性を構築する必要がある。集中戦略とは、全面戦争を避け、特定の商品やサービス、特定の顧客層、特定の地域など限定した領域に経営資源を集中させ、独自の優位性を構築しようとする戦略である。「隙間」を意味するニッチから派生した「ニッチャー」と呼ばれたり、「カテゴリー・チャンピオン」とも呼ばれたりする。

　集中戦略を徹底し、高収益、高株価を実現している企業としてキーエンス、ヒロセ電機、マブチモーターなどが挙げられる。いずれもセンサー、コネクター、小型モーターといった分野に特化し、専業メーカーとして「小さくてもきらりと光る」存在感のある企業である。

　自動車業界では軽自動車に特化しているスズキやSUVに強みを持つスバルなどが

挙げられる。ある分野に特化するわけだから、事業規模の大幅な拡大は望めないが、独自の強みを構築することによって高収益を上げることが可能である。

（4）死の谷

ポーターの「三つの基本戦略」は多くの事業に当てはまる汎用性の高い考え方である。しかし、多くの企業が陥るのが、これら三つの戦略のどれにも当てはまらず、中途半端なポジショニングをとってしまうという罠である。それぞれの業界の二番手、三番手の企業に数多く見られる現象である。

多くの事業では、規模が大きくスケールメリットを享受できるリーダー企業と、規模は小さいが独自の強みを持つニッチャー企業が高収益を上げる傾向を持つ一方で、中途半端なスケールのフォロワー企業が低収益に喘ぐという「V字カーブ」が見られる。その谷となっているのは、業界トップと伍すほどのスケールがないためコスト優位性の創出が難しく、かといってどれかの分野に特化した強みも明確ではないというきわめて中途半端なポジショニングである。これは「死の谷」と呼ばれ、きわめて優位性構築の困難なゾーンなのである。

図6-10　V字カーブ

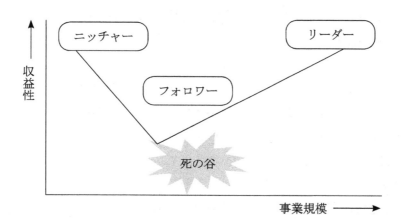

自動車業界では、経営難に瀕した三菱自動車がこれに当たる。業界内では中堅程度の規模にもかかわらず、フルラインの商品を持ち、パジェロなどユニークな商品が単発的には出るのであるが、そうした商品に特化する集中戦略に徹しきれていない。

「死の谷」は企業にとって構造的な問題であり、単発のヒット商品が生まれれば解消するといった類の問題ではない。業界全体の競争地図を見据えたうえで、自社のポジショニングを冷静、客観的に理解し、そのポジショニングからの脱却法やデ

メリットの克服法を考える必要がある。

再建に成功した日産自動車も業界内での位置付けを見てみると、「死の谷」に陥る危険性のあるポジショニングにいる。トヨタに次ぐポジショニングといっても、生産台数で見ると半分程度しかなく、トヨタと同様のスケールメリットは享受できない。そこで取り組んでいるのが、提携先であるルノーとの協業である。自動車の車台であるプラットフォームや部品を共通化するなどの施策によって、「死の谷」のデメリットを克服する動きを加速させている。

個々の商品戦略や戦術などにいきなり入るのではなく、業界全体を俯瞰したうえで自社がどのようなポジションにいるのか、どのような基本戦略をとれば持続的な優位性構築につながるのかを、一段高い目線で捉えることが重要である。

6 日本企業の経営戦略の特徴

（1）日本企業の経営戦略

日本企業の経営戦略の特徴は、大きくまとめれば、主に以下の二点が言えるだろう。1つは、シェア志向の企業行動である。すなわち、日本企業は利潤の最大化よりも、市場シェアの最大化をより重視し、それにしたがって経営行動を策定することである。もうひとつの特徴は、長期的な視野での企業行動である。これらの特徴はいずれも日本的経営システム、すなわち日本企業の組織構造と大きく関連している。

たとえば、日本企業が市場シェアの最大化を志向するのは、終身雇用と年功制度のもとでは、企業は売上の拡大への圧力を受けるからである。また、「見えざる出資」のシステムも、シェア志向を促進する。「見えざる出資」というのは、労働者が本来受け取るべき利益を会社から受け取らず、会社に出資している状態を指す。シェアの拡大に伴う企業規模の拡大が、出資機構を安定化させる。

また、長期的な視野については、終身雇用の制度のもとでは、もちろん企業の長期的な発展を考えていかなければならない。また、見えざる出資の制度のもとでは、ミドルが企業の長期的な発展にコミットせざるをえない。更に、企業間の長期継続的な取引慣行は、長期的な視野での行動を促す。企業統治に関して、株主からの短期的な収益圧力が低いという条件も長期的な視野での企業行動を可能にしている。

以上の経営戦略の背後には、生産規模の確保や学習量の確保があり、それによって規模の経済と学習の経済を獲得しようとする狙いがある。更に、この戦略からは

次の3つの戦略が派生される。

　第一は、日本企業が多くの産業で海外市場へ進出する際にとってきた戦略で、ボリュームゾーンと呼ばれる需要量の大きい市場セグメント向けにかなりの低価格を武器に参入しようとする戦略である。この戦略は、参入戦略としてみた場合には、低価格を武器としているという点が最も大きな特徴となるが、規模の経済や学習の経済を利用する戦略としてみたときには、ボリュームゾーンというセグメントの決め方が特徴となる。需要量が大きいということは、獲得できる生産量が大きいということであり、その生産の販売単価がたとえ低くても規模の経済や学習の経済がもたらす長期的なメリットもまた大きいということを意味する。その長期的なメリットが1つの狙いなのである。

　第二の戦略は、特に学習の経済の利用を念頭に置いたもので、学習効率が高いような市場セグメントを選んで自社の分野のうちに入れておく、という戦略である。たとえば、要求の厳しい顧客の多いセグメントに、短期的な事業採算はそれほど魅力的でなくともあえて参入しておくことである。厳しい顧客の要求が企業を鍛え、その学習成果がそのセグメント以外のところでの事業展開のノウハウとなって生きる、という波及効果を持つのである。実は、日本の企業が1970年代に国際的に事業拡大をしていけた背景には、日本国内の厳しい顧客の要求に応えることによって、品質その他が鍛えられた、という事実があった。それは、結果的には、学習の経済を生み出した戦略となったのである。

　第三は、半導体への取り組みにみられるように、範囲の経済をダイナミックに使うように、新しい事業で本体と相互関係の深い事業への短期的な採算が悪くても積極的に乗り出す戦略である。しかも、その多角化は、専門企業の外部からの買収という形で行われるのではなく、企業内部での育成戦略としてとられるのである。

(2) 経営戦略の日米比較

　加護野忠男ほか（1993）は、アメリカ企業と比較しながら、日本企業の行動パターン及び経営戦略を分析し、それを「有機的適応モデル」と名付けた[1]。加護野は、日米の大企業をそれぞれ約1000社の最高責任者にオリジナルな調査を行い、実証分析を行った。その結果、日米企業の経営戦略及びその影響について、下記の違いが発見された。

　米国企業は投下資本収益率と株価を目標としながら、経営資源の短期的な利用効

1　加護野忠男ほか，「日米企業の戦略と組織-日米企業の平均像の比較」，伊丹敬之、加護野忠男、伊藤元重編：『日本の企業システム2：組織と戦略』，東京：有斐閣，1993年，107-145頁。

率を高めるために、機動的な資源配分を行い、重点市場では競争会社と正面から対決するという環境適応の戦略をとっている。このような環境適応の戦略が要請されるのは、米国企業が一方でより多様化した製品市場をもち、利益機会の乏しいより敵対的な市場に直面しているためであり、また、資本市場とくに株式市場から収益性と株式利益の追求を要請されているためであろう。

他方、流動的な労働市場からの労働力の調達と会社売買の市場における事業の売買を利用することによって、短期的な効率を高めながら、環境変化への適応力を維持することができるのである。こうした戦略を実行するために、米国企業は権限を上層部へ集中させ、公式化や標準化を高度に進展させた機会的な組織構造を生み出し、典型的には事業部制に見られるようなアウトプット・コントロール、個人のイニシアチブを重視した意思決定、問題直視によるコンフリクト解消などの組織過程を生み出している。また、自律的な適応力に欠ける機械的組織を補完するものとして、マネジメントの革新イニシアチブが重視されている。このような環境適応の方式を「機械的適応モデル」と呼ばれる。

他方、日本企業は、市場占有率、新製品比率などの成長目標をより重視し、経営資源展開の短期効率よりも経営資源の長期的な蓄積を重視し、適所（ニッチ）をめざし、生産戦略をより重視した環境適応の戦略をとっている。日本企業は常に一定の組織スラックを生み出しながら、それを利用して環境適応をはかろうとしているといえるであろう。このような戦略が実行可能なのは、環境が変動的であり、収益機会に富んでいるためであり、証券市場や金融市場からの収益性や株主利益追求への強い圧力が存在しないためである。

また、労働市場も非流動的で会社売買の市場も不完全なために、労働市場からの労働力の調達や事業の売買による経営資源の展開パターンの短期的な修正は困難である。組織間関係から課される制約の強さも短期的・機動的な資源展開に制約を課すであろう。そのため、組織の中に常に一定のスラックを保有し、組織辞退の適応力を高めることによって、環境の変化への適応力を生み出さねばならない。そのために組織内部に様々な情報や経験を蓄積するという戦略や行動を重視している・権限を組織内に分散させ、公式化や制度化をあまり進めない有機的組織構造は変化への適応と経験の蓄積に適している。経営者の情報志向的リーダーシップ、集団志向的意思決定、価値と情報の共有、強権と根回しの使い分けによるコンフリクト解消、変化志向的組織風土などの特徴は、有機的組織をうまく機能させるための条件である。さらに、対人関係能力の高い経営者や第二次機能を重視した組織改革は、組織それ自体のなかに存在する変化適応能力を高めるための手段であるといえよ

う。そのため、日本企業にみられる環境適応方式は「有機的適応モデル」と呼ばれる。

（3）日本企業の研究開発戦略

新製品の開発にとって特に重要なのは、開発リードタイムの短縮である。これにおいて最もオーソドックスな管理手法として、PPP（Phased Program Planning）という手法がある。これは、製品開発過程を複数の段階（フェーズ）に分け、段階ごとにチェック・ポイントを設けて、全体の調整と統合を図るフェーズ・レビュー手法の一種である。その要点は、①それぞれのフェーズの中では専門分化を徹底して追求して、②しかしフェーズの区切るごとに調整と統合を図ることで、開発の全過程に調整と統合のメカニズムを浸透させようとするところにある。

PPPは、大規模かつ複雑なプロジェクトのマネジメントに特に有効であるが、その反面、手続きが煩雑で開発のスピードアップが難しいという難点を持っている。それに対して、日本企業は以下のようなダイナミックなマネジメントを生かして、製品開発のスピードアップを実現し、それに1980年代後半に注目が集まった。

第1は、同時並行開発（オーバーラッピング）である。これは製品開発の上流に当たるフェーズと下流に当たるフェーズとをオーバーラップさせ、重複的に開発を進める方法である。同時並行開発は、それをうまく進めれば開発スピードアップに効果があるが、それだけではなく、まとまりのよい製品を開発するうえでも有効である。同時に並行開発に対する工学的アプローチは、特に「コンカレント・エンジニアリング」あるいは「サイマルテニアス・エンジニアリング」と呼ばれることがある。

第2は、部門横断的なチームの活用である。PPPが強調するように専門性の追求は一方で重要だけれども、他方でまた製品開発過程で生じる様々な問題は、複数の技術開発部門や生産、販売などの諸部門にまたがって生じることが多い。このような場合には、関係各部門の広いエリアの人間が結集し、一体となって問題解決に当たることが有効である。

第3は、統合担当者による強力なリーダーシップである。製品開発で高い成果をあげてきたきぎょうには、多くの場合、①製品概念の創造と具体化に責任を負い、②部門間調整でイニシアティブを発揮して、③開発プロジェクトの全期間にわたって全体を見渡す役割を担うリーダーが存在する。このようなリーダーはクラーク（K.B.Clark）と藤本隆広によって、「重量級プロジェクト・マネージャー」と呼ばれ、自動車産業ではその存在が成功のカギを握っていると主張している。

ただし、これらの要因は日本企業にかぎらず、開発リードタイムの短いすべての企業にある程度共通にみられるものでもある。

コラム6　アサヒビール株式会社の製品戦略

　アサヒビール株式会社は、1889年（明治22年）、朝日麦酒㈱の前身である大阪麦酒会社として創業し、1949年（昭和24年）の大日本麦酒株式会社の分割により設立した。分割後は主に西日本で展開した。割時点において、ビールの市場占有率（シェア）は日本麦酒38.7%、朝日麦酒36.1%、麒麟麦酒25.3%と3社間で2位であった。1954年から1960年まで日本のビール市場占有率で2位を維持していたが、日本麦酒（現・サッポロビール）とキリンビールとの競争で、徐々にシェアが落ちていた。1961年に3位になって以降シェア低下傾向が続き、1963年にサントリーがビール事業に参入してからは更にペースを速めた。1980年代中盤には市場占有率10%を割り、1985年は9.6%と4位のサントリー（9.2%）に追い抜かれる寸前の状態まで陥ってしまった。「夕日ビール」などと揶揄される状況もあった。

　しかし、外部出身の社長主導による社内改革の進展や、現在も主力商品となっている「アサヒスーパードライ」の発売以降、驚異的に経営状態を回復して1988年には2位となり、1998年にはビール単独、2001年にはビール類（ビールと発泡酒の合計）市場におけるシェアで1位となった。2000年代からウイスキーやブランデーなどの洋酒事業や焼酎などの分野にも子会社を通じて本格参入した。

　一時は存亡の危機に陥るアサヒビールがなぜ活気を回復したばかりか、当時優位を占めるキリンビールも超えて、トップ企業に立つことができたか、続きは製品戦略の観点から考察するものである。

　製品にはそれぞれライフサイクル（すなわち、製品ライフサイクル）があり、各製品はそれぞれ、市場への導入期、成長期、成熟期、飽和期、衰退期という一定の時期を経過していく。製品ライフサイクル理論によって、製品戦略は四つの方向に分けられることができる。現在の市場に現在の製品をより多く売ろうとする戦略は市場浸透戦略である。新市場の開拓で現製品の販売を拡大しようとするのは市場開拓戦略である。海外市場への展開がその典型である。残る二つは製品開発戦略と多角化戦略である。製品開発戦略とは、新製品を開発し、あるいは、既存の製品に付加価値をつけて改良し、現市場に販売するものである。多角化戦略とは、簡単にい

うと、新市場に新製品を売ろうとする戦略でる。

経営環境の変化に対し、事業を継続的に行うため、適当な応対対策が必要である。アサヒビールが行ったのは製品改良という製品開発戦略である。業績不振の劣勢を撥ね返すため、アサヒビールは、当時の主力商品であった「アサヒ生ビール」の味の変更と、百年続いたシンボルマーク（波に旭日のラベル）の変更を行なうことが決定された。

アサヒビールの主力商品であった「アサヒ生ビール」はもう成熟期にあたって、アサヒビールの販売量全体の約9割を占めていた。そのような製品の改良には、競争他社より優れたものを提供するのがポイントであった。

会社自身の内部環境だけではなく、外部環境も考えられなければならない。ビールの競争市場においては、自社と競争者とを正確に位置づくねばならない。当時のビール市場におけるリーダー企業はキリンビールであった。また、消費者は商品を購入する際、品質、価格または会社の提供するサービスなどの差異によって決める場合が多いであろう。したがって、リーダー企業であるキリンビールに挑戦してシェア拡大を図るチャレンジャー企業のアサヒビールにとって、製品差別化を重視することが重要である。

その中、アサヒビールの踏み出した第一歩は、ビール市場の現状を把握するために、マーケティングリサーチとして1984年夏〜1985年夏に東京と大阪で計2回、5000人に味覚・嗜好調査を行うことであった。この調査で、ビールの味に関して、「若い人を中心に大半の消費者が苦みだけではなく、口に含んだときの味わい（コク）と喉ごしの快さ（キレ）を求めている」との結果を得た。同業他社を含めた従来の主力製品の持ち味は「苦味の強い重い味」であった。

調査を通して、消費者の新ニーズを発見した。消費者のニーズは不変ではないので、変化に対応することが必要である。消費者のニーズを明確に把握し、競争上の優位性の獲得に努めなければならない。したがって、消費者の認識変化で潜在的に求められていた「コク・キレ」をコンセプトに商品開発が進められた。

1987年、商品開発を行ったアサヒビールは「スーパードライ」を発売した。従来のビールの味と異なる「スーパードライ」は消費者の新しいニーズを先取りできて、次第に人気になっていた。日本のビールの味を変えた製品と言われる評判もあった。また、「スーパードライ」がヒットしたことにより、アサヒビールのシェアがアップし、これに伴い株価が上昇した。1988年には売上高と市場占有率を劇的に回復し、同年のシェアはサッポロを抜き2位に回復した。1998年に日本国内でビールは市場占有率で1位となった（発泡酒を含めたビール類の市場占有率では当時2

位）。

　そして、市場需要によって、発泡酒開発を行って、アサヒビールは2001年2月に「本生」で発泡酒市場に参入した。「本生」が好調だったことで2001年の発泡酒シェアにおいてアサヒビールは2位となり、日本の2001年ビール類シェアにおいてキリンを抜き、1953年以来48年ぶりに首位に戻った。

　今、アサヒビールは既存ブランドの価値向上と新価値提案による需要の創出に挑戦します。既存ブランドにとって、市場浸透戦略と市場開拓戦略を行うことが必要である。それで、最大の強みで「アサヒスーパードライ」には、更なる「進化」に加え、ブランド強化施策の推進と業務用市場の開拓が狙った目標である。「発泡酒」では、積極的な広告・販促活動を通じてブランド強化に取り組んでいる。また、アサヒビールは新製品開発戦略を行って、「新ジャンル」を新たしいブランドとして育成している。

参考文献

1. 清水信年，「アサヒビールービール市場の創造と適応」，現代経営学研究学会第7回シンポジウム資料，『清水信年ゼミナール』。
2. https://ja.wikipedia.org/wiki/%E3%82%A2%E3%82%B5%E3%83%92%E3%83%93%E3%83%BC%E3%83%AB.
3. http://www.jigyou-saisei119.com/words/cat44/product-strategy.html.
4. 阪野峯彦、平井東幸、猪平進、海野博、籠幾緒，「企業経営学の基礎」，2003年3月，60頁。
5. http://www.asahibeer.co.jp/ir/event/pdf/presentation/2008_in_factory.pdf.
6. http://www.asahibeer.co.jp/aboutus/business/.

専門用語解釈

経営戦略（management strategy）

　企業が競争的で絶えず変化しつつある環境の中で生き抜いていくために立てる総合的な計画である。現代管理教育、例えばMBA、CEO12、EMBAなどから見れば、経営戦略という概念が広義と狭義に分けられる。広義では、戦略マネジメントなどの方法を活用して企業運営を行い、戦略方法のもとで戦略意図を貫いて、戦略目標を実現すること。狭義では、企業の経営戦略の制訂、実施、マネジメントといった過程

を管理すること。

经营战略是企业面对激烈变化、严峻挑战的环境，为求得长期生存和不断发展而进行的总体性规划。现代管理教育如MBA、CEO12篇及EMBA等认为经营战略应有广义与狭义之分，广义上的经营战略是指运用战略管理工具对整个企业进行的管理，在经营战略的指导下进行，贯彻战略意图，实现战略目标；狭义上的经营战略是指对企业经营战略的制订，实施和控制的过程所进行的管理。

資源展開

資源展開とは、ヒト、モノ、カネ、情報を、経営目標を達成させるための資源配分パターンである。どのように配分すれば、無駄がなく、より効率的に目標を達成させることが出来るのかが重要である。

资源配置是指为了实现经营目标，对人、物、资金和信息所进行的资源分配的模式。其重点在于如何分配才能够没有浪费、更加高效地实现目标。

シナジー（synergy）

企業が生産、営業、管理において連携したり、共同で同じ資源を活用してシナジー効果を出したりすること。或いは、複数の企業の合併・買収（M&A）によって競争力が強くなり、合併してからのキャッシュ・フロー（cash flow、現金流量）が所期のキャッシュ・フローの総額を超えること。また、合併してから企業の売上がそれぞれ単独で行動するよりもより大きな業績を出すこと。

协同效应就是指企业生产、营销、管理的不同环节，不同阶段，不同方面共同利用同一资源而产生的整体效应。或者是指并购后竞争力增强，导致净现金流量超过两家公司预期现金流量之和，又或合并后公司业绩比两个公司独立存在时的预期业绩高。

経営資源（managerial resources）

企業の競争力の源である。経営資源は企業のために強みと弱みをもたらす全てのことを表す。企業が経営活動に対して投入可能な有形、無形の存在物のすべてを表す。

日本企业与经营

经营资源是企业竞争优势的根本源泉。经营资源可以理解为能够给企业带来竞争优势或劣势的任何要素，它既包括那些看得见、摸得着的有形资源，也包括那些看不见、摸不着的无形资源。

多角経営

一企業が数種の業種を同時に経営すること。つまり、企業の経営活動が多種多様な分野に広げること。

多元化经营，是企业经营不只局限于一种产品或一个产业，而实行跨产品、跨行业的经营扩张。

人的資源管理（human resource management；ヒューマン・リソース・マネジメント；HRM）

人的資源管理とは、組織の目的を達成するために、経営資源の一つである人的資源を活用する制度を設計し、運用すること。

人力资源管理（HRM），是指为了达成组织的目标，对作为经营资源之一的人力资源的制度进行设计和运用的活动。

コア・コンピタンス（Core competence）

G.Hamel &C. K Prahaladと両氏より打ち出され、国内の一般的な経営管理教育がこの概念にそれそれの関心を持っている。一般的には、コア・コンピタンスはライバルと比べ、企業或いは個人の競争における強みと核心能力を表すこと。

核心竞争力：最早由普拉哈拉德和加里·哈默尔两位教授提出，国内主流经管教育也均对这一概念有不同程度地关注。通常认为核心竞争力，即企业或个人相较于竞争对手而言所具备的竞争优势与核心能力差异。

ボストン・コンサルティング・グループ（Boston Consulting Group；BCG）

アメリカの大手商業ボストンコンサルタント会社（Boston Consulting Group）によって始めて打ち出された製品の組み合わせる方法である。それにおいて、いかに企業の製品と構造を利用して市場需要の変化に適応することは問題解決の重要な一環であり、そうしてこそ企業の生産は意義がある。と同時に、いかに企業の有限

の資源を効率的に配分し、企業の収益を保証するのかは企業の激しい競争の中で勝ち取る鍵となる。

BCG矩阵=波士顿矩阵，波士顿矩阵是由美国大型商业咨询公司——波士顿咨询集团（Boston Consulting Group）首创的一种规划企业产品组合的方法。问题的关键在于要解决如何使企业的产品品种及其结构适合市场需求的变化，只有这样企业的生产才有意义。同时，如何将企业有限的资源有效地分配到合理的产品结构中去，以保证企业收益，是企业在激烈竞争中能否取胜的关键。

プロダクト・ポートフォリオ・マネジメント（product portfolio management；PPM）

多角経営を行う企業は各業界に経営資源を投入する際に使用する理論である。大手商業ボストンコンサルタント会社によって打ち出され、1970年代一1980年代において最も影響力を持っている概念である。

产品组合管理（PPM）：多元化开展多种业务的企业在决定向各业务领域投入经营资源时所使用的理论架构。由波士顿咨询集团于1977年提出，在20世纪七八十年代尤具影响力。

投資利益率（Return On Investment；ROI）

投資した資本に対して得られた利益のことを指す。資本利益率や内部利益率など、様々な指標がある。

投资回报率（ROI）是指通过投资而应返回的价值。包括资本回报率、内部回报率等各种指标。

市場占有率（market share；市場シェア）

製品市場におけるある企業の販売量もしくは売上高のシェア。市場に対する企業の支配力を意味する。

市场占有率指一个企业的销售量（或销售额）在市场同类产品中所占的比重。代表了一个企业对市场的控制能力。

日本企业与经营

相対市場占有率（Relative Market Share）

比較対象となる企業群との比率で示したシェア（占有率）のこと。例えば、ある商品の上位3社を比較対象とした場合、自社の売上÷上位3社の売上で求められる比率が相対的マーケットシェアとされる。

相对市场占有率，即本企业某产品的市场占有率与同行中最大竞争者的市场占有率之比。比如将某个公司与另外三家巨头企业比较时，用这家公司的营业额分别除以另外三家企业的营业额所得的比率就是相对市场占有率。

規模の経済（Economies of scale）

生産量の増大に伴い、原材料や労働力に必要なコストが減少する結果、収益率が向上すること。スケールメリットを活かした企業活動を指す。規模の経済を成立させるには企業戦略を明確にした上で、注力分野とそうでない分野を見極め、資本投下の「選択と集中」を実践することが重要と言われる。

规模经济是指伴随着企业规模的扩大，原材料和劳动力成本下降，收益提高的情况。充分利用规模经济优势来进行企业经营管理。形成规模经济不仅需要明确企业战略，还要关注其他各个领域，进行资本投资的"选择和集中"也非常重要。

範囲の経済（Economies of scope）

企業が生産量を増加させたり事業を多角化したりする場合には、一製品や一事業あたりのコストを削減できるという概念。これは複数の製品を複数の企業で生産するよりも、複数の製品を一つの企業で生産した方がコストを削減できるようになるということから言われている。このことでコスト削減ができるようになるのは、複数の事業で同じ設備が共用できる、あるいはコストをかける場合にでも複数の事業が存在したならば、複数の事業の分だけ必要となるような重複するコストを削減できるようになるためである。

范围经济是经济学用语词之一。企业增加生产量和进行多元化经营时，可以削减相应的成本的一种概念。比起由很多企业来制造不同产品的生产模式，由一个企业独自生产不同产品的生产模式更能削减成本。企业为了削减成本，在各项事业经营中共同利用同一设备，即同时生产两种产品的费用低于分别生产每种产品所需成本的总和时，所存在的状况就被称为范围经济。

SWOT分析（SWOT analysis）

目標を達成するために意思決定を必要としている組織や個人のプロジェクトやベンチャービジネスなどにおいて、外部環境や内部環境を強み（Strengths）、弱み（Weaknesses）、機会（Opportunities）、脅威（Threats）の4つのカテゴリーで要因を分析し、事業環境変化に対応した経営資源の最適活用を図る経営戦略策定方法の一つである。

SWOT分析法是用来确定企业自身的竞争优势、竞争劣势、机会和威胁，从而将公司的战略与公司内部资源、外部环境有机地结合起来的一种科学的分析方法。企业为了达成目标进行决策，并对组织内外部的强项、弱项、机会、威胁四个方面进行分析，最后制订出来一种可以应对环境变化且经济资源能实现最优分配的方法。

3C分析

企業を取り巻く環境を、顧客(Customer)、競合(Competition)、自社(Company)の三つのCに分けて分析するものである。

3C分析法就是企业从公司自身、公司顾客、竞争对手三个方面来分析当下的经营环境，是一种比较客观全面有效的分析方法。

練習問題

問題1：SWOT分析の手法を使って就職における自分のアピールポイントと今後強化するべき点などを考えよう。

問題2：ポーターの三つの基本戦略に基づいて、中国国産メーカーBYD（比亜迪）の電気自動車の戦略を考えよう。

附

经营战略

1. 经营战略

（1）经营战略的定义

经营战略就是为了经营企业而实行的战略。是指行动原理、战略行为而不是临阵磨枪，是有计划的行动。从经营者的角度来看，经营战略论非常重要，与组织论并列，是经营学的两轮。

（2）经营战略的作用

在企业的经营活动中经营战略发挥着重要的作用。经营战略可以分为"制订经营理念""设定产品和市场范围""分配经营资源""制订实行计划"四个方面。

① 制订经营理念

分析现状，明确目标。在企业中，人与人的沟通最重要，也最困难。因此，制订经营理念，让公司全体人员朝着一个目标努力显得尤为重要。

② 设定产品和市场范围

产品和市场范围就是公司主要经营的领域。就是给公司一个明确的定位。这样一来就保证了公司的市场，并随时观察经营环境的变化。

③ 分配经营资源

经营资源分配恰当，经营活动才能有效开展。经营战略可以让我们明确经营理念、产品和市场范围，还有利于经营资源的分配。

④ 制订实行计划

经营计划是具体实施计划的指南针。制订实行计划，首先要切实把握公司的经营状况，并确定经营目标，经营战略在其中起到了很大的作用。

（3）经营战略的构成要素

经营战略包含四个方面，即产品与市场范围、增长向量、竞争优势和协同作用。若这四个方面能共同作用，就能更好地了解企业的经营方向和经营中产生作用的力量，从而扬长避短，发挥优势。

图6-1 经营战略的构成要素

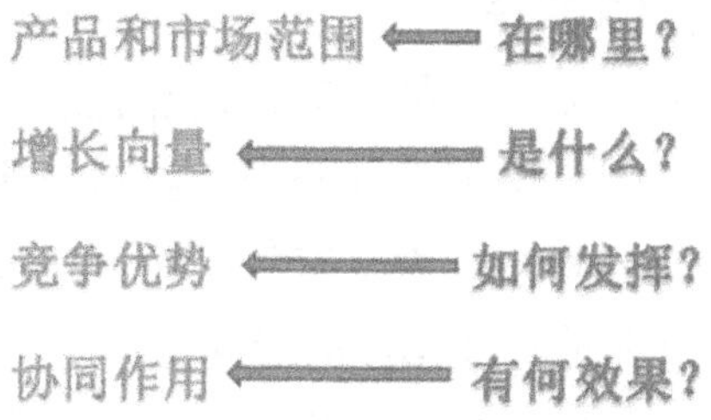

产品和市场范围 ⟵ 在哪里？
增长向量 ⟵ 是什么？
竞争优势 ⟵ 如何发挥？
协同作用 ⟵ 有何效果？

① 产品和市场范围

企业的产品和市场范围也叫做企业的事业领域（生存领域）。明确经营范围是企业活动的方向标，并可以确定竞争对手。

② 增长向量

企业的经营资源并不是无限的，因此企业有必要在经营战略中明确企业经营行动的主线，有效分配经营资源。

③ 竞争优势

作为现代企业，在经营战略中必须要有竞争意识。竞争优势简单说就是相对于其他企业，该企业在争夺顾客方面具有优势。因此企业要明白为何顾客会选择自己公司的产品。

④ 协同作用

协同作用不是指两个团体各自发挥作用，而是相互合作，产生1+1>2的效果。特别是多元化经营的情况下，企业间相互合作会使经营效益大大提升。

协同作用又可细分为"销售协同作用""作业协同作用""管理协调作用"等。企业可以面向老顾客销售新产品，从而产生销售协同作用。利用企业已有的专业技术着手开发新产品，从而产生作业协同作用。

2. 经营资源

经营资源是经济学用语之一，是美国经济学者 Edith Penrose 提出的理念。但是随着时代的变化，经营资源的概念、内容和特征也在不断发生变化。

（1）经营资源的概念

不论企业经营什么领域，为了开展经营活动，土地、建筑物、原材料、资金和人才都是必不可少的元素。换言之，经营资源包括企业在经营活动中投入的有形资源和无形资源。除了人员、设备、资金以外，信息也是重要的经营资源。

（2）经营资源的主要要素和系统

企业在日常经营活动中将人员、设备、资金组合起来充分利用，可以形成一个高效率的产品输出系统。毫无疑问，这个系统的中心就是企业员工，因为只有发挥人力作用，设备和资金才能得到充分利用。为了有效利用这三种资源，组织和管理技术缺一不可，可以说组织和管理技术是一种无形的资源。

然而，随着时代的变化，信息、企业文化、时间、技术等要素也成为经营资源。如今随着信息技术（IT技术）的发展，能否有效利用信息是企业存亡的关键。另外，企业跟人一样，也有自己的个性。企业文化是企业个性的组成部分，是企业的无形资源。企业文化能将企业员工团结起来，搞活企业，成为开发客户的重要资源。一个比较典型的例子就是便利店，利用24小时都经营的原则，成功地打开了市场。便利店成功的原因就是抓住了"时间"资源。如果新技术和经营资源不结合利用的话，企业就不能开发出新的产品和服务。技术也可以称为资源的原因就在于此。

（3）经营资源的特征

经营资源有两个特征。一是有具体形式的物力资源，不仅包括工厂、机器、设备，还包括运货工具、土地、原材料、原料等。同样的，人力资源也可细分为公司职员、经理、专业技术人员、管理人员、临时工和合同工等。而资金分为本金和储备金等自有资金，以及支票、应付账款和借款等借入资金。二是经营资源随着时代的变化而变化。封建时代"土地所有"很重要，因为当时是以农业生产为中心，资金需求低，劳动力充足。但自从进入机械时代后，煤炭、钢铁、铁路、运货车厢等广泛被使用，农业生产的地位不断下降。而且资金的重要性和稀缺性使得资本家在经营活动中占主导地位。随着时代的进步，信息和知识变得越来越重要。也就是说经营资源随着时代的发展范围在不断地扩展，掌握经营资源的方法和资源的定位，也在不断发生着变化。

（4）经营资源的获取、储蓄和分配

在经营资源论中，经营资源不仅是指外部对企业的投入，还包括企业内部的意识形态。总的来说有三点：

① 如何从外部获取经营资源；
② 如何为企业储蓄经营资源；
③ 如何分配已有的经营资源。

资源的获取涉及市场上的应急筹资、企业赞助和企业合并等问题。而资源储蓄则涉及人才开发、组织开发、文化变革、管理能力的积累、战略信息系统的构筑、研究开发管理等问题。

最后是资源分配，当一个企业实行多元化经营时，就面临着行业间的资源分配问题。如果将某行业赚取的资源再次投入该行业，并不见得是最好的做法，企业也可以将其投入其他行业。不过需要注意的是，刚才提到的"资源"主要是指"资金"。人力资源和信息可以同时分配到若干个行业，因此分配起来并不困难；但资金就不同，因为资金不能同时分配到若干个行业。

① 经营资源的获取和经营战略

资金获取渠道我们上面已经提到过，最近大家比较关注的是企业间的合作与合并问题。为了在技术快速创新、合理化竞争、销售竞争中取胜，企业只局限于已有的经营资源和市场是没有出路的，这样企业将很难在竞争中存活下来。因此企业间还应该进行技术合作、业务合作、销售合作和资本合作等，并通过企业合并等方式来弥补相互之间的缺陷。

② 经营资源的有效利用、储蓄和经营战略

企业有必要将已有的资源和新获得的资源有效地利用并储存。另外，发掘企业内部未被开发的资源和潜在商机也是企业面临的课题之一。

比如企业可以通过人力资源管理（HRM），充分利用员工的表现欲和工作能力；另外，还可通过企业文化、员工意识的转变，提高组织效率。

③ 经营资源的最优分配和经营战略

企业为了达成目标，一方面要考虑企业资源和企业环境，还要有计划地发展。企业必须根据公司目前的情况和将来的环境，决定产品和市场范围。比如日本电器多媒体，东芝的E&E等都有各自的市场领域。

产品和市场范围如已确定，就要面临如何筹集相应的经营资源、储蓄资源以及具体怎样活用这些资源的问题；还要考虑怎样分配这些资源。另外，改善亏损企业，让亏损企业退出市场或转让亏损企业经营权。那么基于怎样的预算分配资源才比较可行呢？为此企业开发了资产组合管理。资产组合管理由两部分构成。一是描述各行业的资源需求度、企业贡献度和企业发展潜力的整体情况的部分；二是在这些整体情况中提示了良好的资源分配方法。

3. 公司战略的制订

（1）产品和市场范围的设定

设定企业的产品和市场范围是指企业的经营领域。换言之，就是要明确企业的"战场"。

为了有效地利用有限的资源，构建自身优势，不能涉猎太广。不论在哪个领域，都要明确自己能否战胜对手，明确自己不能涉足哪些领域。

为了明确自己的"战场"，就要明确企业的核心竞争力。核心竞争力是指拥有其他企业无法超越的专有技术，在商品开发、产品制造、销售市场等方面具有绝对优势。

需要注意的是，即使有某些领域跟企业现在的经营领域相似，但往往需要的核心技术都不同。即使使用的主要技术相同，若产品开发的专有技术和销售渠道不同，也不能保证企业能成功。比如日本的大型电器制造商几乎都参与半导体的经营。虽然可以利用公司原有的技术进行产品开发，但是在需求变化较大的半导体市场中，若不能迅速做出决策，不能挖掘老顾客的购买力，就不能在海外产生影响力。

企业不仅要关注技术，还要考虑多方面，比如公司经营哪个领域才能形成自身的优势，才能不断成长等。

（2）产品组合管理（PPM）

实行多元化经营的企业有必要将有限的经营资源进行最优分配。下图是美国波士顿咨询公司（Boston Consulting Group）提出的波士顿矩阵分析法中的产品组合管理（图6-2）。这种分析法分别评析各行业的"企业魅力"和"竞争优势"，将回报率高的行业与投资项目和公司的主要经营领域区分开，并由此明确企业的经营战略。

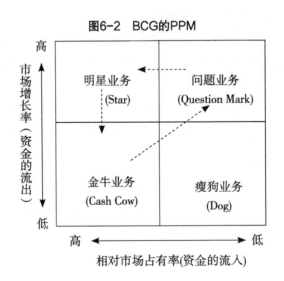

图6-2　BCG的PPM

金牛业务相对市场占有率较高，因此利润高；而市场增长率较低，因此现金投入少。这类业务未来盈利潜力较大。

明星业务相对市场占有率较高，因此利润高；而市场增长率较高，因此现金投入多。这类业务未来盈利潜力不大，但可引导这类业务发展为金牛业务。

问题业务相对市场占有率较低，因此利润低；而市场增长率较高，因此现金投入多。这类业务虽然具有盈利潜力，但由于其"食金虫"的性质，还需要企业进一步分析是否值得投资，是否应该退出经营。

瘦狗业务相对市场占有率和市场增长率都较低，因此属于成功几率较低的领域。

4. 经营战略的制订

（1）企业特征的把握

在不同市场中企业应如何建立自身优势，并创造出具有特点的附加价值呢？这样的构想就是市场战略。

为了制订市场战略，首先充分理解各种市场特征非常重要。简单点说，就是把握市场规则。若不了解市场规则，就很难取胜。

我们可以通过矩阵图中的产品组合管理（图6—2）以及企业生命周期图（图6—4）来理解市场特征，这样会比较直观。

图6-3　BCG新矩阵图

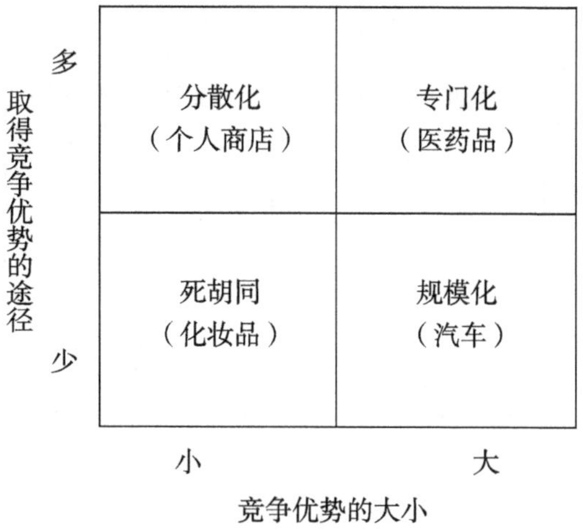

	小	大
多	分散化（个人商店）	专门化（医药品）
少	死胡同（化妆品）	规模化（汽车）

纵轴：取得竞争优势的途径　横轴：竞争优势的大小

① BCG新矩阵图

这是美国波士顿公司于1983年设计出的新矩阵图。该图横轴表示企业所具备的竞争优势大小，而纵轴表示企业取得竞争优势途径的多少，将经营类型分为四种类型。根据各自的特性，企业的竞争优势也不同，取得优势的重点也不同。

a. 专门化经营

取得优势的途径有很多，不论规模大小，只要在特定的领域有特殊地位，就有可能取胜。医药品就是一个典型的例子，因开发出新药品而在市场上占有独特地位的药品企业也不少。

b. 规模化经营

企业取得竞争优势的重点在于规模的大小。扩大市场，追求规模效应是这类企业经营的基本战略。汽车行业就是一个典型例子。这类企业旨在全球化浪潮中不断扩大规模，力求寻找自己的竞争优势。

c. 分散化经营

这类企业取得竞争优势的途径虽多，但竞争优势较小。比如个体经营的餐饮店，拥有自己独特的味道、店面氛围、选址和服务等不同于其他企业的竞争途径，这类企业几乎都没有绝对性的优势。为了创造自己的竞争优势，必须往规模化经营转型。Denny's等这类家庭餐厅，利用店内舒适的设施并配上美食为顾客奉上精美的一餐，可以说Denny's是从分散化经营到规模化经营转型的一个典型例子。

d. 死胡同经营

处于成熟期和衰退期的企业中，有一些企业很难再取得优势。就算是大规模企业，也难得优势。规模不再是获取优势的主要途径，而要创造出独特的附加值产品也很困难。化妆品行业就是典型的例子。不论是哪个企业收益都不佳，有必要考虑是否要退出经营。

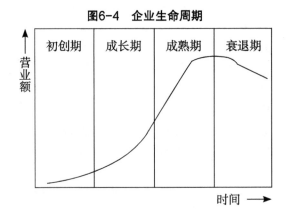

图6-4 企业生命周期

② 企业生命周期

企业也有寿命。企业类别不同，市场规则和行业特征也就不同。

企业的生命周期分为四个阶段，分别是初创期、成长期、成熟期、衰退期。企业类别不同，生命周期的长短也各不相同。电子领域技术更新换代快，因此寿命短，而汽车行业寿命较长。

初创期是企业的黎明期,拥有独特创意和新技术的企业开创自己的市场。但是在成长期,拥有丰富经营资源的企业培育市场,确立了绝对的地位。最后淘汰战争开始,失去优势的企业就要退出经营。

获取竞争的途径随着企业的生命周期更替而不断变化。因此在某个阶段有的企业虽然有优势,但下一阶段是否会再次取胜,谁也说不清楚。

电脑(PC)行业靠独特的技术开拓市场的要数美国的苹果计算机公司。但是随着后来国际商用机器公司(IBM)和日企的加入,市场规模也不断地扩大。不久市场就迎来了成熟期,竞争日趋激烈,联想集团收购了IBM公司。

(2)经济效益分析

要把握行业特征,必须正确认识各个行业的经济效益。要分析经济效益,就要从成本方面把握行业特征,知道企业的成本结构,明白如何做才能降低成本。

① 规模经济

企业的成本又分为固定资产和变动资产。固定资产越多,成本就越低;另外,如果批量订购原材料的话,也能感受到规模带来的好处。随着规模的增大,经济效益不断提高,这就叫做规模经济。

规模经济到底需要多大程度的规模,这取决于行业和商品的类别。有的行业规模越大成本越低;有的行业规模虽大,但成本依旧高。分析各个行业和商品的成本曲线,明确多大的规模才能使成本降低,这对企业相当重要。

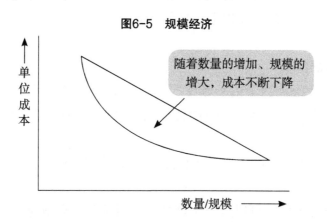

图6-5 规模经济

在经营活动中累计的经营越多,成本越低,图6-5是经验曲线图,可直观的感受经验积累带来的成本效益。规模经济以物为对象降低成本,与之相对的是人的经验带来的成本效益。原本经验曲线是用于分析机组人员的业务熟练程度对航班系统带来的成本效益,后来在制造业和服务业也开始估量人的生产性。

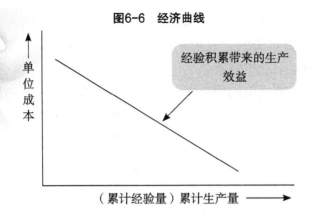

图6-6 经济曲线

③ 范围经济

当企业同时生产两种产品的费用低于分别生产每种产品时,就被称为范围经济。企业最大限度地利用固有技术、销售网络和品牌等,充分利用同一个平台生产多种产品,然后就可以降低单位成本。花王企业利用自己公司的强项,在家庭用品流通网上销售化妆品;索尼利用品牌影响力加入寿险行业就是两个很好的例子。

不过需要注意的是,也有很多企业达不到理想的协同效果。原则上范围经济能产生经济效益,但根据行业特征的不同和消费者购买力的不同,范围经济也不一定会发生作用。

参与半导体经营的大型电器制造商没有取得理想的业绩,是因为品牌影响力较小,虽然范围经济发生了一定的作用,但由于公司的决策速度等组织能力也各不同,只局限于技术层面的范围经济难以形成自身优势。

(3) 经营环境分析

为了把握行业特征和当下的经营状况,企业要分析经营环境。经营是环境的产物,也有"生命周期"。如果不适时把握当下所处的环境,就无法制订有效的经营战略。

分析经营环境,最有效的还是3C分析法和SWOT分析法。

① 3C分析

分析企业当下的环境,可以从公司自身、公司顾客、竞争对手三方面入手。虽然是比较简单的分析,但却是一种客观全面且有效的分析方法。(图6-7)

顾客分析就是将市场规模、企业成长性、收益性、行业特征、顾客要求作为对象来进行分析。综合分析法是对竞争企业的数量、企业各自的市场定位、企业优势和劣势的把握、有无新开展的事业等进行分析。另外,分析公司自身的情况,就要从公司的定位、收益性、经营资源、技术、品牌形象等方面入手。

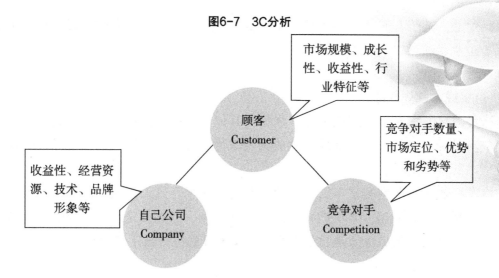

图6-7　3C分析

② SWOT分析

SWOT分析虽然类似于3C分析，但SWOT分析是重点分析企业的优劣势，以及企业面临的机会和威胁的一种方法（图6-8）。SWOT包含优势(Strengths)、劣势(Weaknesses)、机会(Opportunities)和威胁(Threats)四个要素。

具体来讲，就是把握公司的内外部环境，明确公司在市场上面临的机会和威胁。这时，获取优势的关键就是抓住成功的关键因素（KSF）。分析自己公司的竞争对手，明确自身的优势和劣势。更要明确为了获取优势的途径和自身的不足。

图6-8　SWOT分析

	好影响	坏影响
外部环境	机会 Opportunities	威胁 Threats
内部环境	优势 Strengths	劣势 Weaknesses

5. 三个基本战略

哈佛商学院迈克尔·波特教授认为在每个行业中为了构建自身的优势，需要三个基本战略（图6-9）。

图6-9　波特的三种基本战略

		竞争优势	
		低成本	差异化
战略目标	广	成本领先战略	差异化战略
	狭	集中一点战略	

实际上，其基本战略并不明确，还有很多企业没有找到自身的优势。首先重要的一点是企业要确定战略方法。

（1）成本领先战略

这种战略方法充分运用成本竞争优势与其他企业竞争。如果有很多类似拥有附加价值的产品和服务的话，低廉成本就成为获取优势的关键。因此必须追求规模效应，实现成本的再次削减。

汽车行业比较典型的是丰田。丰田也研究新技术，开发出独特的商品，但其战略重点还是成本领先战略。丰田能在海内外遥遥领先，靠的就是追求规模效应，这印证了丰田汽车最大的附加价值是能为人们提供质量好而价格适中的汽车。

（2）差异化战略

差异化战略是指企业向顾客提供的产品和服务在行业范围内独具特色，这种特色可以给产品带来额外的附加价值，不易被竞争对手模仿。研发出新产品的索尼公司和靠自己独特技术生产具有特色产品的3M公司就是典型的例子。

差异化战略适用于本田公司。本田在日本仅次于丰田，但无论在规模上下多大功夫，在成本优势方面本田都无法超越丰田。独具特色的商品是本田在市场上战斗的最强武器。

（3）集中一点战略

集中一点战略是利用有限的资源，将目标锁定在某个特定的客户群。集中一点战略避免全面竞争，集中利用经营资源，在特定的区域和领域，经营特定的商品和服务，有特定的客户群，从而构筑自己的优势。利用集中战略，实现高收益和卖出高额股价的企业有基恩士公司、广濑电器、MABUCHI MOTOR等。这其中不论是哪一家公司，都在传感器、连接器和发动机方面独具特色，虽然是小公司，但作为专业制造厂家还是有属于自己的市场。

在汽车行业，具有特色的小型汽车SUZUKI公司和SUV中具有优势的SUBARU都实行集中一点战略。由于他们在特定领域都有自身优势，虽然规模可能不会大幅扩展，但靠着自己的强项就有可能创造高收益。

（4）死谷

波特的三大战略在很多行业都适用，但是也有很多企业不适用这三大战略，所以很多就处于这三者之间。

很多企业靠规模打天下，规模小的企业则靠自己的特色制胜。然而处于这两者之间的企业，盈利状况就处在低谷状态。（图6-10）

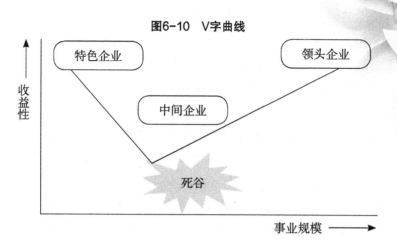

图6-10 V字曲线

由于规模也不能和世界尖端企业相提并论，因此在成本方面也没有优势，在各个领域都没有特别强的优势。这被称为"死谷"，是很难占优势的一个领域。

经营状况不佳的三菱汽车公司就是一个例子。在汽车行业规模属于中等程度，拥有全系列商品的三菱企业尽管也开发自己的产品，但始终没有贯彻集中一点化战略。

"死谷"是企业结构的问题，并不是开发出一些受欢迎的产品就能解决的。这不仅需要了解自己有哪些竞争对手，还需要企业冷静、客观地认识到自己的位置，并要想办法超越现在的位置和克服自身的缺点。

日产汽车公司在行业内就处于"死谷"的边缘。虽然排名仅次于丰田，但产量却只有丰田的一半左右，因此无法体会规模带来的经济效益。日产当时与法国雷诺联盟，雷诺拯救日产于破产边缘，两企业通过产量和零部件的统一化措施，日产快速地走出了"死谷"。

6. 日本企业的经营战略有什么特点

（1）日本企业的经营战略

日本的经营战略主要有两个特点：一是着眼于提高市场占有率，而不是单纯追求利益最大化，并且要制订经营计划；二是有长远目光。这两个特征构成了日本的经营系统，即与日本的企业组织结构密切相关。

比如着眼于提高市场占有率，是由于在终身雇用制和年功序列制下，企业在营业额提升方面有很大的压力。另外，"公司利益保留"制度也有助于提高企业的市场占有率。"公司利益保留"制就是劳动者没从企业那里得到本该得到的相应报酬，这

部分钱被用于公司的出资。伴随着市场占有率的提高，企业规模也在扩大，出资组织逐渐稳定。

另外，用长远的眼光看，在终身雇用制下，必须要考虑企业的长期发展。企业间长期形成的交易行为也促进了企业长远眼光下的行动。关于企业的管理，来源于股东的短期收益压力小，这也促进了企业在长远目标下的行动。

上面提到的经营战略，背后有生产规模和经验做支撑，因此企业希望创造规模效应和经验效应。这个战略又可细分成三个战略：

第一，日本很多企业在进军海外市场的时候，所用的战略就是利用批量商品需求量大，报价低的优势。需求量大就意味着生产量要增加，产品单价即使再低，只要在规模经济和学习经济方面占优势，长期下来对企业也有利。

第二，注意学习经济的利用，选择学习效率高的市场进入公司的领域。顾客的严格要求不仅让企业成长，学习成果也成为今后公司经营的专有技术，这样带动了企业的发展，具有连锁反应。实际上，20世纪70年代在国际性业务不断扩大的背景下，顾客严格的要求反而锻炼了企业，因此日企才能制造出品质优良的产品。后来就形成了学习经济战略。

第三，把范围经济作为一种动力，即使在新领域营业状况不佳，只要积极地去开拓市场，努力经营就可以了。而且，多元化并不是指专业性企业的外部收购，而是指企业内部的培养战略。

（2）美国和日本的经营战略比较

日本经济著名学者加护野忠男（1993年）还将日美两国的企业进行比较，分析日企的行为方式和经营战略，并称其为"有机适应模式"。他对日美两国约1000家大企业的董事长进行了实地调查，发现日美企业的经营战略以及其影响有以下几个方面的不同。

美国企业以收益率和股价作为目标，经营资源的短期利用效率高，因此能够恰当的分配资源，在重点市场上能与竞争对手正面对决。美国要采用这样的战略方式，这就要求美国企业拥有多样化的产品，并能直面竞争对手，追求资本市场特别是证券市场的收益性。

另一方面，还要吸收劳动力市场的劳动力，以及与买卖市场上与其他企业进行必要的合并或收购，以便维持公司对环境变化的适应能力。为了实行这样的战略，美国企业将企业管理权集中交给上层组织，让公司组织高度发展，达到正式化、标准化水准。比较典型的就是事业部门制度。这样的企业比较重视产量控制和个人提案权，并善于正视问题，解决纷争。为了让企业成为自律性较高的严密组织，美国企业还比较重视管理创新的主导作用。这样的环境适应方式被叫做"机械性适应模式"。

而日本企业则更加重视市场占有率和新产品比率等增长目标，还重视经营资源的长期储蓄，而非短期利用。瞄准行业空隙，更加重视生产战略。日本企业常常试图利用企业产生的剩余资源来适应环境。实行这个战略的前提是环境的变化和较好的收益，股东在证券市场和金融市场追求利益方面无压力等。

（3）日本企业应该采取什么样的产品开发战略

开发新产品很重要的一点就是缩短产品的开发采购时间。最正统的管理手法是PPP（Phased Program Planning）方法。产品开发过程分为几个阶段，每个阶段设置检查重点，是一种整体和统一化的正面审查手法。其中有两个要点：一是追求各个方面的专业化；二是将每个方面统一起来，在产品的开发全过程中贯穿调整和统一机制。

PPP手法对于规模大而复杂的项目管理非常有效，但缺点是手续繁琐，开发速度慢。对此，日企充分利用下面几种强有力的管理方式，实现产品开发的提速，1980年后日企引起了国际上的关注。

第一，同时并行开发，即将产品开发的前一阶段和后一阶段同时进行，推进产品的重复开发方法。同时并行开发战略可以有效提高产品开发速度，还能有效开发出优质产品。这在工程研究方法中称为"同时制造业"。

第二，充分利用能横跨几个领域的团队。PPP虽然强调专业的重要性，但在产品开发的过程中还是会产生各种各样的问题。这种时候就需要召集各部门经验丰富的相关人员来一同解决问题。

第三，强有力的领导力。产品开发战绩突出的企业有以下这些共性：①会创造产品概念并将其具体化；②利用部门间的调整发挥提案权；③开发项目进行期间有全权负责的领导。K.B.Clark和藤本隆广称这样的领导为重量级项目经理，在汽车行业这是成功的关键。

只是，这些原因不仅局限于日企，也是产品开发效率高的所有企业的共通点。

第七章　国際経営

> 学習目的
> 1. 直接投資と間接投資とは何か？
> 2. 多国籍企業とは何か？
> 3. 多国籍企業の経営資源と経営形態は何か？
> 4. 国際マーケティングとは何か？
> 5. 国際経営と現地化とは何か？
> 6. グローバル・サプライチェーン・マネジメントとは何か？
> 7. トランスファープライシング（移転価格操作）とは何か？

　国際経営とは、企業の成長とともに市場拡大や生産拡大のために海外に進出する際に生じた経営上の様々な課題である。具体的に企業の国際化、多国籍化に伴う経営戦略、経営組織・手法の変化、多国籍企業の発展形態などの分析を含めている。
　一般的に、国際経営は輸出―海外拠点―海外子会社―多国籍化という過程を辿る。

1　直接投資と間接投資

　戦後の多国籍企業の海外子会社設立の投資は、通常外国直接投資（FDI）の手法をとる。一般的に海外投資は二種類がある。証券投資を中心とした間接投資と工場や子会社設立・買収を中心とした直接投資である。

(1) 間接（証券）投資(Foreign portfolio Investment)

　間接投資というのは、海外企業などの利子、配当又はキャピタル・ゲイン等の収益を目的とする資産運用のことである。日本はかつて外貨不足の時に禁止していた（1970年まで）がその後部分解禁した。

(2) 直接投資（FDI-Foreign Direct Investment）

直接投資とは、外国の企業に対して、永続的な権益を取得する（経営を支配する）ことを目的に行われる投資のことである。配当金利といったインカム・ゲイン、売却益といったキャピルゲインを得ることを目的とした投資。間接投資に対する概念である。直接投資はさらに新規投資（グリーン・フィールド、Greenfield）と合併と買収（M&A、Mergers and Acquisitionsの略)に分けられる。新規投資はグリーン・フィールド(Greenfield)投資とも呼ぶ。グリーン・フィールドは100％出資して投資先の国に新規に法人を設立する形態である。そのメリットとして、外国の現地法人が完全な子会社であるため、親企業が他企業の介入を受けずに自由に経営にかかわる。M&A投資は外国の既存の企業の吸収合併や買収をする形態である。そのメリットとしては、比較的少ない資金で海外に進出でき、また熟練した労働者や技術・経営のノウハウなど投資先の企業が持つ様々な経営資源を活用できることである。最近では、外国にある企業をM&Aという手法をよく利用される。現在の世界の対外直接投資はM&A投資が全投資の8割から9割を占めている。さらに最近では中国、インドなど途上国企業もこの手法を多用している。

証券の収益を目的とする間接投資とM&A手法の直接投資の区別の方法として、一般的に外国企業の発行済み株式の10%以上を取得する投資活動を直接投資として分類している。

表7-1：間接投資と直接投資

投資分類	形態	目的
間接投資	証(債)券・不動産の取得	保有（配当）収益、キャピタル・ゲインの獲得
直接投資	合弁企業	経営資源の相互補完、経営の参加
	少数所有	単純少数所有、否決権少数所有、折半所有
	多数所有	単純多数所有、絶対多数（議決権多数）所有
	完全所有	経営資源の完全発揮、子会社に対する徹底支配
	合作企業	経営資源の相互補完、共同プロジェクト 非法人型、法人型
	M&A	現地企業の買収、吸収合併

1950年代より米国を中心とした企業は、国内市場の成熟とともに、巨大企業による西ヨーロッパ、中南米へ直接投資を行うようになった。企業は国内企業から、多国籍化していく。

2 多国籍企業とは

(1) 多国籍企業とは

多国籍企業とは、MNC(Multinational corporation)或いはMNE(Multinational enterprise)と呼ばれ、「生産、サービス設備を複数国において所有・支配しているすべての企業」（国連、1974）のことである。

国連の国際連合貿易開発会議(UNCTAD)の定義をもっとわかりやすく言えば、
- 資産を2ないしそれ以上の国において統轄するすべての企業。
- 2か国以上に拠点を有する企業。

ということであるが、実際には通常、(1)統治構造：2ヵ国以上にまたがり、グローバル視野に立つ意思決定、外国での事業活動が本社の共通戦略の元で単一企業体として行動する。(2)事業成果：海外進出国数や、外国での販売、生産、雇用の割合（25%）などの実績を持つ。(3)経営姿勢と目標：全世界に存在する子会社間の有機的関連を深め、企業全体の利益拡大を追及するという特徴が挙げられる。

さらに、アメリカでは、売上上位500社以内、6か国以上に海外製造子会社を所有する企業であることとFortune Global 500に掲載され、かつ6か国以上に出資比率25%以上の生産拠点を持つ製造企業（主として日米欧の主要先進諸国の製造企業）の企業をMNCと定義している。

多国籍企業は第2次大戦後、アメリカを中心に発展してきた。戦後、ドルは基軸通貨としての地位を獲得し、米国経済は世界経済の支配的な地位を確立した。資本力、技術力ともに世界の王者たる米国企業の利益追求は国内市場にとどまらず、海外へ投資し、多国籍化した。ピーク時の1967年海外投資は世界の54%を占めた。その後は日、欧企業の海外投資が増え、米国の割合が相対的に低下した。代表的な企業は資源型産業の石油メジャー各社、製造業のIBM、FORD、TOYOTA、コカコーラ、サービス業にはマクドナルトなどがある。これらの多国籍企業は世界規模での活動により、多国籍企業の経済力も多くの国を遥かに凌駕している。

表7-2：Global 500 （2015年世界企業500社番付）　　100万ドル

順位	会社名	会社名	業種・事業	国	総収入（百万ドル）	利益（百万ドル）	資産（百万ドル）
1	Wal-Mart Stores	ウォルマート・ストアーズ	小売	アメリカ	476,294	16,022	204,751
2	Royal Dutch Shell	ロイヤル・ダッチ・シェル	石油	オランダ	459,599	16,371	357,512

第七章　国際経営

（續表）

順位	会社名	会社名	業種・事業	国	総収入（百万ドル）	利益（百万ドル）	資産（百万ドル）
3	Sinopec Group	中国石油化工集団（シノペック）	石油	中国	457,201	8,932	352,983
4	China National Petroleum	中国石油天然気集団	石油	中国	432,008	18,505	620,651
5	Exxon Mobil	エクソン・モービル	石油	アメリカ	407,666	32,580	346,808
6	BP	BP	石油	イギリス	396,217	23,451	305,690
7	State Grid	国家電網公司（ステートグリッド）	電力配送	中国	333,387	7,983	424,532
8	Volkswagen	フォルクスワーゲン	自動車	ドイツ	261,539	12,072	446,866
9	Toyota Motor	トヨタ自動車	自動車	日本	256,455	18,198	402,423
10	Glencore	グレンコア	商品取引	スイス	232,694	-7,402	154,932
11	Total	トタル	石油	フランス	227,883	11,205	239,036
12	Chevron	シェブロン	石油	アメリカ	220,356	21,423	253,753
13	Samsung Electronics	サムスン電子	電機	韓国	208,938	27,245	202,876
14	Berkshire Hathaway	バークシャー・ハサウェイ	投資	アメリカ	182,150	19,476	484,931
15	Apple	アップル	コンピュータ	アメリカ	170,910	37,037	207,000
16	AXA	アクサ	保険・金融	フランス	165,894	5,950	1,043,192
17	Gazprom	ガスプロム	天然ガス	ロシア	165,017	35,769	409,206
18	E.ON	エーオン	電力・ガス	ドイツ	162,560	2,844	180,113

日本企业与经营

(續表)

順位	会社名	会社名	業種・事業	国	総収入（百万ドル）	利益（百万ドル）	資産（百万ドル）
19	Phillips 66	フィリップス66	石油	アメリカ	161,175	3,726	49,798
20	Daimler	ダイムラー	自動車	ドイツ	156,628	9,083	232,184
21	General Motors	ゼネラルモーターズ(GM)	自動車	アメリカ	155,427	5,346	166,344
22	ENI	エニ	石油	イタリア	154,109	6,850	190,606
23	Japan Post Holdings	日本郵政	郵便・金融	日本	152,126	4,782	2,838,171
24	EXOR Group	EXORグループ	投資	イタリア	150,997	2,768	182,807
25	Industrial & Commercial Bank of China	中国工商銀行	銀行	中国	148,803	42,718	3,124,887
26	Ford Motor	フォード・モーター	自動車	アメリカ	146,917	7,155	202,026
27	General Electric	ゼネラル・エレクトリック(GE)	電機・機械	アメリカ	146,231	13,057	656,560
28	Petrobras	ペトロブラス	石油	ブラジル	141,462	11,094	321,423
29	McKesson	マッケソン	ヘルスケア	アメリカ	138,030	1,263	51,759
30	Valero Energy	バレロ・エナジー	石油	アメリカ	137,758	2,720	47,260
31	Allianz	アリアンツ	保険	ドイツ	134,636	7,960	980,346
32	Hon Hai Precision Industry	鴻海精密工業（Foxconn）	電子機器製造	中国（台湾）	133,162	3,595	77,599
33	Société Générale	ソシエテ・ジェネラル	金融	フランス	132,711	2,887	1,701,944

（續表）

順位	会社名	会社名	業種・事業	国	総収入（百万ドル）	利益（百万ドル）	資産（百万ドル）
34	AT&T	AT&T	通信	アメリカ	128,752	18,249	277,787
35	CVS Caremark	CVSケアマーク	薬局	アメリカ	126,761	4,592	71,526
36	Pemex	ペメックス	石油	メキシコ	125,944	-13,303	156,335
37	Fannie Mae	ファニー・メイ	金融	アメリカ	125,696	83,963	3,270,108
38	China Construction Bank	中国建設銀行	銀行	中国	125,398	34,913	2,537,738
39	UnitedHealth Group	ユナイテッドヘルス・グループ	ヘルスケア	アメリカ	122,489	5,625	81,882
40	BNP Paribas	BNPパリバ	銀行	フランス	121,939	6,415	2,480,232
41	PDVSA	ベネズエラ国営石油会社	石油	ベネズエラ	120,979	12,933	218,196
42	Verizon Communications	ベライゾン・コミュニケーションズ	通信	アメリカ	120,550	11,497	274,098
43	Lukoil	ルクオイル	石油	ロシア	119,118	7,832	109,439
44	GDF Suez	GDFスエズ	電力・ガス	フランス	118,551	-12,332	219,912
45	Honda Motor	本田技研工業	自動車	日本	118,211	5,731	151,714
46	Rosneft Oil	ロスネフチ	石油	ロシア	117,079	17,111	229,573
47	Agricultural Bank of China	中国農業銀行	銀行	中国	115,392	27,050	2,405,409
48	Assicurazioni Generali	アシキュラチオニ・ゼネラリ	保険	イタリア	115,224	2,542	619,536

(續表)

順位	会社名	会社名	業種・事業	国	総収入（百万ドル）	利益（百万ドル）	資産（百万ドル）
49	ING Group	INGグループ	保険・金融	オランダ	114,295	6,076	1,483,342
50	Hewlett-Packard	ヒューレット・パッカード(HP)	コンピュータ	アメリカ	112,298	5,113	105,676

(FORTUNE GLOBAL 500 2014)

表7-3：Global 500（2015年世界企業500社番付）の国別

01	アメリカ	132社	06	イギリス	26社
02	中国	73社	07	スイス	15社
03	日本	68社	08	韓国	13社
04	ドイツ	32社	09	オランダ	12社
04	フランス	32社	10	カナダ	11社

(2) 日本企業の多国籍化

　一方、日本企業の海外進出は1960年代からアジア諸国を中心にスタートした。その後欧米にも展開した。最初は主に駐在員事務所、輸出品の営業・販売拠点の設置であった。この段階は輸出を中心に海外営業を展開した、その結果1970年代後半に日本製品の輸出が急増した。1980年代までの対米輸出は、毎年100億ドル強の経常黒字を累積した。73年から対米繊維製品の輸出規制がアメリカから求められると、日本はアジアNIEsを中心に繊維、家電の直接投資が急増した。

　さらに1985年にアメリカの膨大な貿易赤字を立て直し、金融政策協調策としてプラザ合意が達成された結果、円高が急速に進行した。日本の輸出産業は大きな打撃を受けた。この時期から各企業の海外移転が集中豪雨的に起こった。1980年代後半のバブル経済の最盛期に至っては、ジャパン・マネーが世界中の不動産や会社の買収などに向かった。バブル以降もしばらく円高が続く中、さらに日本の製造業の労働力不足や資源、市場確保などの目的から、日本企業の海外投資は増え続けている。現在は累積海外投資の額は、また、日本の国際収支の黒字が対外投資の収益が経常収支の中の貿易収支を超えるようになった。

第七章　国際経営

表7-4：海外への直接投資(FDI)残高ランキング〈39カ国〉

順位	国または地域	海外への直接投資(FDI)残高		偏差値	評価
【情報源と計算式】海外への直接投資(FDI)残高：2012年 経済協力開発機構(OECD)					
1	アメリカ	5,077,750百万ドル		102.2	S
2	イギリス	1,793,240百万ドル		64.6	A
3	フランス	1,540,087百万ドル		61.7	A
4	ドイツ	1,461,761百万ドル		60.8	A
5	スイス	1,129,376百万ドル		57.0	B
6	日本	1,037,700百万ドル		56.0	B
7	オランダ	988,550百万ドル		55.4	B
8	ベルギー	911,609百万ドル		54.5	B
9	カナダ	715,053百万ドル		52.3	B
10	スペイン	635,605百万ドル		51.4	B
11	イタリア	559,132百万ドル		50.5	B
	世界平均	516,706百万ドル	-	50.0	-
12	中国	502,750百万ドル		49.8	C
13	オーストラリア	424,489百万ドル		48.9	C
14	スウェーデン	402,782百万ドル		48.7	C
15	ロシア	387,217百万ドル		48.5	C

表7-5：日本多国籍企業の現地法人企業数と従業員数

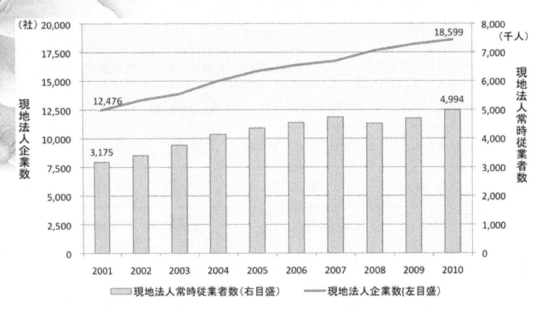

表7-6：世界における日系企業の分布と増加率

区　分		2001年度		2010年度		10年間の増加率※
		企業数（社）	構成比（%）	企業数（社）	構成比（%）	
全地域		12,476	100.0	18,599	100.0	1.49
北米		2,596	20.8	2,860	15.4	1.10
	アメリカ	2,397	19.2	2,649	14.2	1.11
中南米		738	5.9	972	5.2	1.32
アジア		6,345	50.9	11,497	61.8	1.81
	中国	2,220	17.8	5,565	29.9	2.51
	韓国	341	2.7	581	3.1	1.70
	タイ	860	6.9	1,434	7.7	1.67
	インド	109	0.9	267	1.4	2.45
	ベトナム	120	1.0	390	2.1	3.25
中東		63	0.5	108	0.6	1.71
ヨーロッパ		2,147	17.2	2,536	13.6	1.18
オセアニア		456	3.7	481	2.6	1.05
アフリカ		131	1.1	145	0.8	1.11

資料出所：経済産業省「海外事業活動基本調査」より抜粋
※10年間の増加率は、「2010年度の企業数÷2001年度の企業数」で算出した。

3 多国籍企業の経営資源と経営形態

　上述したように、企業の国際展開は、親企業の所在国の通貨高、人件費高、土地高といったような生産コストの上昇などが原因となるプッシュ要因が存在することと、受け入れ国の優遇政策、市場の魅力、人件費の安さなどのプル要因がある。ただ、すべての企業は国際展開の能力を持っているわけではない。

　企業は海外市場の競争に参入するにあたって、どのような経営資源が必要なのか。先進国企業がいろいろな経営資源優位をもっているから、海外でも競争に有利になるといわれ、基本的に以下のような三つの優位に基づいて国際経営の形態を展開する。

　第一に、所有に関わる特殊優位＝Ownership Advantageと呼ばれるものである。企業固有の技術やマネジメントにブランド、あるいは様々な経営資源ネットワークといった能力である。1960年代以前、国際資本移動論が証券投資と直接投資を明確に区別されずに論じられていたが、直接投資と証券投資を別の論理で説明するために、企業特殊的優位性が主張された。

　第二に、立地特殊的優位＝Location Advantage、企業の立地に関わる利点である。原材料産地などの資源へのアクセスや現地流通チャンネルをもつ優位のように本国からの輸出よりも現地で生産することで、様々なコストやリスクを低減できる。

　第三は、内部化優位＝Internalization Incentive、直接投資で子会社を設立することで現地の企業との取引よりもコストやリスクが低減できるという優位である。自社のブランド・イメージや戦略に自社製品に関わる情報管理など、外部の企業をパートナーとするよりは、子会社のほうが有利になることである。それは、①取引相手の発見、契約の締結・実施、需要の予測に関する不確実性。②知識や情報にかんする市場の不確実性。③規模の経済性に関する市場の不確実性。④数量制限、関税、その他の政府の介入というようなことである。内部化とは、企業がもつ財・サービスを市場で他企業に貸し与えることや販売することをしないで、企業自らが内部利用することである。内部化のメリットは、①生産における調整と計画が容易になること。②差別価格利用による市場の支配力の使用が可能になること。③取引相手の独占力行使の抑制が可能になること。④市場取引における技術移転の不確実性が減少すること。⑤移転価格などを利用して政府介入を回避可能なことなどがあげられる。

　企業が国際経営を行うときに、Oの所有優位能力、I優位性があったとしても、

わざわざ外国に出向くだけのL優位性が無ければ、輸出を通じた国際ビジネスを行えばいいだけである。そして、L優位性が相手国で見つかる場合に、企業はFDIを選ぶことになる。この三つの優位のそれぞれの段階の違いによって、企業の国際経営形態も輸出、ライセンス契約、FDIなどで違ってくる。その互いの関係をまとめたものが、ダニングの折衷理論である。この折衷理論を基にして三つの優位と経営形態の関係を整理したのがOLIパラダイムである。

表7-7：OLIパラダイムと国際経営形態

		優位性		
		所有 O	内部化 I	（外国）立地 L
供給方法	直接投資	Yes	Yes	Yes
	輸出	Yes	Yes	No
	契約による資源移転	Yes	No	No

つまり、所有優位を保有している企業（＝優位O）がその優位を内部化する誘因（優位＝I）を持ち、しかも、外国の立地優位（＝優位L）を見つければ直接投資を行える条件が揃えたことになる。

4 国際マーケティング

多国籍企業の海外市場参入については、上記の3つの優位を組み合わせて進出形態を選択する折衷理論で企業の優位と可能性が分かるが、ではどのタイミングで進出するのか、特に製造業においては、技術のサイクルによって、また商品によって、海外投資の時期も違ってくるはずである。

これについては、製品の技術サイクルとの関連で、企業の所有する製品の技術的な発展とともに企業の国際経営が進んでいくと関連付けて議論されている理論がある、R. バーノンのproduct life cycle（製品の生命周期）理論である。バーノンのproduct life cycle（製品の生命周期）理論とはマーケティング用語の1つで、製品が市場に登場してから退場するまでの間を指し、製品に対してこの間の売上と利益の変化に着目して、最適のマーケティング戦略を構築するための基本的な傾向を掴む。

製品のライフサイクルは以下のように4つの段階を経るとしている。

1. 生成期＝新製品（国内独占販売）
2. 成長期＝成熟途上製品（国内競合販売、輸出）
3. 成熟期＝標準化製品（輸出と海外生産）
4. 衰退期＝標準商品（世界展開と逆輸入）

表7-8：製品の生命周期

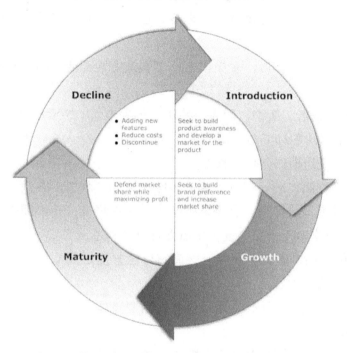

輸出入と生産、消費の関係は以下のような図式が描かれる。

表7-9：PLC理論とFDIの関係

PLC理論とFDIの関係

- 製品の生命周期（products life cycle theory）

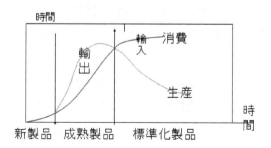

この理論では、海外輸出や海外投資の時期は成長期と成熟期のタイミングで行うべきであろうというわかりやすい図式で表現している。

　製品のライフサイクルが導入期、成長期、成熟期、衰退期と進むにしたがって、まず国内で当該製品の生産技術が模倣されて、生産コストが低下する。このため、他の企業による製品の模倣が可能になる。これに対して、当該企業は、成熟した技術を海外に工場を移転しいく一方、国内で新製品が開発・生産されていく。このような先進国で成熟した製品を次の段階は途上国で生産されるという分業の形態は、雁が群れを成して飛んでいるように見えることから、日本では「雁行形態論」とも呼ばれている。

　製品のライフサイクルとは、企業にとって製造と販売活動の基本傾向を示している。

　① 製品の企画、設計、製造、販売、使用、再生のライフサイクル。

　② 製品が販売開始されてから販売終了に至るまでのライフサイクル。導入期、成長期、成熟期、衰退期に分類される。

　マーケティング理論においては、製品が販売開始されてから販売終了にいたるまで、導入期、成長期、成熟期、衰退期のサイクルを経て、その間の製品に対する需要量は図のようにS字のカーブで変化するとされている。

　① 導入期：新製品の販売を開始した直後は認知度が高くないため、需要量は低い。先端顧客を対象とする。

　② 成長期：一度認知され成長期に入ると需要量は急激に増加するため、市場に参入する業者が増加する。

　③ 成熟期：要量は頭打ちとなるものの、市場参入業者はさらに増加するため競争が激化する。

　④ 衰退期：技術革新などのために衰退期に入ると需要量は減少、同業者が撤退していく。

　あらゆる商品がこのような4段階を経るわけではなく、それぞれの段階がどれだけの期間続くかも商品によって異なり、それに対応したマーケティング戦略をプロダクトライフサイクルマネジメント(product life cycle management, PLM)という。ちなみに、導入期から衰退期に至るまでの中心的な購入者にしたターゲット分析は重要なマーケティング活動である。

　① 導入期：イノベーター（Innovators：革新者）全体の約2.5%とアーリーアダプター（Early Adopters：初期採用者）全体の約13.5%の一部。

　② 成長期：アーリーアダプター（Early Adopters：初期採用者）全体の約13.5%

の一部とアーリーマジョリティ（Early Majority：前期追随者）全体の34.0%。

③　成熟期：レイトマジョリティ（Late Majority：後期追随者）全体の約34.0%とラガード（Laggards：遅滞者）全体の約16.0%の一部。

④　衰退期：ラガード（Laggards：遅滞者）全体の約16.0%の一部。

　PLC理論は世界で同質な商品の普及を前提にした分析であるに対して、国別マーケティングの視角から、市場の特徴の違いを考慮した多国籍企業のマーケティング活動を分析するポーターの「マルチ・ドメスティック・マーケティング戦略論」がある。

　国際マーケティングには、大別して「グローバル・マーケティング」と「マルチ・ドメスティック・マーケティング」の二つがあるとされる。

グローバル・マーケティング（Global Marketing）

　グローバル・マーケティングとは、世界を一つの共通した市場とみなし、事業活動を全世界で統合するマーケティングのことである。

　PLC理論で説明したように、同質の商品を地球規模で事業展開するため、国境を越えて地球全体を一つの同質的な市場と捉え、世界市場に対して同質的なマーケティング活動を行う。世界に共通した需要に対応し、同じ商品をできるだけ多くの国々で販売する。そのためにもっとも効率的に生産と供給ができるように、生産拠点や販売拠点を最も適したところに集中的に立地する。

　グローバル戦略のメリットは、国内のみならず、国外でも同じ商品やサービスを販売することで、規模の経済性を十分に生かし、コストを抑えて、グローバルな効率と収益を実現できる。

　部品製造や組み立て・加工を最もコストの安価な国で行い、規模の経済性を活かし、それを世界の国々に運搬して販売する、基本的に同じ仕様の製品を投入する。マーケティングで各国市場を統合させることで、地球規模で通用するブランドを形成する。たとえば、アップル社のIphoneがその典型例である。しかし、一方では、国によって異なり、文化、宗教観、倫理観、道徳観、ライフスタイルを考慮し、それぞれの国に対応した製品やサービスが求められつつある。それに対応して生まれた戦略は「マルチ・ドメスティック・マーケティング」である。

マルチ・ドメスティック・マーケティング（Multi Domestic Marketing）

　マルチ・ドメスティックとは、多様な国内市場を考慮して、世界各地で活動している多国籍企業の生産、マーケティング活動は、異なる国ごとにそれぞれ対応した

事業活動を展開していること。それぞれの国をそれぞれ違った市場と考え、国ごとに違った商品やサービスを開発し、現地に適した生産、販売する手法で供給する。そのため、地域の一国で集中的に生産することもあるが、それぞれの国で生産する場合もある。本社が財務面を中心にコントロールするが、進出先の各国間の連携をせず、市場だけでなく開発や生産拠点も分散していることが多い。

マルチドメスティック戦略のメリットとして、現地のニーズにきめ細かく対応でき、自社が持っている既存の技術を新たな市場で強化したり、新しい技術を加えたりすることができる。また現地情報を生かせば、既存の製品やサービスに対する需要増加に繋がる可能性が高い。さらに、関税や非関税障壁などの政治リスクに柔軟に対応することや、為替変動などの経済リスクについても、現地法人に留まり、本国や他国のグループに広まらないメリットもある。

表7-10：マーケティングに基づいた組織戦略

	マルチドメスティック産業	グローバル産業
対象市場	各国市場を個別に	世界単一市場
戦略目標	国別の競争優位を確立	世界市場の優位を確立
戦略内容	国別のニーズに合った商品	世界に標準化商品
意思決定	現地子会社に権限	本社の中央集権

5 国際経営と現地化（Localization）

マルチドメスティック産業のように現地市場に合わせた製造と販売を考えた場合、多国籍企業の経営と組織形態もそれに合わせて現地化する必要がある。現地化は海外進出成功するために重要であると答える企業はほとんどである。その現地化二重の意味がある、一つには、経営の現地化、海外における企業の経営戦略、組織づくり、販売形態、さらに製品の開発などが国別の特徴、文化習慣に適合した形で調整して運営していくことである。もう一つには人材の現地化、現地の人材育成を積極的に行い、また現地の既存の人材やネットワークを積極的に採用していくことである。

企業が国際化する際に本社の経営志向によって、現地化の進み度合いが違ってくる。国際戦略モデルの一つで、パールミュッターが定義する多国籍企業の国際戦略EPRGモデルがある。このモデルを使って現地化との関係を検討する。

「EPRG」とは、本国志向（Ethnocentric）、現地志向（Polycentric）、地域志向

(Rejiocentric)、世界志向(Geocentric)の頭文字を取ったものである。

　本国志向(Ethnocentric)は、「重要な意思決定を全て本国で行い、現地での活動全ては本国にコントロールすること」を意味する。

　現地志向(Polycentric)は、「重要事項は本国で決定し、現地での日常的な業務に関しては現地の関連会社が行うこと」を意味する。

　地域志向(Rejiocentric)は、「外国での事業展開を一国ベースではなく、地域ベースで行うこと」を意味する。

　世界志向(Geocentric)は、「有機的なネットワークを形成、経営資源を共有し、本国と外国の関連会社は全社的に統合されていること」を意味する。

　現地化がなぜ重要化かというと、まず、生産の現地化が抱える問題点として、進出先の制度、慣行が違うことがあげられる。そのうち、行政と企業の関係、商習慣、労使関係、財務・労働など企業経営の諸点に関する法的規制が本国とかなり相違している。現地の事情に精通する社員や、現地幹部の養成がなければ、生産活動や企業活動はできない。

　次に、社員との間や、取引先との間、顧客との間に価値観の違いをともなうコミュニケーション・ギャップ、文化摩擦が存在する。これは、会社の運営のみならず、製品の開発、生産、さらに販売の成否にかかわってくる。早い段階の現地化対策が必要となる。

　現地化は経営資源の移転と考える場合、以下の指標が現地化の度合いの参考になる。

海外へ経営諸資源が移動する度合いと現地化の進展関係：
　【モノ】：製品輸出から生産設備への移転へ
　【ヒト】：現地労働者の採用から管理者・経営者の登用へ
　【カネ】：日本本社による投資から現地での資金調達の増大へ

　上記の三段階の経営資源の移転の度合いは、子会社の現地での独立性を高める現地化の指標として有効である。特に最近では人の現地化度合いは重要視されるようになってきた。

6 グローバル・サプライチェーン・マネジメント(GSCM)

サプライ・チェーン・マネジメント(supply chain management、SCM)とは供給連鎖管理と訳され、複数の企業間で統合的な物流システムを構築し、「価値提供活動の初めから終わりまで、つまり原材料の供給者から最終需要者に至る全過程の個々の業務プロセスを、一つのビジネス・プロセスとしてとらえ直し、企業や組織の壁を越えてプロセスの全体最適化を継続的に行い、製品・サービスの顧客付加価値を高め、企業に高収益をもたらす戦略的な経営管理手法」（米国のサプライチェーンカウンシル定義）である。

表7-11：SCMの基本概念

下の図はより具体的なイメージで製造、販売、物流、アフターサービスの各プロセスの一元的にマネジメント管理する図式である。

表7-12：各プロセスの一元的にマネジメント管理する図式

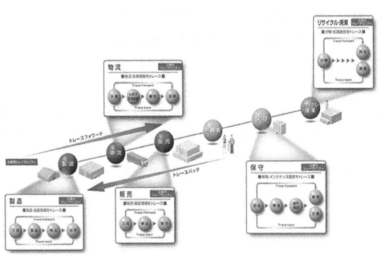

第七章　国際経営

　この企業や組織の供給連鎖管理と複数の企業間での統合的な物流システムの構築は一国内に留まらず、世界的に広まって、世界各地の個々の企業を一つの商品の価値創造業務プロセスに集約され、つながられている状態をグローバルサプライチェーンマネジメント(GSCM)という。

表7-13：世界に広まるSCMのイメージ（パターン別）

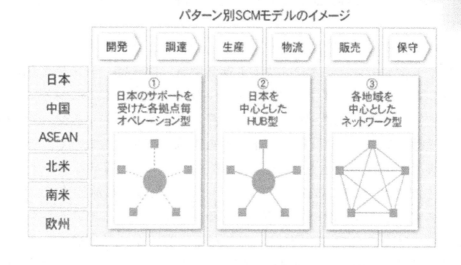

表7-14：グローバルサプライチェーンマネジメントの構成要素

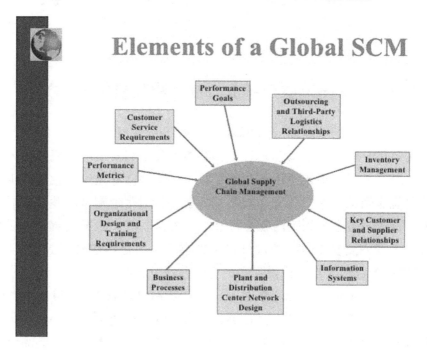

多国籍企業の世界的展開によって、生産プロセスの世界的な広がりがますます進む。また、貿易投資自由化の進展によって、海外調達は今までよりスムーズに行えるようになるため、グループ会社以外との産業内のサプライチェーンのグローバル的な取引が増えてきている。現在世界貿易の2/3以上が産業内部品貿易である。それを支えるのが輸送技術やコンピュータ、IT技術の進歩である。製造大手会社がSCMソリューションソフト、例えば、ERP＝Enterprise Resource Planningシステム、DRP＝Distribution Requirement Planning導入・構築して、在庫、生産、物流管理に活用している。

グローバル企業は子会社間にインタネットで管理システムをつないで、世界規模でサプライ・チェーン・マネジメントを運営する。例えば、トヨタは中国で「SLIMシステム」を立ち上げ、サプライチェーン可視化のための情報システムを2008年4月稼働している。壁いっぱいの大きさに液晶パネルが並んでいるシステムで、縦に販売店、横軸にサプライチェーンが上流から下流までならんでいて、そこに星の光のごとく多数の点が表示されている。点の一つ一つが、個々の車のオーダーに対応する。中国では車にRFIDがついていて、これで生産から流通まで、すべてをトラッキングできるようになっているのである。どこで滞留しているかも、すぐわかる。そこで中国トヨタでは、週1回、幹部がこの前に立って会議する「SLIM会議」をやって、素早く生産、販売対策や手配ができる。トヨタはもう一つはTOSS（Total Order Support System）と呼ばれるシステムが2009年1月から稼働している。TOSSはディーラー別に、販売実績からみた適正な基準在庫量を算出し、現在庫量との差を基に、車種別の推奨オーダーを出す。

7 トランスファー・プライシング（移転価格操作）

トランスファー・プライス（移転価格Transfer Price；TP）問題とは、多国籍企業が税制負担を最小にしようとして、海外子会社間または、親会社・海外子会社間の取引に際して価格操作を行うことである。端的に言えば、企業グループ内の取引価格で租税を回避できてしまう問題である。多国籍企業は、多くの国にまたがって、開発・調達・生産・販売活動を行っていて、同時に企業内貿易も活発に行っている。この企業内貿易においては価格を調整することが容易であるため、資金をA国からB国に移転させたり、租税回避が可能なのである。

たとえば、日本で仕入れた半製品（50＄）を海外に100＄で輸出すれば、本社では50＄の利益となるが（下段）、しかし、海外は法人税率が低い場合、海外で利益を上げたほうが企業としては利益になるので、本社で仕入れた半製品（50＄）を利

益少な目の70＄で売って（上段）、外国において150＄で売り利益を出すことを選ぶことができる。日本の本社の利益が低く抑えるため、グループ全体の税金が安くなる。トランスファー・プライス問題とは、このように、各国の租税当局の観点に立つと，一種の脱税行為と考えられる問題のことである。

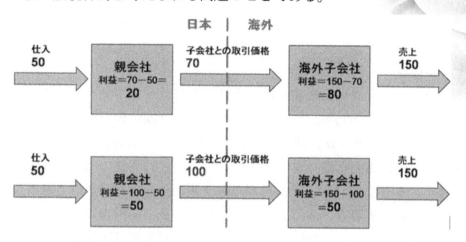

　企業は移転価格を操作するため、多くの場合には、税率の低い国や地域（香港、シンガポールなど）に地域本社を置くか、場合によって、タックス・ヘイヴン（租税回避地：英国領ケイマン諸島）に会社登記をして利益をそちらにプールしておく。ケイマン諸島の外国資本企業法人税減免システムを宗主国英国であるシティ・オブ・ロンドンの課税システムをそのまま導入したことに由来する。税率の低い国や地域に実体のない子会社を設け、利益を移して税負担軽減を狙う目的に使う多国籍企業も少なくない。このため、主要国各国は、いわゆるタックス・ヘイヴン対策税制を整備しているものの、税の抜け穴の根絶にはほど遠い状況である。

コラム7　キヤノンのグローバル化

　キヤノン株式会社は1937年に高級カメラの開発・生産会社として創業し、本社は東京都にあり、世界で知られる日本企業である。キヤノンはコンシューマー向けの製品を作るメーカーが多い。販売の製品は映像機器、事務機器、産業機器、医療機器などで、全世界の範囲で261社の連結子会社がある。この数年に「グローバル化」を掲げる企業は急増したが、キヤノンはグローバル化を半世紀以上実践してきたパイオニアである。50年代半ばから世界市場に目を向け、事業を展開してきた結

果、今では連結ベースで81%が海外での売上となっている。キヤノンは「最先端の技術を追求し続けること」と「人間尊重の精神」を経営理念とし発展してきてから、この70年間、キヤノンは事業の多角化と経営のグローバル化を積極的に進めている。これまでの発展を支えてきた重要な経営戦略の一つは「多角化」である。そして、もうひとつは、「グローバル化」である。

キヤノンのグローバル化の歴史

キヤノンは1955年に世界最初の海外支社としてニューヨーク支店を開設し、グローバル化を始めた。1956年、キヤノンのヨーロッパ総代理が創立され、そして1962年、パナマに南アメリカ総代理を設立した。1966年にはCanon USA Inc.を設立し、自主販売に向けた体制を備えました。1970年、台湾に海外の初めの生産本拠を創立し、1971年、ヨーロッパドイツの初めのキヤノン生産本拠が創立された。1973年にはヨーロッパ総代理店のベル・アンド・ハウエル社との提携を解消し、自主販売を本格スタートさせている。1988年、海外の初めの研究所はイギリスで創立された。そして、2000年、キヤノンはようやくニューヨーク証券取引所に上場した。

キヤノンのグローバル化は全球各地の売上高値と従業員構成から見ても分かる。直近の2014年12月決算の数字で、キヤノンの連結売上高は3兆7272億5200万円、純利益は2547億9700万円で、地域別の売上高比率は、ヨーロッパ29.3%、米州27.8%、アジア・オセアニア23.5%、そして日本は19.4%と2割を切っている。グローバルの社員数は19万1889人だが、日本に勤務している者は6万9201人、36.0%に過ぎない。海外の社員数のうち、アジア・オセアニア圏が8万2303人、42.9%と多い。ヨーロッパは11.7%、米州は9.4%だ。

販売・生産・開発のグローバル化

キヤノンは1996年から中長期経営計画「グローバル優良企業グループ構想」を推進してきた。環境変化に応じて、経営戦略も変わっている。キヤノンは市場の変化に遅れず対応して発展させねばならないと考えている。

1950年代から、キヤノンは輸出を始めた。1980年代の初めに全世界にキヤノンの販売網が広がり、グローバル企業としての基盤が出来た。キヤノンの歴史的に販売のグローバル化は、3段階の経過を辿っている。第一は、輸出を一括して商社に任せてしまう時代で、第二は各国に販売の総代理店を置き、その一部に資本参加する時代で、そして第三は、各国に自社化した販売会社を設立し、全ての当社製品を取り扱う時代である。

日本以外での生産を最初に行ったのは1970年に設立した台湾キヤノンです。台湾キヤノンは「労働集約型の量産組み立て」を労働力の安いアジアに移し始めた第一歩になった。その後、1988年にマレーシア、1989年に中国の大連、1990年にタイと中国の珠海、2001年に中国の蘇洲と中山、ベトナムと進展し、見ての通りアジアにおける生産は拡大の一途を歩んでいる。キヤノンは製品の品質とコストを求めて最も合理的な生産拠点の配置を推進している。また生産性向上のために、材料研究や生産技術の内製化、自動機による生産の無人化を追求する。

激しい競争の中で生き残るため、キヤノンは製品開発活動のグローバル化も進めている。商品のデジタル化、ネットワーク化、ブロードバンド化などデジタル・コンバージェンスが進み、顧客ニーズもソリューション型、システム・ネットワーク型に移りつつある。当然のことながら、開発の中でソフト開発の占める割合が急増している。

参考文献

1. 「キヤノン」ウィキペディアフリー百科事典
2. キヤノン株式会社ホームページ　http://canon.jp/.

専門用語解釈

経営戦略（Management Strategy）

企業が競争的環境のなかで生抜いていくために立てる基本的な方針。一つの企業が有する経営資源は有限であり，あらゆる分野に投入することは不可能であるため，経営戦略に従って選択的に配分する必要がある。

経営战略：是企业面对激烈变化、严峻挑战的环境，为求得长期生存和不断发展而进行的总体性规划。

経営組織（Business organization）

企業の活動をになう人的集合体。経営組織は企業の目標達成のために分業と協働のシステムを形成している。

企业组织：出自19世纪末20世纪初西方大企业的划分。企业组织是动态的组合活

动过程，是企业经营活动过程中形成的一种管理结构；在企业组织中又分正式组织和非正式组织两种。

多国籍企業（Multinational Corporation; MNC）

多数の国家に生産のための現地法人を設立し、世界的な事業活動を展開する巨大企業。超国家企業Transnational Corporation TNC，世界企業World Enterpriseともいう。

跨国企业：主要是指发达资本主义国家的垄断企业，以本国为基地，通过对外直接投资，在世界各地设立分支机构或子公司，从事国际化生产和经营活动的垄断企业。

子会社

資本参加や役員派遣などによって、他の会社から直接に支配を受けている会社。以前は商法で、親会社が議決権の過半数を有する状態と定められていたが、現在の会社法では、実質的な支配が認められれば、議決権が50パーセント以下であっても子会社と判定される。

子公司：指一定数额的股份被另一公司控制或依照协议被另一公司实际控制、支配的公司。子公司具有独立法人资格，拥有自己所有的财产，自己的公司名称、章程和董事会，以自己的名义开展经营活动、从事各类民事活动，独立承担公司行为所带来的一切后果和责任，但涉及公司利益的重大决策或重大人事安排，仍要由母公司决定。

親会社

2社以上の会社が支配従属関係にあるとき、他の会社（子会社）を支配している会社のことをいう。商法上では、子会社の総株主の議決権の過半数を所有している会社のことを指し、金融商品取引法上においては、子会社の意思決定機関を支配している会社のことを指す。原則として、金融商品取引法の適用を受ける親会社は、連結財務諸表を作成しなくてはならない。

母公司：是指拥有其他公司一定数额的股份或根据协议，能够控制、支配其他公司的人事、财务、业务等事项的公司。

利子（Interest）

資本サービスの対価または資本の価格として資本の供給者に支払われるもの。現実に支払われる利子には、資本または貸付資金の純粋な対価に相当する固有の利子（純利子）と貸借の手数料、各種の危険負担に対する報酬を含む粗利子からなっている。

利息：是资金所有者由于借出资金而取得的报酬，它来自生产者使用该笔资金发挥营运职能而形成的利润的一部分。是指货币资金在向实体经济部门注入并回流时所带来的增值额，其计算公式是：利息=本金×年利率×存期。

配当

株主が、利益配当請求権に基づいて受け取れる利益の分配のこと。一般には現金によって支払われる現金配当を指す。配当は株式会社の仕組みに従い、会社の利益を源泉として支払われるものであるため、その金額は一定ではない。

分红：是股份公司在赢利中每年按股票份额的一定比例支付给投资者的红利。是上市公司对股东的投资回报。分红是将当年的收益，在按规定提取法定公积金、公益金等项目后向股东发放，是股东收益的一种方式。通常股东得到分红后会继续投资该企业达到复利的作用。普通股可以享受分红，而优先股一般不享受分红。股份公司只有在获得利润时才能分配红利。

キャピタルゲイン（Capital gain）

有価証券や土地などの資産の売買によって得られる差益のこと。売買差益に対しては、他の所得とは別に課税される（キャピタル・ゲイン課税）。なお、資産価値が下がることによって生じた損失のことをキャピタル・ロスという。

资本收益：投资工具如股票、互惠基金等买入与卖出差价。即转让价值（proceeds of disposition）与调整成本基价(adjusted cost basis)之间的正差额，指投资品种售出价格高于买入价格，即变现时得到实际收益。

インカムゲイン（Income gain）

金融資産を一定期間運用したときに発生する利子所得のこと。銀行預金や郵便貯金をすると利子が発生するが、これがインカムゲインに相当する。ほかに債券や株

式を運用する場合においても、前者はクーポン・レート、後者は配当がインカムゲインに相当する。

股息收入：纳税人对外投资入股分得的股息、红利收入。股息收入是股份制企业的税后利润，为避免双重征税，税法规定对股份制企业所适用的税率低于股东企业的税率的，才比照联营企业补税的办法进行补税。

経営資源
経営を行う上で必要とされる要素。ヒト・モノ・カネ・情報の4つを指す。

经营资源：是企业竞争优势的根本源泉。经营资源可以理解为能够给企业带来竞争优势或劣势的任何要素，它既包括那些看得见、摸得着的有形资源，也包括那些看不见、摸不着的无形资源。

ノウハウ（know-how）
企業の活動に必要な生産・経営・管理・技術などに関する知識・経験の情報。新しい(独自の)技術やマーケティングテクニックなどもノウハウである。

技术诀窍：最早指中世纪手工作坊师傅向徒弟传授的技艺的总称。现在多指从事某行业或者做某项工作所需要的技术诀窍和专业知识。

国際連合貿易開発会議（United Nations Conference on Trade and Development；UNCTAD）
発展途上国の経済開発促進と南北問題の経済格差是正のために国際連合が設けた会議で、国際連合の補助機関である。事務局はスイスのジュネーヴに設置され、4年に1回開催される。

联合国贸易和发展会议：成立于1964年，是联合国大会常设机构之一，是审议有关国家贸易与经济发展问题的国际经济组织，是联合国系统内唯一综合处理发展和贸易、资金、技术、投资和可持续发展领域相关问题的政府间机构。

Fortune Global 500
フォーチュン誌が年一回発表している、各種ランキング指標である。

世界500强：是对美国《财富》杂志每年评选的"全球最大五百家公司"排行榜的一种约定俗成的叫法。《财富》世界500强排行榜一直是衡量全球大型公司的最著名、最权威的榜单。

国際収支（International balance of payments）
国境を越える財やサービス，資金の流れを体系的に示すもの。

国际收支：一个国家与其他国家的净金融交易的账目表。通常被分成经常账与资本账。

経常収支
一国の国際収支を評価する基準のひとつで、経常勘定ともいう。「貿易収支」「サービス収支」「所得収支」「経常移転収支」の4つから構成される。

经常项目收支：经常项目收支是经常账为一国收支表上的主要项目，如果为正数，为顺差，有利本国货币；反之，则不利于本国货币。

貿易収支（Trade Balance）
モノの輸出入の収支。

贸易收支：又称贸易项目。一国出口商品所得收入和进口商品的外汇支出的总称；与商品的进出口有关。

アジアNIES
NIESとは新興工業経済地域 Newly Industrializing Economiesのことをいい，アジアにおいて1970年代以降急速な工業化と高い経済成長率を達成した諸国，地域をさす。

亚洲四小龙：指从20世纪60年代开始，亚洲的香港、新加坡、韩国和台湾推行出口导向型战略，重点发展劳动密集型的加工产业，在短时间内实现了经济的腾飞，一跃成为全亚洲发达富裕的地区。

日本企业与经营

貿易赤字（Unfavorable Balance of Trade）
ある期間において、輸出額から輸入額を差し引いた貿易収支がマイナスであること。輸入額が輸出額を上回っていること。

贸易逆差：又称"入超""贸易赤字"。反映的是国与国之间的商品贸易状况，也是判断宏观经济运行状况的重要指标。

金融政策（Monetary policy）
一国の経済の安定と成長を目的に中央銀行が行う金融調整。

金融政策：指中央银行为实现宏观经济调控目标而采用各种方式调节货币、利率和汇率水平，进而影响宏观经济的各种方针和措施的总称。

プラザ合意（Plaza Accord）
1985年9月22日にニューヨークのプラザホテルで開催された先進5ヵ国蔵相・中央銀行総裁会議G5で討議されたドル高是正のための一連の合意事項をいう。

广场协议：1985年9月22日，美国、日本、联邦德国、法国以及英国的财政部长和中央银行行长（简称G5）在纽约广场饭店举行会议，达成五国政府联合干预外汇市场，诱导美元对主要货币的汇率有秩序地贬值，以解决美国巨额贸易赤字问题的协议。

円高（appreciation of the Yen）
円が外国通貨に比べて相対的に価値が高まる場合をいう。逆に低下する場合は円安 depreciation of the Yenという。通常は，円がドル通貨に対して価値が高まったかどうかで，この表現が使われることが多い。

日元升值：货币升值也叫"货币增值"。是指某国货币相对于其他国家来说价值增加或上升了。日元升值，也就是日本的货币相对于其他国家来说价值增加或上升了。

経済協力開発機構（Organization for Economic Cooperation and Development）
ヨーロッパ諸国を中心に日・米を含め34ヶ国の先進国が加盟する国際機関だ。

经合组织（OECD）：是由35个市场经济国家组成的政府间国际经济组织，旨在共同应对全球化带来的经济、社会和政府治理等方面的挑战，并把握全球化带来的机遇。

プッシュ要因
送り出し国側の原因。

推力因素。

プル要因
受け入れ国側の原因。

拉动因素。

ブランド
ブランドとは製品につける名前、ないしは名前がついた製品そのものをいう。転じて他と区別できる特徴を持ち価値の高い製品のことを指す場合がある。

品牌：是一个名称、名词、符号或设计，或者是它们的组合，其目的是识别某个销售者或某群销售者的产品或劳务，并使之同竞争对手的产品和劳务区别开来。

差別価格（Differential price）
買手のおかれている購入時点での特定の状況に適応し、同一の商品に対する同一の買手あるいは異なる買手に対して、費用の差に対応しない異なった価格を課すること。

差别价格：指同一商品因销售地区不同，所定的价格也不同。如同样的饮料，酒吧和舞厅的售价比一般的零售商店高几倍。

移転価格（Transfer Pricing）
親会社と海外子会社など関連企業間の取引に適用される販売価格。

转让定价：又称转让价格。是指跨国公司管理当局从其总体经营战略目标出发，为谋求公司利润的最大化，在母公司与子公司、子公司与子公司之间购销产品和提供劳务时所确定的内部价格。

技術移転（Technology Transfer）
高水準の技術を他へ移行すること。企業間・地域間・国際間で行われる。先進国から工業化をめざす開発途上国への移転など。

技术转移：包括国家之间的技术转移，也包括从技术生成部门（研究机构）向使用部门（企业和商业经营部门）的转移，也可以是使用部门之间的转移。

ライセンス（License）
他企業のもつ商標や製造技術の特許権の使用許可。

经营许可。

ERP（Enterprise Resource Planning）システム
企業の基幹業務に関する情報を一元管理することで、企業活動に活用しようとする経営手法。

企业资源规划：是指建立在信息技术基础上，以系统化的管理思想，为企业决策层及员工提供决策运行手段的管理平台。

タックス・ヘイブン（Tax haven）
一定の課税が著しく軽減、ないしは完全に免除される国や地域のことである。租税回避地とも呼ばれる。

国际避税地：通常是指那些可以被人们借以进行所得税或财产税国际避税活动的国家或地区。

練習問題

問題1：近年、日系のアパレル、家電のような労働集約型産業は中国から東南アジアへの工場移転が起きている。海外投資の立地優位論の観点からこの現象を説明しなさい。

問題2：iPhoneのグローバルサプライチェーンの状況を調べ、国際分業における中国の位置づけについて考えてみなさい。

附

国际经营

国际经营是指企业在发展中为了扩大市场及生产进行对外经营活动时,所面临的种种课题。具体来说包括企业国际化、跨国化过程中的经营战略、企业组织、经营手法的变化,以及跨国企业发展形态等的研究。

通常,国际经营经历的过程为:输出—海外据点—海外子公司—跨国化。

1. 直接投资与间接投资

第二次世界大战后,跨国企业在海外设立子公司的投资一般采用直接投资(FDI)的手法。海外投资一般分为两种:①以证券投资为主的间接投资;②以设立、收购工厂或是子公司为主的直接投资。

1.1 间接投资/证券投资(Foreign Portfolio Investment)

间接投资是指投资者以其资本购买公司债券、金融债券或公司股票等各种有价证券,以预期获取一定收益的投资。投资形式主要是购买各种各样的有价证券,因此也被称为证券投资。

与直接投资相比,间接投资的投资者除股票投资外,一般只享有定期获得一定收益的权利,而无权干预被投资对象对这部分投资的具体运用及其经营管理决策;间接投资的资本运用比较灵活,可以随时调用或转卖,更换其他资产,谋求更大的收益;可以减少因政治经济形势变化而承担的投资损失的风险;也可以作为中央银行为平衡银根松紧而采取公开市场业务时收买或抛售的筹码。

日本曾经因外汇不足而禁止间接投资,昭和四十五年(1970年)后部分得以解禁。

1.2 直接投资(Foreign Direct Investment;FDI)

直接投资是指是一国的投资者(自然人或法人)跨国境投入资本或其他生产要

素，以获取或控制相应的企业经营管理权为核心，以获得利润或稀缺生产要素为目的的投资活动。

直接投资的主要形式分为：①绿地投资；②企业并购。

1.2.1 绿地投资（Greenfield）

绿地投资又称创建投资，是指跨国公司等投资主体在东道国境内依照东道国的法律设置的部分或全部资产所有权归外国投资者所有的企业。

其优点在于：①有利于选择符合跨国公司全球战略目标的生产规模和投资区位；②投资者在较大程度上把握风险，掌握项目策划各个方面的主动性例如在利润分配上、营销策略上，母公司可以根据自己的需要进行内部调整，这些都使新建企业在很大程度上掌握着主动权；③创建新的企业不易受东道国法律和政策上的限制，其原因在于新建企业可以为当地带来很多就业机会，并且增加税收。

1.2.2 企业并购投资（Mergers and Acquisitions；M&A）

企业并购投资的形式为兼并或是收购国外既存的企业。

其优点在于：①能够以相对少的资金进行海外投资；②能够活用所并购企业的熟练工、经营及技术诀窍等资源。

企业对外投资采用M&A方式的也越发常见。现今，全世界对外直接投资中M&A投资占了80%—90%。近年来中国及印度等发展中国家也常采用这种投资方式。

1.3 间接投资与企业并购投资的区分

通常，在统计上取得外国企业10%以上股份的投资活动归为直接投资。

间接投资与间接投资的对比

投资分类	形式	目的
间接投资	证券、不动产的取得	获取分红、资本收益
直接投资	企业合资、并购	经营资源的互补、经营的参与

20世纪50年代开始，以美国为中心的企业在国内市场发展成熟为庞大企业，进而向西欧及中南美投资。这些企业逐渐从国内企业转变为跨国企业。

2. 跨国企业

跨国企业指企业在两个或两个以上的国家经营，并在国外直接投资成立分公司等。

通常可以定义为：①管理构造上：跨越两个以上的国家，以国际化的视野进行决

策，海外事业与原有事业实行共同的战略；②事业成果上：海外经营数、海外营业额、生产量雇佣人数的实际业绩占比25%以上；③经营倾向及目标：具有将全球的子公司进行有机关联，追求企业全体的利益的扩大等特征。

跨国企业在第二次世界大战后以美国为中心发展。第二次世界大战后，美元成为基准通货，美国经济占据了世界经济的主导地位。掌握雄厚资本实力与技术实力的美国企业也开始向国外市场发展，成为跨国企业。1967年美国的海外投资达到一个峰值，占据了全世界份额的54%。之后日本、欧洲的企业也增大海外投资力度，这使得美国企业的份额相对减少。具有代表性的企业有石油生产的资源型企业，制造业的IBM、FORD、TOYOTA、可口可乐，餐饮服务业的麦当劳等。这些跨国企业在世界范围内活跃，其经济实力甚至远远凌驾于许多国家之上。

日本企业的跨国发展

20世纪60年代，日本企业以亚洲国家为中心开始了海外发展。这之后也逐步进入欧美市场。初始阶段的海外事业以出口为中心，主要是开设驻扎人员事务所以及设置出口商品的营业或贩卖点。这使得20世纪70年代的后半期日本制品的出口急剧增加。到20世纪80年代为止，对美出口累计每年100亿美元的经常收支顺差。1973年起美方要求设置对美纤维制品的出口规制，日本对亚洲四小龙为中心的纤维、家电制品的直接投资大幅增加。

特别是1985年为了缓解美国贸易赤字的广场协议签订后，日元开始大幅升值。这使得日本出口产业受到巨大冲击。也正是从这个时期开始，日本企业纷纷开始转向国外市场。20世纪80年代后半期泡沫经济发展至空前的盛况，日元开始流向世界各个城市的大厦或是公司的收购。泡沫期之后日元也短暂的持续升值，加之日本制造业存在劳动力不足等问题，为了确保资源以及市场，日本企业的海外投资不断增加。

3. 跨国企业所具备的经营资源及经营形态

企业国际事业开展的重要因素有：①推力因素：企业所在国的通货膨胀、人工费高、地价高等造成的生产成本增加等；②拉力因素：国外的优待政策，国外市场的吸引力以及廉价劳动力等。但是并非所有企业都具备开展海外事业的能力。企业自身也必须占有经营资源优势，才能在海外市场的竞争中占据有利地位。

折衷理论

邓宁总结出决定国际企业行为和国际直接投资的三个最基本的要素：O所有权

优势（Ownership Advantage）；L区位优势（Location Advantage）；I市场内部化优势（Internalization Advantage）。

而他的"折衷理论"即为，通过企业对外直接投资所能够利用的是所有权优势、内部化优势和区位优势，只有当企业同时具备这三种优势时，才完全具备了对外直接投资的条件。

"折衷理论"进一步认为，所有权优势、区位优势和内部化优势的组合不仅能说明国际企业或跨国公司是否具有直接投资的优势，而且还可以帮助企业选择国际营销的途径和建立优势的方式。

OLI模式与国际经营形态

方式	所有权优势	区位优势	内部化优势
对外直接投资（投资式）	√	√	√
出口（贸易式）	√	×	√
无形资产转让（契约式）	√	×	×

注："√"代表具有或应用某种优势；"×"代表缺乏或丧失某种优势。

"折衷理论"的分析过程与主要结论可以归纳为以下四个方面：①跨国公司是市场不完全性的产物，市场不完全导致跨国公司拥有所有权特定优势，该优势是对外直接投资的必要条件；②所有权优势还不足以说明企业对外直接投资的动因，还必须引入内部化优势才能说明对外直接投资为什么优于许可证贸易；③仅仅考虑所有权优势和内部化优势仍不足以说明企业为什么把生产地点设在国外而不是在国内生产并出口产品，必须引入区位优势，才能说明企业在对外直接投资和出口之间的选择；④企业拥有的所有权优势、内部化优势和区位优势，决定了企业对外直接投资的动因和条件。

4. 国际市场营销

依照"折衷理论"的分析可知，企业进行国际事业必备的优势及其可能性，但企业进行国际事业的时机又该如何把握？以制造业来说，根据技术周期不同、产品不同，进行海外投资的时机也不相同。

4.1 产品生命周期理论（Product Life Cycle；PLC）

产品生命周期是把一个产品的销售历史比作人的生命周期一样，要经历出生、成

长、成熟、老化、死亡等阶段。

就产品而言,也就是要经历一个开发、引进、成长、成熟、衰退的阶段:①产品开发期,从开发产品的设想到产品制造成功的时期。此期间该产品销售额为零,公司投资不断增加。②引进期,新产品新上市,销售缓慢。由于引进产品的费用太高,初期通常利润偏低或为负数,但此时没有或只有极少的竞争者。③成长期,产品经过一段时间已有相当知名度,销售快速增长,利润也显著增加。但由于市场及利润增长较快,容易吸引更多的竞争者。④成熟期,此时市场成长趋势减缓或饱和,产品已被大多数潜在购买者所接受,利润在达到顶点后逐渐走下坡路。此时市场竞争激烈,公司为保持产品地位需投入大量的营销费用。⑤衰退期,这期间产品销售量显著衰退,利润也大幅度滑落。优胜劣汰,市场竞争者也越来越少。

这个周期在不同的技术水平的国家里,发生的时间和过程是不一样的,期间存在一个较大的差距和时差,正是这一时差,表现为不同国家在技术上的差距,它反映了同一产品在不同国家市场上的竞争地位的差异,从而决定了国际贸易和国际投资的变化。在这个理论下,出口以及进行海外投资的时机应该是成长期与成熟期。

4.2 国际市场营销

国际市场营销有两大类别:①全球营销;②多国战略营销。

4.2.1 全球营销(Global Marketing)

全球营销即为,把世界看做一个共通的大市场,将全世界范围的事业活动统合起来的市场营销。为了在全世界范围内销售同品质的产品,跨越国境对世界这一个共通的大市场进行同等的市场营销。对应世界共通的需要,将同样的产品销往更多的国家。为此将生产据点及销售据点集中设立在最合适的区域,以实现产品的高效生产及供应。

全球营销的优点在于,通过在国内外市场提供一致的产品及服务,充分发挥规模经济性降低生产成本,在全球范围内实现效率与效益的双收。在全球范围进行统一的市场营销,同时也有利于形成国际通用的品牌。

4.2.2 多国战略营销(Multi-Domestic Marketing)

国与国之间存在文化、宗教观、伦理道德观以及生活习惯的差异,对应这些差异做出的市场营销战略即为多国战略营销。多国战略营销考虑的是全球市场中的多样性。将不同国家的市场区别开来,对应不同国家来开发不同产品及提供不同的服务,并以适应当地情况的方法来进行生产和营销。既有将生产集中在一个国家的区域内,也有分别在不同国家进行生产的情况,但财务上的调控都以总公司为中心。因此,在不同国家的事业发展往往没有关联,不仅是市场开发及生产据点也大都是分散的。

多国战略营销的优点在于，能应对当地的不同需求，也能将企业既有的技术在新市场加强或是升级。活用当地的需求情报，提升对既有产品和服务的需要增加的几率。同时能柔软应对关税壁垒等政治层面的风险，汇率变动等经济层面的风险也由当地法人承担，不会波及总公司或是在其他国家的分公司。

5. 国际经营与本土化

如同多国战略营销产业那样，适应当地市场来进行生产与销售，跨国企业的经营以及组织形态也必须进行本土化。这些成功的跨国企业大都重视本土化。本土化包含两层含义：①经营的本土化，即适应海外不同市场的特征、文化习惯对海外事业的经营战略、组织形态、销售形态及产品开发等进行调整；②人才的本土化，积极进行当地人才的培养或是采用当地既存的人才或是关系网络。

全球营销在很大程度上是一种经营哲学。企业在跨国发展时，总公司的经营哲学不同，本土化的程度也不同。

5.1 跨国企业国际战略"EPRG模型"

"EPRG模型"将企业的国际营销战略分为四类：①本国中心（Ethnocentric），本国掌控一切重要事项的决定权，本国控制国外市场的一切活动；②多中心（Polycentric），本国决定重要事项，国外市场的日常事务交由当地的相关公司处理；③地区中心（Regional centric）；国外事业的开展不单以一个国家为基准，而是以区域为单位进行；④全球中心（Geocentric）；形成有机关系网络，实现经营资源共有，将本国与国外的公司进行统合。

5.2 本土化的重要性及本土化程度的指标

由于国外的制度习俗等与本国存在差异，若不培养精通外国本土情况的员工、本土的干部，产品生产及企业活动就无法进行。此外，员工间、客户间也容易因价值观不同而产生交流代沟或是文化摩擦，这关系到产品的开发、生产、销售能否进行，因此也必须尽早制订本土化的对策。

以经营资源转移的角度来看，本土化程度可以参照以下的指标:

经营资源的海外移动程度与本土化的进展关系：

【物资】产品出口→生产设备的转移

【人才】本土员工的采用→管理者、经营者的采用

【资金】总公司的投资依赖→本土资金的运用

这三阶段的经营资源转移程度反映子公司在本土的独立程度。近年来，人才的本土化越来越受到重视。

6. 全球供应链管理(Global Supply Chain Management；GSCM)

供应链管理（SCM）是指，构筑统合多个企业的物流系统，从价值提供活动开始到结束，即把自原材料供给者到最终产品需要者为止的每个业务环节，都统合为一个商业过程来考虑并跨越企业或是组织的界线对其进行优化，能提高产品、服务对顾客的附加价值，同时为企业带来高收益的一种经营手法。而将这种经营手法拓展应用到世界范围的各个企业，就是全球供应链管理。

跨国企业的足迹遍及世界各地，其生产程序也不断在世界范围内延伸。贸易投资自由化进展的同时海外调度也越来越便捷，与集团外的产业链之间的国际交易也不断增加。目前世界贸易的三分之二以上是产业内部品的贸易，支援其的是运输技术、电脑及IT技术的进步。

7. 转让定价(Transfer Pricing；TP)

转让定价是指，跨国企业为了达到最大限度减轻其税负的目的，而在海外子公司之间或母公司与子公司之间交易时进行的价格操作。简单来说，这是操作企业集团内部价格来逃避租税的一种做法。跨国企业跨越多个国家进行产品的开发、调度、生产、销售，企业内部贸易也很频繁，企业内部贸易中的价格调整很容易进行，因此能将资金从A国转移到B国以逃避租税。

企业为了进行转让定价，大多会选择将本部设在税率较低的国家或者区域，一些情况下也将公司登记在避税地并将盈利储存在此。不少跨国企业在税率低的国家或者区域设立空壳子公司，目的在于转移盈利以减轻税务负担。

转让定价问题被各国的税务当局视为一种逃税行为。对此日本对主要国的各国设置了免税区对策税制，但这也远远不能断绝逃税漏税的情况。

第八章　経営理念と企業文化

学習目的
1. 会社は誰のものか？
2. 経営理念とは何か？
3. 企業文化の形成要因は何か？
4. 企業の社会的責任は何か？
5. 日本の企業文化の特徴は何か？
6. 日本的CSRは何か？
7. 代表的な日本企業の経営理念は何か？

1　会社の所有

(1) 所有と経営の分離とコーポレート・ガバナンス

　まず、会社は一体誰のものなのか。会社を成り立たせている基礎になる資本を出しているので、株主が企業の所有者ということになる。会社の経営については、原理的には、企業は株主に配当するために活動するわけなのだから、本来は株主が全体として経営に責任を持つことになる。ところが実際にはたくさん存在する株主の誰かが経営するというよりは、取締役として選任された「誰か」に経営を任せることになる。いわゆる「雇われ社長」である。この「誰か」は株主とは限らないので、所有と経営の分離が起こってくる。経営者が相対的に自立して、株主の制約を離れて経営活動を行った結果、経営者が自分たちの個人的利益を優先させたり、株主の利益よりも「会社」自身の利益を優先させたりすればと困るから、このため、投資家保護あるいは株主保護のためのコーポレートガバナンスなどの制度改革などが進んでいる。

(2) ステークホルダー（利害関係者）について

投資家保護という観点が狭い株主の利益だけを追求することからの別な問題を生み出す危険が指摘されるなかで、最近ではステークホルダーという概念が示されるようになっている。短期的利益追求ではなく、社会のなかで「永続事業体」として存在し続けるためには、多様関係者との良好な関係を築く必要があるという考え方である。

図8-1　株式会社とステークホルダーとの関係

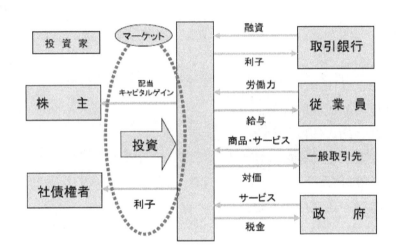

図8-1を見ると、会社とステークホルダーとの関係が明るくなる。中に、社債権者は社債権者とは、社債の保有者や株主と異なり、利益の有無にかかわらず一定の利息を請求する権利を持ち、会社の解散の場合には株主に優先して会社財産から弁済を受ける者のこと。株主が会社に投資して、会社から配当したキャピタル・ゲインをもらう。同じように、社債権者が会社に投資し、会社から利子をもらうことになる。ほかの関係者もこのような形で会社とかかわっている。

(3) コーポレートガバナンス（企業統治）について

経営者は株主の利益の最大化を目的に企業経営にあたる責務があり、このような経営者の責務を果たしているか、経営者に目標を与え、業績評価を行い、経営者が株主の利益を生み出すようにモニタリングすることが「コーポレートガバナンス」なのだ。企業は、企業を取り巻く多くのステークホルダー（利害関係者）からの要請にバランスよく応え、また適切な説明責任（アカウンタビリティ）を果たしていく必要がある。

しかし、1980年代以降、アメリカをはじめ各国で、最高の地位にある経営者の不

正などが明るみに出て問題になるケースが多くあった。このため、そうした人たちの責任を明確にして、不正などを防ぎ、なにかあったときの責任の取り方をはっきり決めておくことが重視されるようになった。この目的を果たすため、コーポレート・ガバナンス（企業統治）という管理手段が提案された。コーポレート・ガバナンスというのは、狭い意味では、取締役会のなかでも最高経営責任者（日本的には会長や社長、専務など）が、取締役会が株主総会といった意思決定機関にたいしてどのような責任の取り方をするのか、ということである。広い意味では、社会や政府からの企業活動の監視という意味で用いられることもある。

　コーポレート・ガバナンスの要素は第一、経営の透明性、健全性、遵法性の確保、第二、各ステークホルダーへのアカウンタビリティー（説明責任）の重視・徹底、第三、迅速かつ適切な情報開示、第四、経営者並びに各層の経営管理者の責任の明確化、第五、内部統制の確立という五つのものがある。コーポレートガバナンスを実現させるための手段として委員会設置会社の選択、社外取締役、社外監査役の増員、内部統制の仕組みの強化、不公正な取引の規制・開示、社員の行動規範や企業倫理憲章の設定、情報開示体制の確立、法務部の拡充・強化、監査役のスタッフ部門（内部監査室など）の拡充・強化、意思決定の会議体の議論などがある。

（4）コンプライアンスについて

　コーポレートガバナンスの対外的方向として、「コンプライアンス」という言葉がある、企業が法令、社会倫理の遵守がもちろんのこと、善良な企業市民となるように努めるのが重要な取り組みになる。特に上場企業の社会的責任が自ら自覚し、行動することが企業イメージ維持に繋がる。たとえば、トヨタでは、コンプライアンスを「社会常識（倫理）や法令、社内規定、マニュアル等を遵守し、フェアな企業活動を営んでいくこと」＝「社会のルールに反する行動・社会から非難される行動をしない」と定義している。以下の図8－2はトヨタが企業風土を維持するためのシステムである。

図8-2　コンプライアンスの維持・確立

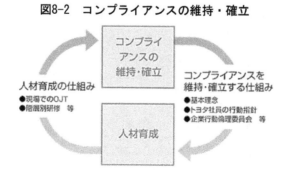

2 経営理念

　企業は全社的な目標をもち、これを達成しようとしているが、そのシンボル的なものに経営理念と経営戦略がある。まず経営理念から考えると、それは創立者の「創業の精神」に典型的に示されている。そして、経営者が退職や死去によって交替することになっても、基本的に変更されずに継承されることが多いのが経営理念である。

　それは、別の言葉でいうと、経営者の精神、あるいは心構えを表明している。しかも、経営理念には全社的な方向性だけでなく、それを実現するための方法や考え方が含まれていることも多い。日本企業において作成されてきた「社是」、「社訓」、「信条」、「綱領」、「方針」などは、経営理念の例である（図表8-3と8-4）。

　要するに、経営理念とは、企業のあるべき姿や理想像、あるいはビジョンについて経営者がみずからの企業に対していだく願望である。さらには、「こうしたい」という価値的かつ規範的な表明でもあるために、どちらかというと抽象的な言葉になっている。もっとも、経営者はしっかりとした経営理念をもつことで、信念をもって力強い経営を行なうことができるともいわれる。

　経営者は、制・した経営理念をなによりもまず社内に浸透させようとする。制・するだけであれば、「絵にかいたモチ」にすぎず、空虚なものである。そこで、オフィス、工場などで働く人びとの目につくところに掲示したり、社内ポスターや社内報などで必ず掲載したりする。あるいは、朝礼での上司のあいさつや教育訓練プログラムのなかで、自社の経営理念を従業員に教えこむという努力を行なっている。

　また、経営理念は社内だけでなく、社会一般やステイクホールダーにも広く知らせる必要がある。CI（コーポレート・アイデンティティ）は統一された企業イメージを利害関係集団に植えつけようとするイメージ戦略であり、その構成要素にはシンボルマーク、シンボルカラー、ロゴタイプ（連字）、社名などのほかに、キャッチフレーズがある。

第八章　経営理念和企業文化

図8-3　経営理念の事例（1）

アイ・ビー・エム
(International Business Machines Corporation) 社

Management Principles
- Respect for the individual:
- Best customer service :
- The pursuit of excellence:
- Excellence in all management spheres:
- Responsibility to stockholders:
- Complete fairness in all transactions: and
- Contributing to society.

（日本語訳）
経営理念
- 個人の尊重
- 最善のカストマー・サービス
- 完全性の追求
- 卓越したマネジメント
- 株主への責務
- 公正な購買取引
- 社会への貢献

出所：小林薫編著『海外企業の社是・社訓』日本生産性本部、1991年。

図8-4　経営理念の事例（2）

a. 東レ
Ⅰ. 21世紀の東レおとび東レグループの企業イメージ
1. 3つの事業ドメインからなる総合化学企業集団。
① 総合素材事業
② アドバンスド＆エンドプロダクツ事業
③ ファッション・商事・情報（FTI）事業
2. グローバル化に成長（Growth）を続ける企業集団。
3. 連邦経営（Group Management）によりグループとしての総合力を発揮する企業集団。
4. グローバルな経営活動(Globalization)を推進する企業集団。
5. 安全・防災・環境保全を最優先課題とし、地球環境保護に積極的な役割を果たす企業集団。
6. 誠実な企業市民として社会に貢献し、生き生きとして魅力がある文化を持つ企業集団。
Ⅱ. 経営行動方針
1. 意識改革・企業体質の強化
環境の急激な変化や企業活動のダイナミックな展開に対応し、不断の意識改革と企業体質強化を推進する。
2. 連邦経営の推進
東レグループ各社の独自性を生かして、それぞれ競争力のある地位を確立し、東レを中核としたグループ各社間の有機的連携を強化することにより、世界トップレベルの企業集団を構築する。

> 3. グローバリゼーション
> 最適経営資源国での立地・マーケットニーズへの対応・国際協調を基本としてグローバルな経営活動を展開し、グローバルな成長を図る。
>
> b. 富士通ビー・エス・シー
>
> 基本姿勢
> 株式会社富士通ビー・エス・シーの企業としてあるべき姿勢は、
> 第一に：信頼とサービスの気持ちを大切に、広く社会に貢献する企業。
> 第二に：新しい技術に、つねにファイトをもって取り組む企業。
> 第三に：若い情熱で行動する企業。
>
> 経営理念
> 当社の発展・繁栄はつぎの5項によって達成される。
> 1.（お客様尊重の精神）お客様の利益と便利を重んじて、社会の信頼を得る。
> 2.（知的商品の精神）洗練された知的活動を、最も価値ある商品と考える。
> 3.（サービス本位の精神）最高水準のサービスを、社会に提供する。
> 4.（堅実の精神）堅実な経営に徹し、企業倫理を守る。
> 5.（誠意・公正の精神）正直で、誠意ある人間関係の上に、経営の基盤を置く。

出所：いずれも会社案内用パンフレットから。

　キャッチフレーズとは、抽象的な経営理念をだれにでも容易に理解できるようにシンボル的な言葉で要約したものである。「マルチメディア」の日本電気（NEC）、「デジタル・ドリーム・キッズ」のソニー、「クオリティ・アンド・チャレンジ」のアサヒビールなどは、その例である。この経営理念が、社会に浸透すると、企業はステークホルダーや生活者の信頼や信用を得ることができる。そうなれば、企業は存続や発展も可能になる。

　しかし、他方で前述したように、社内への浸透も重要である。それは企業で働く人びとが経営理念に従って意思決定を行い、活動するようになることを意味している。つまり、経営者のつくった経営理念を働く人びとが認め、共有しあうことで、それらの人びとの意思決定や活動に対して一定の方向づけが与えられ、ひいては社内の全員が一丸になって、仕事を行なうことができるようになるのである。

　そして、共有される経営理念に他社と比較して独特な特徴がみいだされるならば、それはその企業の企業文化となる。それは、企業の性格や個性をつくりだす源泉であり、「社風」とか「会社のカラー」ともいわれる。

アイ・ビー・エム社の企業文化

図表8-3の経営理念が社内に浸透することで、アイ・ビー・エム社は、顧客、株主、社会に奉仕するとともに、社内で働く人びとの個性や能力開発を重視する文化をつくってきたといえるだろう。公正な取引を奨励し、不正を犯さないという論理性も重視している。さらに、「エクセレンス」（完全性、卓越性、超優秀性）という言葉が示すように、すぐれた経営を行なうことが要請されている。

3 企業文化の形成要因

企業文化については、多くの人びとによる定義がある。ここでは代表的な見解のひとつであるデービス（S. M. Davis）のものをかりると、「組織の構成員に意味をあたえ、組織体のなかでの行動ルールを提供する、共有された理念や価値のパターン」（河野豊弘・浜田幸雄訳『企業文化の変革』、ダイヤモンド社、1985年、4頁）とされている。

この抽象度の高い定義を分解すると、おおよそつぎのようになるであろう。

① 企業文化は、組織のメンバーにとって意味がある。そして、企業で働く人びとが主なメンバーである。しかし、メンバーや内外の境界についての理解のしかたによっては、外部にいる株主、消費者や取引業者もメンバーとなる。

②企業文化は、企業のなかで働く人びとに対して行動のルールを提供するものである。つまり、それは、具体的な活動の大枠や方法といったものを従業員に示している。また、それは、従業員の行動となってあらわれるので、比較的目にみえるものである。

③企業文化は、働く人びとによって共有される企業の理念や価値である。つまり、従業員たちはともに自社の経営理念を納得・同意し、それに従がおうとしている。この理念や価値の共有は、行動のルールとはちがって働く人びとに内面化されるので見えにくいものであるが、しかし上述の行動のルールを導きだしている。

これによると、企業文化は、経営者が中心になってつくる経営理念を企業のなかで働く人びとが共有しあうことで、一定の行動のしかたができるようになることを意味している。

(1) 企業文化の形成要因

企業文化の定義と機能を考えてきた。それでは、企業文化はどのようにしてつくられるのであろうか。ディール（T. E. Deal）とケネディ（A. A. Kennedy）の『シンボリック・マネジャー』（城山三郎訳、新潮社、1983年、30－32頁）の著名な考え方によると、以下の5つの要素がそなわって形成されるとしている。（図表8－5）。

① 企業をとりまく環境——企業が直面する環境、とくに市場で企業がぶつかる現実によって、企業が成功をおさめるためには、どのようなことを行なう必要があるかがわかる。この必要性が企業文化の内容に影響を及ぼすことになる。たとえば、きびしい市場環境で活動している企業は、安定的に市場を確保している企業に比較すると、タワなセールス活動をもとめるような文化をつくることであろう。

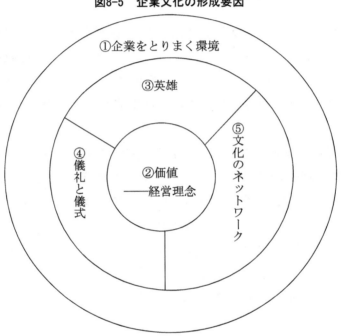

図8-5　企業文化の形成要因

② 価値——要するに、これは経営理念であり、企業のあるべき姿や理想像あるいはビジョンをさしている。経営理念のほかに、社是、社訓などともいわれてきたものであり、企業文化を観念的にみた場合の中心をなしている。成文化されているので、働く人びとにもとめられる行動のあり方や企業としての成功の尺度を示している。東レの場合の「価値創造企業」や「社会貢献企業」というキャッチフレーズも、そのようなものである。

③ 英雄——この英雄とは、②の価値を実現した社内の人物であり、従業員にとって理想のモデルになっている。「自分もあのような人間になりたい」といったシンボル的な人間であり、このような経営理念の体現者が企業文化づくりには必要である。

④ 儀礼と儀式——これは社内で組織的定期的に行なわれる慣例やイベントのことを意味しているが、経営理念と、それにもとづく一定の行動の仕方をこの儀礼と儀式を通じて反復的に学習させることを狙っている。これによって社内で働く人び

とに経営理念と行動のルールを定着・浸透させることができるようになる。例えば、社長の年頭挨拶や職場の朝礼での教育訓練プログラム、周年記念イベントなどが、その事例であろう。

⑤ 文化のネットワーク——これは経営理念とその体現者である。英雄の活動をうわさやクチコミといったインフォーマル（非公式）な情報の伝達方法を活用して企業全体に浸透させることを意味している。創業者やそれを陰で支えた人びと、中興の祖などが社内にはいるが、これらの人びとについての神話とか物語をつくり、経営理念を長期にわたって社内に根づかせることが行なわれる。歴史上の英雄——性別に関係なく——とは、歴史の教科書にでてくる人物だけでなく、ある程度の社歴をもって生きつづけてきた企業にもいるものである。

ディールとケネディによると、この要因が組みあわされ、長期にわたって維持されることによって、経営理念の共有化がはかられ、それにもとづく一定の行動が確立することになる。そして、このような状態になることで、企業文化がかたちづくられる。

4 企業の社会的責任（CSR）

(1) 企業の社会的責任（CSR）

企業は大規模になるほど、株主の私的所有物から社会の所有物、すなわち社会的存在という性格を強める。このことから、企業は株主ばかりでなく、顧客、従業員、取引相手、さらには地域住民といった利害関係者（ステークホルダー）の利益を実現することが求められるようになる。従って、経営者は企業をそうした社会的存在として運営していく責任、すなわち経営者の社会的責任を負っている。単なる法令順守という意味以上に、様々な社会のニーズを、価値創造、市場創造に結びつけ企業と市場の相乗的発展を図ることがCSRである。CSRは企業の信頼構築、競争力を向上させるほか、株価の上昇にも影響を与える。

(2) 社会的責任論の背景

近年、企業の社会的責任が広く要請されるようになった。企業に社会的責任を求める議論が出たのは、戦後何度かある。

最初は、1950年代後半の消費者被害を巡って提起された。続いて、1960年代前半に、利潤追求の理念に関して問題にされた。だが、企業の社会的責任として最も大きく議論され、この言葉が広く認知され定着したのは、1970年代はじめの公害と物

価狂乱とまで称された価格高騰に対する企業批判であった。

　1960年代半ばまで、高度経済成長を成し遂げた企業と社会は、部分的に緊張を孕みながらも、それなりに良好な関係を維持していた。その関係が崩れた大きな契機が公害であった。その代表的なものが、「四大公害」と呼ばれる熊本水俣病、新潟水俣病、イタイイタイ病、四日市公害であった。

　また、企業と社会の摩擦は、この公害問題の他に、欠陥車問題や食品添加物など、商品の安全性を巡って生起した。このような摩擦は、1973年の第1次オイルショックにおいてピークに達した。全国的モノ不足が生じ、商品の買い占め・売り惜しみが発生し、闇カルテルによる灯油値上げ問題に代表されるような社会不安の中での利潤追求行為は猛烈な企業不信感を引き起こし、世間では企業の社会的責任の要請も急激に高まった。

　このような社会と消費者の反応に対して、企業は一転して素早い対応をみせた。公害問題に対しては、公害防止のための設備投資額は年率数十％の伸びを見せ、自動車の排気ガス規制も世界的に見てもかなり厳しい基準をクリアした。消費者窓口などの消費者部門の設置を急速に進めた。1970年代中に行われたこのような企業の対応により、企業に対する不信感は急速に払拭されていった。このように、社会的責任という概念は、ようやく企業に広く認識されるようになったのである。

（3）企業の社会的責任の内容

　企業の社会的責任では、当初から内包しつつもいまだ明確には要請されなかった問題・領域への対応が、社会的貢献という言葉の登場により要請されるに至っている。その内容は多岐にわたっているが、大別して以下の三つのカテゴリーに分類することができる。

　① 通常の企業活動の外部への負のインパクト（例：公害・環境破壊、商品の安全性、工場閉鎖による地域への影響など）。

　② 企業内部の通常の活動に本質的に結びつくもの（例：職場の安全性、快適性、労働の人間化など）。

　③ 企業が直接引き起こしたものではない、あるいは、仮に企業活動によるものであっても、社会の欠陥が反映されたもの。（例：貧困、地域の荒廃、フィランソロピーなど）

（4）CSRという概念への批判

　CSRという用語が広がりを見せるとともに、特に企業関係者のなかから、CSR批判

論も多くあがっている。

その理由として、第一にCSRという概念には新しさがないという主張がある。確かに、法令遵守、企業倫理、顧客満足向上、環境対策、人材育成の強化、地域貢献といった取組のいずれもが、従来からの多くの日本企業で重視されてきた。また、企業を取り巻く各利害関係者の期待は従来存在しているし、これに市場の見通しと経営資源の制約を勘案して優先順位を付け、対応を図っていくこと自体、経営判断そのものであり、企業戦略そのものであるから、何もCSRなどという用語持ち出す必要はないという意見もある。

第二には、CSRの定義や、企業への期待の内容が論者によってさまざまで、この語を用いることが全く生産的でないという指摘もある。確かに、論者によってCSRを理念として論じたり、経営の手段として論じたり百人百様の観はある。これでは社内においてすらコミュニケーションが成立しない、どこまでやれば、社会からの期待に応えたことになるのか全く見通しが立たないというような意見が出てくるわけである。

第三には、全ての鍵となる利害関係者の要求に対してバランス良く意思決定する、という考え方が馴染みにくいという指摘がある。批判者から「本業を通じて社会に貢献していくのが本来の姿ではないか」「利害関係者のなかでも対価を払っていただく顧客の期待が何より優先されるべきではないか」「従業員を社外の利害関係者と同列に位置づけるのは違和感がある」などの意見が個別には多く聞かれる。

そして、CSRは海外から移入された用語ではあるものの、日本にも従来からあった考え方ではないかという疑問も投じられる。後述のように、江戸時代の近江商人は売り手よし・買い手よし・世間よしという経営理念を大切にし、土木工事や慈善寄付などを通じて、地域社会に貢献した。これにより、社会から信頼を得ることになり、結果として商売の発展に繋げることができた。このような先人の知恵と経験は、250年の歳月を経て受け継がれ、今でも多くの日本企業の活動に反映されているから、何もCSRという概念で捉え直す必要がないと主張されるのである。

5 日本の企業文化：「家」の文化

日本の企業文化を様々な角度から分析されているが、そのなかかなり代表的なものは、日本的経営の独自性を「家」の論理から論じる議論である。ここで「家」とは、経済集団であり、維持・反映を第一目標とする「経営体」であり、一般的に言われる家庭、家族のことではなく、特定の目的を達成するために組織された人々の

協働体系である。ときにはその社会学の意義を強調するために、片仮名で「イエ」と表記されることもある。

家は「家の盛衰＝家族の盛衰」となる運命共同体であるとともに、恩情と専制、庇護と服従の親子関係を基軸とする経営である。家は決して日本独自のものではない。資本主義に先行する家共同体は普遍的なものであり、日本の家はその一種である。

家の論理と日本的経営の対応関係は、下記のようにまとめることができよう。

(1) 目的—維持・繁栄

家の第一目標は組織・経営体そのものの盛衰となる運命共同体である。日本で投資収益率や株価の上昇よりも、マーケットシェアや新規事業の拡大が求められるのは、日本企業が何よりも維持・繁栄を求める家だからである。

(2) 成員—家族と非家族

家の成員は家族と非家族に分けられる。家族は家の盛衰をわが盛衰とする運命共同体の一員である。非家族は長期・短期において家経営体に参加しながら、家族としての処遇を受けない者、すなわち「家の盛衰＝家族の盛衰」という関係にない者である。非家族は家族の補完であり、身分的にも低位に置かれている。日本企業で、新規学卒一括採用により企業内に囲い込まれる者が家族的成員である。一方、外部労働市場から必要に応じて採用・解雇されるパート・アルバイトなどは非家族成員である。

(3) 構造—家長・家族・家産・家業・家名

家は維持・繁栄のために、家長を必要とする。家長は前家長より家督を相続し、家産と家族を統督して家業を営む。家は家業の発展により家名を高める。

日本の株式会社の社長は、株主総会や取締役会から選任されるのではなく、前社長から指名され、補佐役として従業員のなかから取締役を指名する。社長は会社の維持・繁栄のため、低配当・高内部留保・高設備投資・高研究開発費の戦略をとって、シェアと新規事業の拡大をめざす。大株主は取締役会に依頼され、株式を長期にわたって保有するが、利潤動機・支配動機をもたない安定株主であり、株式を自由に処分しない点で、家産の所有者に酷似した性格を持っている。

（4）支配―親子関係

家長と家族の間には親子関係がある。ここでいう親子関係は血縁関係ではなく、支配関係を意味する言葉である。その内容は恩情と専制の性格をもつ命令に対する絶対服従であり、その見返りとしての恩情・庇護である。こうした親子関係を基軸とする経営体が家なのである。

現代の日本企業においても、こうした庇護と絶対服従の関係は貫いており、それは上司と部下、企業と従業員の間だけではなく、企業系列における親会社・子会社の関係、さらには政府各省庁と各企業との間にも認められる。

（5）組織原則―階統制と能力主義

家の組織原則は、階統制と能力主義の二本立てである。家族はいかなる統に属すかにより異なる処遇を受け（階統制）、それにより家の秩序は維持される。同時に、家の維持・繁栄のためには能力主義が不可欠である。

現代企業でも学歴・採用形式・性別・国籍などによる階統制が存在する。社員・非社員の区別も階統制による。しかし、新規学卒一括採用のうえに、年齢別・勤続年数別のピラミッド構造、厳しい人事考課による定昇制・ローテーション人事と、不要労働力排除のシステムが形成された日本企業は、従業員に生き残りをかけた熾烈な競争を強いる能力主義的な人事も同時に行っている。

（6）訓育―躾と訓育

家は、家族に対して、家の一員として行動規範を与え、家業を営むことができるように躾と訓育を施す。日本企業が新規学卒一括採用された優良労働力の能力を全面的に高めるために、企業内教育訓練を行うのはこれにあたる。

（7）アイデンティティ―家憲・家訓・家風

家は維持・繁栄のための精神的な支柱を必要とする。そのために制・されたのが家憲と家訓であり、そこに家風が形成される。一方、日本企業の社是・社訓は、家憲と家訓に相当するものといえよう。

（8）発展形態―本家・分家・別家的展開・同族集団の形成

家は拡大すると、家庭を家族に分けて新たな家を興す。血縁者が立てた家を分家、非血縁者が立てた家を別家といい、もとの家を本家という。分家・別家も大きくなると、さらに新しい家を興し、本家は宗本家となる。かくして、家は同族団を

形成する。こうした家の増殖・展開の論理は、企業集団・系列などの形で、現代の日本企業にもみられる。

(9) 組織意識—ウチとソト

運命共同体としての家はウチとソトの意識を生む。家は維持・繁栄の度合いにより格付けされ（家格）、家格により規制される（分）。家族の間にも格は存在し、階統制は格意識を生む。格に基づく秩序を維持しようとするとき、分を守る、分際を知るということが重視され、分に過ぎた行動は非難される。

日本企業も維持・繁栄の度合いにより格付けされ、また親会社・子会社・孫会社の格付けがあり、会社内部にも学歴が格となり、それに応じて昇進のコースがある。

6 日本的CSR：近江商人の経営理念

日本の伝統的な商人として、特に有名なのは、いわゆる「近江商人」である。近江商人とは、近江（現滋賀県）を本宅・本店とし、他国へ行商した商人の総称で、近江八幡・日野・五個荘から特に多く輩出した。近江商人のほとんどが江戸時代末期から明治時代の創業で、現在も商社として多くの企業が活躍している。

近江商人は、商業活動において大きな成功を収めただけでなく、独自な経営理念をも築き、それが今日の日本企業の経営にも大きな影響を与えた。江戸時代の近江商人は、他国での商売を円滑に行うために、自らの利益を優先する以前に、地域社会への配慮をも重視する必要があった。現在でいえば、「企業の社会的責任」に近いものといえる。

以下では、近江商人の経営理念に代表的なものを取り上げて紹介する。

(1) 三方良し

近江商人の行商は、他国で商売をし、やがて開店することが本務であり、旅先の人々の信頼を得ることが何より大切であった。そのための心得として説かれたのが、売り手よし、買い手よし、世間よしの「三方よし」という理念である。取引は、当事者だけでなく、世間の為にもなるものでなければならないことを強調した「三方よし」の原典は、中村治兵衛宗岸の書置だといわれる。近江商人は遠く他国へ旅をして商売をしましたが、その土地で排斥されずに受け入れられ、むしろ歓迎された。

（2）しまつしてきばる

これは近江商人に共通な日常の心構えである。倹約につとめて無駄をはぶき、普段の生活の支出をできるだけ抑え、勤勉に働いて収入の増加をはかる生活を表現している。「しまつ」は、単なる節約ではなく、モノの効用を使い切ることが真にモノを生かすことになるのだということであり、「きばる」は、近江地方では「おきばりやす」という挨拶につかわれているくらい日頃から親しまれた言葉である。これは、近江商人の天性を一言で表現している。

（3）正直・信用

今昔にかかわらず、商人にとって何よりも大切なものは信用である。信用のもととなるのは正直だ。外村与左衛門家の「心得書」でも、正直は人の道であり、若い時に早くこのことをわきまえた者が、人の道にかなって立身できると説いている。正直は、行商から出店開設へと長い年月をかけて地元に根づいて暖簾の信用を築き、店内においては相互の信頼と和合をはかるための基であった。

（4）陰徳善事

人に知られないように善行を施すことである。陰徳はやがては世間に知られ、陽徳に転じるのだが、近江商人は社会貢献の一環として、治山治水、道路改修、貧民救済、寺社や学校教育への寄付を盛んに行った。文化12（1818）年、中井正治右衛門は瀬田の唐橋の一手架け替えを完成した。一千両を要した工事の指揮監督に自らあたり、後の架け替え費用を利殖するために二千両を幕府に寄付した。

（5）先義後利栄

商いは、利潤を追求する事が第一ではなく、常についてまわるものであるという考え方は、近江商人に共通した理念である。とくに近江八幡西川利右衛門の家訓では、義理人情を第一と考えている。利益追求を、後回しにする事が、商売繁盛となり、やがて利益が生まれ、その家は栄えると言っている。

（6）お助け普請

全国各地に出店していた近江商人の本家はほとんどが、近江の地にあった。天候や自然災害景況が大きく左右された時代、出来る限り凶作や不況の時期に行う事が多かった。地域の経済活性化をもくろんでのこうした造作を地域では「お助け普請」といわれる。公共事業の前倒しと似通ったものを感じる。

7 代表的な日本企業の経営理念

(1) トヨタ

① 創業者の言葉：「今日の失敗は、工夫を続けてさえいれば、必ず明日の成功に結びつく。」（豊田喜一郎）

② 経営理念

・内外の法およびその精神を遵守し、オープンでフェアな企業活動を通じて、国際社会から信頼される企業市民をめざす。

・各国、各地域の文化、慣習を尊重し、地域に根ざした企業活動を通じて、経済・社会の発展に貢献する。

・クリーンで安全な商品の提供を使命とし、あらゆる企業活動を通じて、住みよい地球と豊かな社会づくりに取り組む。

・様々な分野での最先端技術の研究と開発に努め、世界中のお客様のご要望にお応えする魅力あふれる商品・サービスを提供する。

・労使相互信頼・責任を基本に、個人の創造力とチームワークの強みを最大限に高める企業風土をつくる。

・グローバルで革新的な経営により、社会との調和ある成長をめざす。

・開かれた取引関係を基本に、互いに研究と創造に努め、長期安定的な成長と共存共栄を実現する。

(2) パナソニック

① 創業者の言葉：「世の為、人の為になり、ひいては自分の為になるということをやったら、必ず成就します。」（松下幸之助）

② 経営理念

・産業報国の精神。

・公明正大の精神。

・和親一致の精神。

・力闘向上の精神。

・礼節謙譲の精神。

・順応同化の精神。

・感謝報恩の精神。

(3) 本田技研工業

① 創業者の言葉：「従業員は、自分の生活をエンジョイするために働きにきているはずだから、働きがいのある職場をつくらなければ、従業員は喜んで働かないし、いい仕事はしない。」（本田宗一郎）

② 経営理念：
- 人間尊重（自立、平等、信頼）。
- 三つの喜び（買う喜び、売る喜び、創る喜び）。
- 三現主義（現場に行く、現物（現状）を知る、現実的であること）。

(4) 京セラ

① 創業者の言葉：「商いとは、信用を積み重ねてゆくことです。」（稲盛和夫）

② 経営理念：
- 全従業員の物心両面の幸福を追求すると同時に、人類、社会の進歩発展に貢献すること。

③ 社是：「敬天愛人」。

(5) 東芝

① 創業者の言葉：「知識は失敗より学ぶ。ことを成就するには、志があり、忍耐があり、勇気があり、失敗があり、その後成就があるのである。」（田中久重）

② 経営理念：
- 人を大切にする。
- 豊かな価値を創造する。
- 社会に貢献する。

コラム8　　ユニクロの企業理念

　ユニクロの企業理念には「現実を直視し、時代に適応し、自ら能動的に変化する経営」というのがある。毎度ユニクロへ行くと、季節限定の商品が見られ、店内の陳列までもお客さんの好みに合うようにすることが非常に親切だと思う。特に、この間、ユニクロが積極的に外国のデザイナーと協力し、国際のファッション・トレンドに乗せ、お客さんにただの服を売らなく、お客さんのニーズを発見して、ファッションも意味も込めている服を提供するのである。そして、ユニクロが強調する現場・現物・現実というのもこの理念の最高の表しだろう。いつも現場・現物・現実をしっかり見つめ、売り場の状況、商品の陳列とお客さんのニーズなどに心がけ、一切の可能性を考え、発想し、より望ましい現場・現物・現実をつくりだすように努力していく。

　ただ他の企業を模倣する企業が遠く行けないとずっと思っている。ユニクロの場合には「良いアイデアを実行し、世の中を動かし、社会を変革し、社会に貢献する経営」という理念がある。その理念に従ってこそ、模倣されるわけだろう。この世には、企業にとって最も珍しいのは他の企業と違って、自分のアイデアを実行し、革新の方向に向けていることである。たとえば、ユニクロは同類の企業のない技術を持って、ハイテクを開発して、消費者に冬にも薄いのに1枚で暖かく、軽くい服を提供する。そして、女性たちに売る紐などがないので、ブラジャーをしているという感覚を忘れられるブラトップも大ヒット。ユニクロは自分で良いアイデアを持っていて、それを実行する。商品を買ってもらって、それで世の中が動く。その結果として、社会に貢献できる。ユニクロのこういう理念がないと、長く続ける利益が得られなく、特に不況の時期に難しい経営状況になりやすいだろう。

　企業の原動力が社員たちにあると私は思っている。だから、社員たちに対してのユニクロの企業理念が「全社最適、全社員一致協力、全部門連動体制の経営」。これが非常に日本企業っぽいの主張だろう。企業に入って、身分が自分の名前でなく、ユニクロとなっているのだ。必ず企業のために働かなければならない。ただ所属部門の利益を目指しても、ほかの部門に影響を与える可能性があるから、全社最適を忘れてはいけない。友達からユニクロでバイトしていた時に、毎日全員で同じスローガンを大声で唱えると聞いた。初めにつまらなくて、あまり効果がないと思うが、知らないうちに、いろいろ問題を解決する時に、スローガンの意味を意識することにも気づいたと友達が言っていた。同僚とお互いに競い合い、高めあうとい

うことは非常に大事だが、根底にお互いに対する信頼感や一致協力してやっていこうという気持ちがない限り、仕事はうまくいかない。うまくいかなかったら、全部門が連動もできないから、経営の目標を実現できなくなるのだ。

企業の目標は消費者に商品を買ってもらうことである。より高品質なサービスを提供するために、ユニクロの社長柳井正が「顧客の要望に応え、顧客を創造する経営」という理念を語っている。企業にとっては最も厳しく評価する人が顧客であるが、企業を支えるのも顧客である。お客さんの立場に立って考え、「お客さんの要望に応えているのか」、「こういう陳列が便利なのか」、「このリサイクル箱を設置すること、お客さんが好きなのか」、「店で回っているお客さんが何を考えているのか」などを心がけることが必要である。なぜなら、企業というのが他の企業の気づかなかったことに工夫する仕事をするだと思っている。そして、ユニクロが年間を通して1週も休むことなく新聞の折り込みチラシをウェブとともに入れているが、これは単に商品を紹介する効果だけではなく、消費者に対し「ユニクロのチラシ広告が自宅に届いた」という事実を認識させるだけで十分。消費者が知らず知らずに店舗に誘導されて、ユニクロが知らず知らずに顧客を創造するのではないか？

商品などを模倣できるかもしれないが、企業理念は絶対盗めないことだと信じている。この長引く不況の時期に、日本全国に展開し、海外にも積極的に進出し、より多くの消費者に知られ、ユニクロが商品だけでなく、企業理念で売上をアップさせるともいえる。理念から経営者の思いが見られ、企業文化や風土までになれば、業界の中にはユニクロのように成功を得られるだろう。

参考文献：

1. https://www.fastretailing.com/jp/about/frway/.
2. http://www.jmca.jp/column/only/only1.html.
3. http://www.wbslabo.jp/article/13493770.html.
4. http://www.nikkeibp.co.jp/article/column/20090601/156938/?P=2.

専門用語解釈

ステークホルダー（stakeholder）
企業の経営活動に関わる利害関係者のこと。

利害相关者：因企业活动而直接或间接受到影响的人群或团体等利害相关方。

社債権者
社債権者とは、社債の保有者や株主と異なり、利益の有無にかかわらず一定の利息を請求する権利を持ち、会社の解散の場合には株主に優先して会社財産から弁済を受ける者のこと。

企业债权人：和股东不同，企业债权人是指不论企业是否盈利都有权要求利息，并且在企业解散后有优先获得偿还的权利。

コーポレートガバナンス（corporate governance）
ステークホルダーによって企業を統制し、監視する仕組みのことをいう。

企业统治：职业经理人并针对职业经理人履行职务行为行使监管职能的科学。

コンプライアンス（compliance）
法令の遵守。特に、企業活動において社会規範に反することなく、公正・公平に業務遂行する。

企业守法教育：是法令遵守的意思。在日本是企业，团体对职员培训，提高对社会的责任和意识。

キャピタルゲイン（capital gain）
有価証券や土地などの資産の売買によって得られる差益のこと。

资产收益：通过买卖证券、土地等资产获得的收益。

OJT

On-the-Job Trainingを略したもので、職場内での教育訓練。特に現場で日常の業務を遂行しながら実地で上司が部下に対して計画的に教育訓練を実施することを言う。

　　On-the-Job Training的简称。是在工作现场内,上司和技能娴熟的老员工对下属、普通员工和新员工们通过日常的工作，对必要的知识、技能、工作方法等进行教育。

コーポレート・アイデンティティ（Corporate Identity）

企業のもつ特性を，内部的に再認識・再構築し，外部にその特性を明確に打ち出し，認識させること。

　　企业标志或企业认同感：又称"组织认同感"，是指获得员工对企业目标以及特征的信任、赞同，并将这种目标或特征明确地推向社会。

連邦経営（Group Management）

親会社が子会社、関連会社の経営に関連するすべてを統括し共通した理念を基に、共通する組織を持って運営している。

　　集团管理：集团成员企业之间在研发、采购、制造、销售、管理等环节紧密联系在一起，协同运作的方式叫集团化运作。

グローバリゼーション（Globalization）

政治・経済、文化など、様々な側面において、従来の国家・地域の垣根を越え、地球規模で資本や情報のやり取りが行われること。

　　全球化：在政治经济文化各个方面的资本或信息的超越国界的交流。

社是

会社や結社の経営上の方針・主張。

　　社是（公司信条）：企业经营上的基本方针。

日本企业与经营

近江商人
この近江を本拠地として地元の特産品を中心に全国各地へ行商に出かけ活躍した商人を近江商人という。

　　近江商人：是从近江地区外出在日本各地贩卖家乡特产的商人的统称。

配当
株主が、利益配当請求権に基づいて受け取れる利益の分配のこと。

　　分红：基于相关权利分配给股东的红利。

最高経営責任者
株主の委託を受けて経営上の意思決定を行う取締役会で選任され、企業の経営方針について最終責任を負う。

　　最高执行总裁：经过公司最高领导人董事长或经过公司董事会会议决定产生，以领导公司行政主管方向的高级经理人。

内部留保
企業の利益金額から配当金・租税などの社外流出分を除いた部分を社内に留保すること。また、その金額。

　　内部保留经费：从企业盈利中减去红利和税费等支出项剩下的、公司自己留用的部分。

ローテーション人事
一定期間で人事異動を実施し、社員の職場を変える制度。

　　岗位轮替制度：间隔一定时间对员工工作地点或部门进行调整的制度。

練習問題

問題1：日本では、かつて公害問題が多発していた。近年、公害があまり取り上げられなくなった。その背景には企業のCSRとコンプライアンスが浸透してきている。公害問題を例にCSRとコンプライアンスの重要性を考えよう。

問題2：終身雇用、年功序列、愛社精神という日本的経営の特徴の文化背景を考えよう。

附

经营理念和企业文化

1. 企业相关（投资者、利害关系者、企业统治、法律社规培训）

（1）所有权和经营权的分离与企业统治

企业是谁的所有物？股东出资成立企业，所以股东是企业的所有者。从原理上来说，企业营业是为了给股东分红，所以原本应该所有股东共同承担经营责任。但实际上比起让众多股东中的某一人管理企业，不如选出负责管理企业的董事。即所谓"职业经理"。经理的选择范围不局限于股东，使所有权和经营权分离，企业经营者相对独立，经营管理一定程度上不受股东的制约。而这就有可能导致经营者比起股东利益更优先自身利益或公司利益。为了防止这种现象出现，保护投资者或股东利益，就有了企业统治制度。

（2）关于利害关系者

由于投资家保护主张只重视股东利益，较为狭隘，有可能引发其他问题。所以最近"利害关系者"这一概念被提出，认为企业经营者不该只关注眼前利益，应该将企业打造成社会的"永续事业单位"，着眼其长远发展，和社会各方建立良好的关系。

图8-1 股份制企业和利害关系者的关系

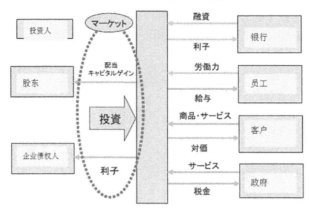

图8-1明确指出了公司和各个利害关系者的联系。其中企业债权人与企业债券持有人及股东不同,不论企业是否盈利都有权要求利息,并且在企业解散后有优先获得偿还的权利。股东通过向企业投资获得股息等资产收益;同样的,企业债权人通过向企业投资得到利息。企业的利害关系者都以类似这样的形式和公司有所关联。

(3)关于企业统治

企业经营者的责任是实现股东利益的最大化。为了检验企业经营者是否履行了这个责任,要给其制订目标,对其进行绩效评价,对其进行监控,这就叫做企业统治。企业应在各个利害关系者提出的要求中找到平衡点,给予各方合理的解释说明。

然而,由于在20世纪80年代之后以美国为代表各国企业的经营者之间频繁发生道德问题,所以如何明确其责任、防止其不当行为、让其为过失承担责任就被逐渐重视起来;企业统治也被作为一种管理手段提出。所谓企业统治,狭义上指理事会中的执行总裁(日本企业中的会长、社长或专务等职务)如何对理事会或股东大会等决策机构负责。广义上还可指,社会和政府对企业经营活动的监控。

企业统治有五大要素:第一,确保企业公开透明、健全发展,以及遵纪守法;第二,重视并严格执行对各利害关系者的说明责任;第三,保证信息公开的迅速性和适当性;第四,明确企业经营者和各级管理人员的责任;第五,确立企业内部统治。实现企业统治的手段包括:1.设立企业内部监督决策委员会;2.增加企业外部理事和企业外部监督人员的人数;3.强化内部统治机制;4.限制以及公开不正当交易;5.制订员工行为规范和企业伦理宪章;6.建立信息公开体制;7.扩充并加强法务部职能;8.扩充并强化监督人员部门(例如内部监察室等);9.研讨应该设立怎样的决策会议机制。

(4)关于守法教育

守法教育是企业统治对企业外部的延伸。企业应当遵守法律和社会伦理道德,并为成为合格的企业公民采取相应的措施。特别是上市企业要清楚自身的社会责任,明白自己的行为和企业印象紧密联系。比如,丰田的守法教育中就将"遵守法律、社会伦理、公司规定和行为指南,公平公开地进行企业运营"等同于"不做违法社会规则、受公众谴责的行为"。下图8-2是丰田汽车为维持企业文化制订的运营体系。

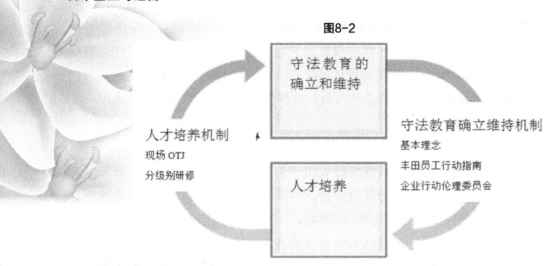

图8-2

2. 经营理念

企业有上下一致的目标,并为实现其奋斗。其中的具有象征性的就是经营理念和经营战略。企业创始人的"创业精神"集中体现了创业理念。创业理念不因经营者退休或去世改变,代代传承。

换言之,经营理念表明了经营者的精神和决心;不仅为企业指出前进方向,还包含具体的实现方法和想法。比如日本企业大多都有"社是""社训""信条""纲领"以及"方针"的经营理念。(图8-3与图8-4)

总之,企业理念就是创始人描画的企业的理想状态,或者说蓝图。也可以说是将包含其欲望的价值观规则化。经营者的经营理念越明确,信念就越坚定,就越能进行强有力的经营活动。

经营者不仅制订企业理念,还在全公司范围内推行其理念。仅制订不执行企业理念只是画饼充饥。所以经营者或将企业理念印在公司海报和内部报纸上等员工随时能看到的地方;或在早晨训话或教育训练项目中对员工进行公司经营理念的教育。

另外,经营理念不仅要在企业内部贯彻,还要让利害关系者了解,在社会上进行宣传。CI(Corporate Identity)即企业标志,是为了向利害关系体灌输企业印象的战略,其结果就是企业标志、企业象征色、企业商标名、企业名称以及企业标语的形成。

第八章　经营理念和企业文化

图8-3　经营理念例子（1）

IBM
(International Business Machines Corporation)

Management Principles
· Respect for the individual:
· Best customer service :
· The pursuit of excellence:
· Excellence in all management spheres:
· Responsibility to stockholders:
· Complete fairness in all transactions: and
· Contributing to society.

（中文翻译）
经营理念
· 尊重个人
· 最好的售后服务
· 追求完美
· 卓越的管理
· 对股东负责
· 交易公正
· 对社会的贡献

（出处：小林薰，《海外企业的社是和社训》，日本生产力本部，1991年）

图8-4　经营理念例子（2）

东丽

Ⅰ.21世纪东丽以及东丽集团的企业形象
1.由三个领域组成的综合化学企业集团；
① 综合材料事业部
② 高端事业部
③ 时尚、商务、信息（FTI）事业部
2.在全球化环境不断成长的企业集团；
3.采取集团管理（Group Management），发挥集团的综合实力的企业集团；
4.推进全球化经营活动(Globalization)的企业集团；
5.将安全、防灾、环境保护作为最优先课题，为保护地球环境积极做出贡献的企业集团；
6.作为诚实的企业公民奉献社会，以充满活力为企业文化的企业集团。
Ⅱ.经营行动方针
1.改革意识·强化企业体质
为了适应急剧变化的环境和愈来愈多元化的企业活动，不断进行意识改革和强化企业体质。
2.推行集团管理
东丽集团的各个成员公司各自独立竞争的同时，以东丽为中心进行有机合作，强化合作关系，构筑世界级企业集团。
3.全球化
以寻找最合适的商品原产地供货、调查市场需求和国际协调为基本开展企业经营活动，实现全球化增长。

图8-5 经营理念例子（3）

富士通BSC
基本姿态 股份公司富士通BSC作为企业的应有姿态： 第一：重视信任和服务精神，奉献社会； 第二：面向新技术不断挑战； 第三：以年轻热情推动公司发展。 经营理念 本公司发展繁荣的五项原因： 1. 尊重客户 重视客户利益和便利，取得社会信赖； 2. 开发知识商品 将成熟的想法创意当作最有价值的商品； 3. 服务精神 向社会提供高水准的服务精神； 4. 坚定的精神 贯彻坚实的企业经营，严守企业伦理； 5. 诚意·公正的精神 企业经营的基础建立在诚实诚心的人际关系上。

所谓企业标语，就是将抽象的企业理念用简明易懂的语言概括。例如日本电气股份有限公司的标语是"multimedia"（多媒体）。索尼的公司标语是"Digital Dream kiss"（电子梦吻）。朝日啤酒的公司标语是"quality and challenge"（品质与挑战）。这样的经营理念如果能在社会上广为人知，就能使企业获得利害关系者和人们的信赖和信任，企业就能够继续发展。

就像上文提到的，经营理念要在企业内部贯彻。这是指让企业员工遵照企业理念决策、执行。也就是通过让员工认同经营者制订的经营理念，从而引导员工的决策以及经营活动向某个方向发展，使公司员工上下一心齐心协力。

此外，贯彻落实的经营理念中和其他公司不同的部分就是企业文化；企业文化是企业个性的源泉，也叫做"社风"或"企业象征色"。

图8-6 IBM公司企业文化

如图表8-3所示，可以说正是贯彻了这样的经营理念，IBM公司才能创造出在服务顾客、股东、社会的基础上重视员工个性和开发能力的企业文化。重视赞赏公平的商贸活动，不做不正当的交易。另外，经营理念中的Excellence这个词，要求公司进行优秀的经营活动。

3. 企业文化的形成原因

企业文化的定义有很多说法，在这儿我们要提到的是S.M.Davis对它的定义。

S.M.Davis认为:"企业文化是赋予组织成员意义并提供组织内部行动规则的一个共享的理念和价值的行动模式。"(河野丰弘、滨天幸雄译,《企业文化的变革》,钻石社,1985年,第4页)

这个比较抽象的定义可分解为以下三要素:

① 企业文化对于组织成员有重要意义。组织成员一般为企业员工,但根据对组织成员或内外分界的定义不同,有时处于企业外部的股东、消费者以及经贸对象也是组织成员;

② 企业文化给公司员工提供行动准则,给员工提供具体行动的大体框架和方法,并通过员工的行动体现,有可见性;

③ 企业文化是员工共享的企业理念和价值观。也就是员工理解并赞同自己公司的经营理念和价值观并自觉遵守。这个员工共享的理念和价值观与真正的行动准则不同,没有可见性,但引导着上述行动准则。

由此可见,企业文化是指,通过员工共享以经营者为中心的经营理念,使一定的行动方式的实现成为可能。

(1) 企业文化形成原因

上文简单介绍了企业文化的定义和机能,下面介绍企业文化是如何形成的。根据T.E.Deal和A.A.Kennedy的《Symbolic Manager》(城山三郎译,新潮社,1983年,第30—32页)中,认为企业文化的形成有5个要素(图8-7)。

① 企业所处环境——即企业面临的环境,特别是企业在市场营销遇到现实问题时为了成功必须采取哪些措施。这些都会影响企业文化的形成。比如,在严峻的市场环境中的企业文化比起有稳定的市场份额的企业,有要求积极进行推销活动的要素。

图8-7 企业文化形成原因

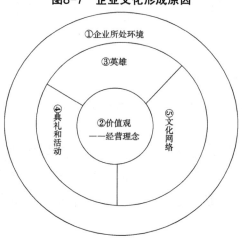

② 价值观——即经营理念；指企业应有姿态、理想形态或蓝图。经营理念也被称为"社是"和"社训"，是企业文化在观念形态上的中心组成部分。比如东丽集团的"企业创造价值"和"企业奉献社会"。

③ 英雄——指已经实现②所指的价值观的企业内部人物。是员工的理想楷模。能让员工产生"我也想像那个人一样"想法的人物。对于企业文化的形成，这样能体现经营理念的人物是必不可少的。

④ 典礼和活动——指企业定期组织的活动。企业通过定期组织活动，让员工反复学习经营理念和以此为基础的行为准则。以此让员工熟悉、牢记经营理念和行为规范。比如公司总经理在新年致辞或是早上的领导训话，还有企业周年纪念活动。

⑤ 文化网络——指将经营理念以及其体现者英雄的业绩，通过口口相传的方式让全公司员工熟知。编造一些关于创始人、其背后支持者或是重振企业的人的传说和小故事，以这种方式让经营理念植根于员工心中。英雄不仅出现在历史教科书里，在有一定历史的企业里同样存在。

T.E.Deal和A.A.Kennedy主张，将以上5个因素长期维持下去，使经营理念贯彻全公司，并按理念进行经营以及各项活动，企业文化就能逐渐成型。

4. 企业的社会责任（CSR）

（1）企业的社会责任（CSR）

随着企业规模的扩大，其社会性就越强。逐渐从股东的私有财产趋近于社会公共财产。因此要求企业不仅要保护股东权益，还要实现顾客、员工、商贸对象，以及当地居民的利益。所以企业经营者也肩负将企业作为社会性财产运营的责任，即企业的社会责任。CSR不单单指企业应当遵纪守法，还指企业应当将各种社会需求和价值创造、开拓市场相结合，实现企业和市场的共同繁荣。CSR除了能提高企业信用度和竞争力之外还可使股价上升。

（2）企业社会责任论的背景

第二次世界大战之后，特别是今年以来要求企业履行其社会责任的呼声越来越强烈。

在20世纪50年代中后期，由于发生了多起损害消费者利益的事件，企业的社会责任被首次提出。60年代前期，企业追求利润的观念被社会质疑。但是使企业的社会责任被广泛议论，这一说法最终定型是70年代初的公海问题和物价疯长引发的对企业的批判。

到60年代中期为止，实现高度增长的企业和社会之间的关系，虽然有紧张的气息，但也算是良好。其关系恶化的契机是公害问题。其中比较有代表性的是熊本水俣病、新潟水俣病、痛痛病和四日市哮喘病。

另外，企业和社会的摩擦原因除了公害问题之外，还有缺陷汽车以及食品添加剂问题等商品安全相关的问题。这些摩擦在1973年第一次石油危机之后达到高潮。那时日本全国物资匮乏，商户囤积居奇现象严重。以垄断企业提高原油价格为代表，在动荡社会中追求利益的行为引发了社会大众的信任危机。要求企业履行其社会责任的呼声高涨。

对于这样社会和人民的反应，企业迅速行动。企业用在防止公害设备上的投资金额的年增长率不断上涨；汽车尾气排放量也达到世界基准；消费者窗口等消费者部门大幅增加。70年代中期，企业通过以上方法重获社会信任，也充分认识到了什么是社会责任。

（3）企业社会责任内容

企业的社会责任中没有被明确规定的部分被称为社会贡献。社会贡献内容丰富，可大致分为以下三个范畴：

① 一般企业活动对外界造成的负面影响（比如：公害问题、环境破坏、商品安全性以及由于工厂倒闭对该地区的影响）；

② 与企业内部一般活动有本质联系的部分（比如：职场安全性、舒适性、劳动的人性化）；

③ 非企业直接引起，但和企业间接相关或因企业活动反衬出社会的缺陷（比如贫困、地区衰废、慈善事业等）。

（4）对CSR概念的批判

随着CSR这个词语的普及，有很多人特别是企业相关者对其持批判态度。

理由包括：第一，CSR这个概念没有新意。遵纪守法、遵守企业操守、提高顾客满意度、保护环境、培养人才以及贡献地方人民等这些措施都是日本企业从古至今一直看重的；企业的各个利害关系者的期待也是一直存在的。在考虑企业的市场预测以及经营资源的限制的时候对各个内容综合考量，确定先后顺序再进行对应就是所谓的经营判断，就是企业战略。根本没必要搬出CSR这个新词。

第二，有人认为CSR的定义和对企业的要求每个经营者都不尽相同，所以这个词不实用。有的人将其作为理念，有的则认为是经营手段，千人千面。这样一来在公司内部都没有一个统一的看法，更别提在社会上达成一致了。

第三，对于CSR要求公平对所有利害相关者的要求，在此基础上决策。而批评者意见不一，有的认为以贡献社会为目的就失去了企业原本的意义；有的认为在利害相关者里应该最优先考虑付钱买东西的顾客的利益；还有的认为不应该将员工和公司外部人员放在同等位置。

此外，还有人认为CSR虽然是个外来语，但实质内容和日本自古以来的经商方法基本一致。下文将会提到江户时代近江商人的"三好理念"。"三好就是对卖家好，对顾客好，对社会好。"近江商人重视这个理念，通过建设土木和慈善捐款贡献社会，因此获得了社会信赖，买卖也做得更好了。前人的智慧和经验经历了250年的岁月依然在很多日本企业中体现，根本没必要重新提出一个实质内容一样的CSR。

5. 日本企业文化："家"文化

这里的"家"是指将维持和繁荣当做第一目标的"经营体"，为达成特定目的组织协作体系；并非一般"家庭"或"家人"。有时为了强调其社会学意义用片假名"イエ"表示。

这里的"家"不但是"家庭盛衰决定家人盛衰"的命运共同体，还是以恩情与专制，庇护和服从为基轴的整体。"家"也不是日本独有的经营体制，在资本主义国家相当普遍，日本的"家"只是其中的一种。

"家"之理论和日本式经营的对应关系：

① 目的——维持和繁荣

"家"的第一目标是将组织和经营体塑造成共荣共辱的命运共同体。在日本比起投资收益率和股价上升，企业更重视市场份额和新事业的扩张。因为对日本企业而言，维持和繁荣是第一要务。

② 成员——家人和编外人员

"家"的成员可分为家人和编外人员。家人是共荣共辱的命运共同体的一员；编外人员是长期或短期参加"家"的运营，且不享受家人待遇的人员。也就是和"家"的兴盛衰退没有关系的人员。

编外人员是家人的补足，身份较低。日本企业中，在企业招新时统一录取的应届生是家人。由于需要在外部劳动市场招聘的短期工、短时工则是编外人员。

③ 结构——家长·家人·家产·家业·姓氏

为了"家"的维持和繁荣，必须要有家长。家长从前家长手里继承家，统管家产和家人，通过将家业发展壮大，提高"家"的知名度。

日本股份公司的社长大多不是股东大会或理事会选任的。他们由前社长指名，从辅佐经营的员工中选出。社长为了维持企业经营和企业的繁荣，一般会制订低分

红·高内部保留经费·高设备投资费用·高研发费的战略，开拓市场和新事业。大股东是受董事会所托，长期持有股票的稳定股东，不干涉经营，和利润无关。在不可随意卖出或转让股票这点上和家产所有者类似。

④ 支配——亲子关系

家长和家人之间有亲子关系。这里的亲子关系不是血缘关系，是支配关系。是包含恩情和专制性质的对于命令的绝对服从和作为回报的恩情和庇护。以这样的亲子关系为基轴的经营体就是家。

现代日本企业中也贯穿着庇护和绝对服从的关系，这种关系不仅体现在上司和部下，母公司和子公司，还体现在政府各部门和各个企业的关系。

⑤ 组织原则——阶级统治和能力主义

"家"的组织原则有两大支柱：阶级统治和能力主义。家人因其出身以及所属派系的不同待遇也不同，"家"的秩序得以维持。同时，为了"家"的存续和繁荣，能力主义也非常必要。

现代企业既通过学历、录用形式、性别、国籍划分等级，也依据是否正式员工给劳动者划分等级。日本企业的人事制度是由应届生统一录用、论资排辈的金字塔式等级结构、严格人事考核升迁制、岗位轮替制度以及多余劳动力的及时削减共同组成的，等级严明。但同时，在企业内部也存在能力至上主义。

⑥ 教育——家教和培育

"家"为了使家人有能力经营家业，给家人行为准则，对其进行教育和培训。因此，日本企业为了全面提高统一录用的应届生的能力，对他们进行企业教育培训。

⑦ Identity（统一性）——家规·家训·家风

"家"需要维持其存续和繁荣的精神支柱。因此制订了家规和家训，进而形成家风。日本企业的社是和社训就相当于家规和家训。

⑧ 发展形态——本家·分家·别家·同族集团的形成

随着"家"的扩大，把"家"分给家人就形成了新家。有血缘关系的人新建的家叫分家，没有血缘关系的人新建的叫别家。分家和别家不断发展壮大，以各自为基础又发展出了新家之后，本家就升级成了宗本家。这样一来，"家"就变成了家族体。这种"家"的增殖、展开的理论以企业集团·系列的形式体现在日本企业中。

⑨ 组织意识——内与外

"家"是命运共同体，因而产生了内与外的意识。"家"由于发展繁荣程度的不同被分为三六九等。而由于阶级统治，家人之间也存在身份等级的差异。"家"要求家人遵守等级制度，知道自己的本分和身份，家人如果行为越过了本分就会被谴责。

在日本不仅是企业之间有等级差；母公司、子公司和子公司的旗下公司直接也有

等级差；在企业里，员工根据学历不同其地位也会有相应的差异，地位不同决定了他们的前程也不同。

6. 日本的CSR：近江商人的经营理念

近江商人作为日本传统商人的代表特别有名。近江商人是指在当时的近江地区（现滋贺县）拥有商铺，且到其他地区行商的商人统称。他们多出身于近江的八幡、日野、五个莊等地，在江户时代末年创业，他们创立的商社有很多现在依然在营业中。

近江商人不仅经商获得巨大成功，还有独自的经营理念。他们的经营理念如今依然影响着日本企业的经营。江户时代的近江商人为了能在他乡顺利地做生意，将社会利益优先于自身利益。可以说这个观念和现在的企业的社会责任很接近。

下面是近江商人比较有代表性的经营理念。

① 三好原则

近江商人行商，经常需要在外地他乡开店做生意，因此最重要的就是得到当地人的信任。他们总结，想要得到信任就要坚持"对卖家好，对顾客好，对社会好"的三好理念。三好理念强调做买卖不能仅仅卖家得利，得社会得利才行。据说这个理念最初出自中村治兵卫宗岸的遗书之中。因为这个理念，近江商人才能顺利地在他乡做买卖，且备受欢迎。

② 勤俭和奋斗

这是近江商人共同的心理特点。节约不浪费，不乱花销，勤奋工作增加收入。近江商人的勤俭不仅是指节约，还有物尽其用的意思。而在近江地区，人们更是把"发奋向上"挂在嘴边，当做平日里打招呼的用语。从此可见奋斗向上是近江人的天性。

③ 正直·信用

不论古今，对商人而言最重要的就是信用。而品行正直乃信用之本。外村与左卫门的《心得书》中也写到，正直乃为人之正途，越早领悟到这点的人，越容易在社会生存。正直正是近江商人能够得到他乡人信任并在异地行商开店的原因，也是店里员工相互信赖和谐共处的基础。

④ 积阴德，做善事

积阴德是指做好事不张扬。阴德积少成多，就算不宣扬也会人人皆知。近江商人不仅治理自然灾害、修路改道、济世救民，还热心于给寺庙和学校捐赠。文化十二年（1818年）中井正治右卫门不仅花费1000两造桥，还亲自监督工程进行。最后还捐献给幕府2000两用于以后的修建。

⑤ 先道义后荣利

做买卖不应将利益看得过重，而要有利益轮流转的想法。这是近江商人的共同理念。近江八幡商人西川利右卫门的家训中就提到，要道义为先。他认为，追求利益不应急于一时，买卖繁盛，自然利益就来了，家门也会兴盛起来。

⑥ 捐建公共设施

在全国各地经商的近江商人的本家基本上都在近江地区。而在当时日本，景气受天候以及自然灾害的影响较大。而近江商人多在发生自然灾害和不景气的时候捐建一些公共设施，提高经济活力。可以理解为古代的公共事业。

7. 有代表性的企业经营理念

（1）丰田

① 创始人丰田喜一郎：在今天的失败中不断总结，必定会迎来明天的成功。

② 经营理念：

・外遵国法，内守社规，通过公开公平的企业活动做受国际社会信赖的企业公民；

・尊重各国各地区文化和习惯，扎根各地区开展企业活动，为社会经济的发展做贡献；

・丰田的使命是向客户提供绿色安全商品，通过一切企业活动，努力创造适宜人居住的地球和物质丰富的社会；

・着力研发各领域先进技术，根据顾客需求提供富有魅力的商品和服务；

・开创以劳资相互信任相互负责为基础，将个人创造力和团队合作的强大发挥到极致的企业文化；

・通过在全球化背景下对经营方针的革新，实现和社会和谐发展；

・以公开开放的经贸关系为基础，努力研究创造，实现长期稳定发展和共存共荣。

（2）松下

① 创始人松下幸之助：从商应先为世为民，次而为己，则必能有一番成就。

② 经营理念：

・产业报国之精神；

・光明正大之精神；

・友好一致之精神；

- 力争上游之精神；
- 礼节谦让之精神；
- 适应同化之精神；
- 感恩图报之精神。

（3）本田技研工业

① 创业者本田宗一郎：员工是为了更好地享受生活所以工作，如果不创造一个他们能享受工作的职场，那么员工就不会主动工作，也很难做好工作。

② 经营理念：

- 尊重人（自立、平等、信赖）；
- 三重喜悦（购买的喜悦、销售的喜悦、制造的喜悦）；
- 三现主义（去现场、知现状、看现实）。

（4）京瓷

① 创始人稻盛和夫：买卖，就是积累信用。

② 经营理念：

- 追求所有员工身心幸福的同时，对人类以及社会进步做出贡献。

③ 社是：敬天爱人。

（5）东芝

① 创业者田中久重：从失败中学习知识。成功需要志向、忍耐、勇气以及失败。

② 经营理念：

- 重视人；
- 创造丰厚的价值；
- 贡献社会。

参考文献

1. 守屋貴司、近藤宏一、小沢道紀,『はじめの一歩　経営学—入門へのウォーミングアップ』, 京都：ミネルヴァ书店, 2007年。
2. 日本経済新聞社,『「ゼミナール現代企業入門』, 東京：日本経済新聞社, 1990年。
3. 北中英明,『プレステップ経営学』, 東京：弘文堂出版社, 2009年。
4. 片冈信之、斎藤毅憲、高桥由明、渡辺峻,『はじめて学ぶ人のための経営学』, 高崎：文真堂出版社, 2000年。
5. 青木三十一,『入門の入門　経営のしくみ』, 東京：日本実業出版社, 1995年。
6. 远藤功,『企業経営入門』, 東京：日本経済新聞社, 2005年。
7. 日本経済新聞社,『ベーシック/経営入門』, 東京：日本経済新聞社, 1990年。
8. 工藤秀幸,『経営の知識』, 東京：日本経済新聞社, 1985年。
9. 日本経済新聞社,『一目でわかる会社のしくみ』, 東京：日本経済新聞社, 1997年。
10. 下川浩一,『日本の企業発展史』, 東京：講談社, 1990年。
11. 田中一成,『「図解生産管理』, 東京：日本実業出版社, 1999年。
12. 西田耕三,『日本的経営と人材』, 東京：講談社, 1987年。

编者简介

刘劲聪

广东外语外贸大学东方语言文化学院日语系副教授,硕士研究生导师。

广东外语外贸大学国际服务外包人才培训基地专门用途外语师资团队成员。

1996年日本国立福岛大学经济学硕士研究生毕业,同在东京就职,担任日本东京法思株式会社(東京リーガルマインド)国际事业本部主任。2002年回国,在广东外语外贸大学东方语言文化学院日语系任教。期间历任经贸教研室主任、日语系副主任、研究生办公室主任。主讲课程:日语口语、日本经济、商务日语、日本企业经营管理概论。主编教材:《跨文化交际日语会话》,北京大学出版社,2012年;《商务交际日语》,暨南大学出版社,2013年;《日语经贸谈判》,对外经济贸易大学出版社,2014年。

洪诗鸿

日本阪南大学流通学系教授,企业信息研究生院院长。

1984年考进对外经济贸易大学二系,1986年10月获日本国费奖学金,赴日留学。主攻国际经济,1996年京都大学经济学研究科博士毕业,同年任教于阪南大学流通学系。次年升任副教授,2007年升教授。兼任研究生院院长。主要研究方向为日企的对外投资资源优势,以及日企的创新机制和对外投资竞争力。兼任大阪科技中心MATE研究会等企业团体顾问,2008年开始组织并已经成功举办6次旨在促进日本企业家了解中国和两国企业的技术经贸交流的日中企业家论坛。

林彦樱

广东外语外贸大学东方语言文化学院日语系讲师,经贸教研室主任,日语系副主任。

京都大学东亚经济研究中心青年研究员。

2005年9月至2009年8月就读于广东外语外贸大学日语系,期间2007年10月至2008年9月以国家公派留学生身份赴京都大学留学一年。2009年10月以日本文部科学省国

费留学生身份入学京都大学经济学研究科，攻读硕博课程（东亚国际人才开发课程，硕博一贯制），2015年3月获得经济学博士学位。2015年6月起于广东外语外贸大学任教。研究方向为日本经济史、日本经济论。主讲课程：基础经济学、日本经济。

王 琰

西安外国语大学日本文化经济学院副教授，经贸教研室主任，硕士研究生导师。

2007年3月日本新潟大学取得经济学博士学位后，作为研究员于同大学现代社会文化研究科继续研究工作。2007年7月回国就职于广东外语外贸大学东语学院日语系。2012年作为陕西省百人计划引进人才调入西安外国语大学日本文化经济学院担任经贸教研室主任。主讲课程：日本经济史、经济学入门、经营学入门、旅游经济学、市场营销、非文学翻译等。

杨 晔

广东外语外贸大学东方语言文化学院日语系副教授，法学博士，硕士研究生导师。

广东外语外贸大学国际服务外包人才培训基地专门用途外语师资团队成员。

1997年3月毕业于日本桐荫横滨大学法学部；1999年3月获得桐荫横滨大学大学院法学研究科硕士学位；2002年3月毕业于日本新潟大学大学院，专攻现代社会文化研究科博士课程，获取博士学位。担任主要课程有：高级日语、经贸翻译、外贸理论与实务、经济学原理。主编教材：《日语经贸谈判》，对外经济贸易大学出版社，2014年；《商务谈判日语》，暨南大学出版社，2013年。

宋伍强

广东外语外贸大学东方语言文化学院日语系副教授，经济学博士，研究生办公室主任。

2007年日本兵库县立大学经济学研究科研究生毕业，获经济学硕士学位。2011年在该校获经济学博士学位。2002年9月至2008年12月期间，在广东外语外贸大学继续教育学院、仲恺农业工程学院，以及广东省旅游职业技术学校兼任交际日语、高级视听说、商务写作等课程。2011年回国在广东外语外贸大学东方语言文化学院日语系任教，期间历任经贸教研室主任、亚洲校园办公室主任。主讲课程：日语视听、日本经济、商务日语、经贸翻译、日本区域经济论。主编教材：《商务交际日语》，暨南大学出版社，2013年；《日语经贸谈判》，对外经济贸易大学出版社，2014年。